大学生「人生」丛书

为与人生

赵春珍 编著

江苏大学出版社

镇江

**图书在版编目(CIP)数据**

行为与人生 / 赵春珍编著. — 镇江：江苏大学出版社，2020.12
ISBN 978-7-5684-1479-1

Ⅰ. ①行… Ⅱ. ①赵… Ⅲ. ①大学生－行为模式－研究②大学生－心理健康－研究 Ⅳ. ①G444

中国版本图书馆 CIP 数据核字(2021)第 020774 号

**行为与人生**
Xingwei yu Rensheng

编　著/赵春珍
责任编辑/张　平
出版发行/江苏大学出版社
地　址/江苏省镇江市梦溪园巷 30 号(邮编：212003)
电　话/0511-84446464(传真)
网　址/http://press.ujs.edu.cn
排　版/镇江市江东印刷有限责任公司
印　刷/江苏凤凰数码印务有限公司
开　本/718 mm×1 000 mm　1/16
印　张/15.25
字　数/270 千字
版　次/2020 年 12 月第 1 版
印　次/2020 年 12 月第 1 次印刷
书　号/ISBN 978-7-5684-1479-1
定　价/48.00 元

如有印装质量问题请与本社营销部联系(电话：0511-84440882)

大学生"人生"丛书
编写委员会

编委会主任：王宇航
编委会成员：李晓娟　赵春珍　刘向前
　　　　　　施周婷　罗倩莹

# 序

FOREWORD

  大学生思想政治教育（德育）和心理健康教育（心育）是高校素质教育的两个重要方面，随着社会的发展、竞争的加剧，大学生良好的心理素质和健康的思想品质显得尤为重要。如何将德育与心育有机结合，并探索出一条使之成为相互渗透、相互补充和相互促进的统一体是高校教育工作者的题中应有之义。

  《教育部、卫生部、共青团中央关于进一步加强和改进大学生心理健康教育的意见》中指出："加强和改进大学生心理健康教育是新形势下全面贯彻党的教育方针、推进素质教育的重要举措，是促进大学生健康成长、培养高素质合格人才的重要途径，是加强和改进大学生思想政治教育的重要任务。"为了切实解决实际教育教学中遇到的"思想"和"心理"相互交织、相互影响的问题，进一步发挥教育教学效果的最大化和最优化，为此，我牵头组织学校心理健康教育与咨询实验中心、德育心育研究所教师撰写"人生"丛书，旨在凝练我校思想政治教育与心理健康教育相结合的特色，丰富教育内容，促进教学研究，帮助学生进一步提高心理素质、健全人格、增强承受挫折、适应环境的能力。

  丛书秉承思想政治教育和心理健康教育相结合的宗旨，围绕"德育心育"主题进行编写，坚持"德心结合"的特色，根据学校、学生的实际情况，在结合思想政治教育和心理健康教育课程的基础上，将丛书分为三个方向：（1）"思想品德"方向，以德育内容为主导思想撰写书稿，旨在指导大学生正确价值观的树立，并结合心育内容帮助其提升心理能力，从而更好地赢取人生；（2）"心理特性"方向，以心育内容为主导思想进行写作，意为加强大学生优良心理品质的养成，并结合德育内容帮助其优化价值观念，进而更好地成就人生；（3）"外界因素"方向，以德育结合心育为主导思想贯穿始终，对人生的重要主题进行思想观念和心理理论的分析论述，说明处理好这一问题的重要性，并指导大学生对此做好准备。整套丛书"贴近学生、贴近生活、贴近实际"，不仅可以作为高校学生通识课程教材，也可作为各级各类学校教师教育教学参考用书，同时还能作为大众的普通学习读物。

在整套丛书的撰写过程中，我们始终坚持以下三个原则，这是这套丛书最大的特色，也是这套丛书特殊的价值。

（1）融合性。每一本书除了在选题上体现"德心结合"的特色外，在内容上也坚持德育融合心育的原则。在写作方法上做到相互论证。例如，以实际数据、实验结果来论证和解释生活现象、教育成果；在价值引领上做到相互结合。例如，以自我发展的心理要求结合社会发展的道德要求进行教育指导；在教育理念上做到相互补充。例如，补充心育的伦理要求、伦理需求层面和德育的个体需求层面。三个方面相互融合的目的是力争让读者获得"德心结合"的优势指导，提高丛书内容的实效性。

（2）科学性。每一本书都会涉及一些心理学专业科学知识，而我们的阐述和解释可能跟读者的亲身经历和感悟理解不尽相同，但是我们所有的材料都是以专业心理学研究为基础的，是尊重心理学者们的研究成果的，并以此为依据进行各类问题的探讨，用通俗易懂的语言进行表述，目的是让读者能够近距离接触和理解心理学研究。在不同书中，甚至是在同一本书中会出现对一个知识点的类似阐述，但是实际内涵却不一样。例如，同样一个心理学定律，在人际沟通和生活态度中的解释是有所不同的，读者需要加以留意。

（3）实用性。每一本书都讲求解决读者，尤其是大学生读者日常生活中面对的实际问题。虽然我们的每本书中都会涉及一些思想政治教育学和心理学的基本理论知识，但是我们的重点始终是围绕如何利用德心结合的方法改变自己的心理、行为，从而改变自己的生活状态乃至人生展开的；在写作安排上也结合了生活案例来剖析理论，并且给出了实训活动来突出理论的实际可操作性，所以整套丛书都侧重实际应用，尽最大努力保证内容的实用性。

我们按计划持续推进丛书撰写及出版工作，读者朋友们将会陆续地阅读到我们的作品，希望我们的努力能够让您满意，也希望您能对书中的不足提出宝贵意见。

王宇航

2019 年 5 月

我国现代著名学者林语堂先生曾言："要做自己人生的主角，不要在他人的戏剧里充当配角。"是的，我们都要成为自己人生的主人，要主宰自己的命运、驾驭自己的人生，成为自由自主的人。那么，什么是人生，我们又如何才能驾驭自己的人生呢？奥地利经济学家米塞斯认为："人生是由一个个行为不断连接起来的。"我们的人生轨迹无非就是我们所有行为的组合。恰如西方现代经济学家约翰·凯恩斯所言："思想引导行为，行为养成习惯，习惯造就性格，性格决定命运。"我们的一切行为都源于自身的思想意识，无意中的行为方式便成就了我们的习惯，习惯化的行为方式就塑造了我们的性格，性格最终又会决定我们的人生命运。可以说，一个人的诸多行为习惯模式决定了他的人生轨迹与命运结局。所以，只有我们不断地积极塑造健康良好的行为并自觉克服和摆脱不良行为的纠缠与束缚，最终才能营造成功幸福的自主人生。

　　因此，作为大学生，要想成就自己的学业与事业，拥有美好的人生，必须自觉养成健康良好的行为和习惯。然而，我们在相关调查及高校思政教育工作中发现：大学生总体行为健康良好，但在学习、生活和交往中存在着不同程度的行为问题，如学习效率不高、拖延、沉迷于网络或游戏、自卑、仪态举止不佳等现象。这些不良行为严重影响着大学生的健康成长与全面发展，亟须我们给予有效的帮助和引导。

　　本书力图从大学生行为的典型案例分析着手，帮助大学生系统地认识和了解行为获得与养成的基本规律，学习和把握行为控制、行为塑造与改变的科学策略。我们希望这些有关行为的典型案例、基本理论知识和方法，能够引导大学生对照反思并觉察自己的行为举止，及时有效地调节和控制自己的行为模式，消除和改变不良行为，形成良好的行为习惯和健康的心态，实现幸福人生。

　　本书内容总共分为八章，总体围绕着什么是行为、行为是如何产生的、如何改变又是如何养成习惯并塑造性格的逻辑顺序阐述。全书的基本写作思路为：第一、二两章是本书的理论基础部分，主要帮助读者从理论上认识和了解行为、从学理角度阐释与研究行为。第三章主要是在第一章有关行为的理论基础上解读行为。第四章至第六章主要是运用行为的相关理论探讨行为塑造、行为改变和行为控制的策略及方法。第七章至第八章是对大学生群体的行为状况调查数据进行分析，并针对其普遍存在的问题行为，探讨大学生行为训练的团体辅导策略和方案。

　　各章节具体内容简介如下：

　　第一章主要概述有关行为的基本概念知识及其主要特征和意义。尽管在不同的学科视阈中行为有着不同的内涵与外延，但"行为是一件实在的东西"，作为一种真实的存在，不论是何种性质与内容的行为，都具有多样性、相对稳定性、可塑可控性、可测可预见性等特征。所以我们能够通过科学的方式来评价、测量行为，并通过有效的途径来控制和矫正行为，从而塑造个体良好的习惯与个性。因为人类又是具有主观能动性的个体，是改造自然、社会和自我的伟大思想者与行动者，所以人类的行为也就具有了重要的自然需求、社会评价与心理表达的意义。

　　第二章主要阐释心理学界对于行为的产生过程、学习获得机制及其影响因素进行研究的经典学说和基本理论。个体行为的产生都有其特殊的获得机制，并会受到生理、心理和社会环境等多种因素的影响。经典条件反射理论、操作性条件反射理论、社会学习理论和认知行为理论分别从不同角度阐释了人类行为的学习与获得过程，并为我们改变和塑造行为提供了理论技术基础。巴甫洛夫的经典条件反射机制，可以帮助我们解释生活中的许多简单行为，以其原理为基础的行为疗法，可以短时高效地改变和矫正一些问题行为。尽管斯金纳简单片面地用操作性条件反射来解释人类的行为学习，但他的强化理论在塑造行为中的确意义重大。班杜拉的社会学习理论开创了心理学研究的新领域，他主要着眼于观察和自我调节在行为学习中的作用，系统探讨了认知、行为与环境因素对人类行为的影响。依据社会学习理论发展出来的许多行为技术已经被广泛应用于行为改变与矫正的临床实践中。认知行为理论主张从改变不良认知着手改变和矫正不良行为，其理论和技术已经广泛应用于心理咨询和治疗临床实践。

第三章主要从行为的心理学意义视角解读和分析个体的日常行为和仪态举止。行为是人类无声的语言，个体行为总是在有意识或无意识地传播着思想，表达出自己的情绪情感，并且形成习惯、养成个性、塑造形象。所以从这个意义来说，我们通过"察其言，观其行"就可以知道他是怎样的一个人。通过对个体的行为进行心理解读，可以知晓他的品性、动机与目的等"心理秘密"。人们的一切思想心理，都可以从其日常行为、无意识动作和仪态举止中找到答案。对于行为的心理解读，既可以帮助我们塑造自身的良好交际行为，又可以帮助我们优化并和谐人际关系。

第四章和第五章呼应对照，分别阐述了有益的良好行为和有害的不良行为的表现种类及其特点，并各自探讨"既破又立"的行为塑造策略和改变技术。由行为的学习理论可知，我们在社会生活中总会不由自主地去重复和强化很多行为模式，久而久之它们便会逐步固定下来，并最终成为一种自动化的行为方式，即习惯。习惯化的行为方式无须努力就能实现和完成，而且有好坏之分。良好的个体行为习惯有益终生，对我们的人生成长起着巨大的推动和促进作用；而不良的行为习惯有害身心健康，会破坏和阻碍我们人生幸福目标的实现。这两类行为都广泛存在于我们的为人处事中，存在于我们跟自己、他人和自然相处的关系中，并且具有一些共同的特点和表现。这些行为也都会影响着我们的作为，并最终决定命运结局。而人类行为又具有可塑可控性，我们可以有意识地通过需要、认知和情绪等相关因素去控制行为；可以积极主动地去塑造有益的良好行为，科学有效地改变和矫正有害的不良行为。所以第四章简要概述行为塑造的 21 天策略和 NAC 技术；第五章则结合临床案例，不仅概述了行为改变与矫正的主要心理技术，如交互抑制、系统脱敏、厌恶疗法、认知疗法的技术等，而且重点分析阐述了拖延行为与成瘾行为的学理研究及干预策略。

第六章主要结合学术界的研究论证人类的行为自我控制能力，并从需要、情绪和认知三个方面阐述行为控制的理论和方法。人类行为是外在环境因素与内在生理、心理因素共同影响、综合作用的结果。内在心理因素主要包括动机与能力、需要与欲望、情绪与情感、兴趣与爱好，等等。而这些心理因素又往往与个体对自我、他人和社会的认知及态度有关。由此，我们可以通过合理化需要调控情绪，并使认知理性化来实现行为的自我控制，以养成和塑造良好的行为，避免或改变不良行为。

第七章从某种程度上可以说是第四、第五章内容的进一步具体化和补充，即良好与不良行为在大学生群体中的表现。为了了解在校大学生在学习、生活和交往方面的具体行为状况，我们自编调查问卷，对浙江、山东、天津和陕西等高校学生进行随机抽样调查，并针对大学生普遍存在的行为问题，系统阐述了良好的学习、生活和交往行为表现及其养成方法。

第八章主要针对大学生中存在较多的不良行为模式，从学理研究与实践操作两个层面详细探讨大学生行为训练的团体辅导策略和设计方案，主要包括意志力行为、自我肯定与接纳行为，以及时间管理行为等。这些团辅方案不仅具有充分的理论论证，而且为读者提供了可参考的详细操作步骤。

此外，本书遵从大学生"人生"丛书的统一要求，在整体写作上具有以下特点：

一是专业性。本书从思政教育与心理健康教育相融合的视角，对大学生的行为问题进行了分析和指导，写作中所涉及的相关心理学专业知识均有学术研究依据，并以此为基础对有关问题进行解释和论证。例如，根据近年的临床和实证研究数据及理论，对拖延、成瘾行为等进行了全面、详细的分析和阐述。

二是系统性。本书着眼于当前大学生的行为现状及帮助引导的需要，结合心理学、教育学、社会学等多学科理论进行系统深入的分析。从行为本质到心理解析和问题解决，阐述如何进行行为塑造、控制和改变。在内容架构上章章相扣，循序渐进；各部分内容之间既能紧密连接又能前呼后应，或者承上启下，或者呼应对照。

三是实用性。本书的各章节写作采用理论阐述与实验实训相结合的方法：一方面以实际案例、实证研究等材料描述、解释、论证大学生的行为困扰或不良行为问题；另一方面以多学科融合理论观点指导大学生行为问题的解决，并在每章最后给出贴合主题的实训活动。各章知识点的实际操作和体验感悟，旨在帮助读者理论结合实际，深入体会和运用各章节要点。可见，本书每个章节既有学术层面的理论阐述，又有临床案例解析，更有实践技术操作指导与探索。笔者期望有关行为的理论阐述和实操探索，不仅能够有效引导大学生朋友们积极塑造有益身心的行为习惯，而且可以成为高校心理健康教育和思政教育教学工作同行同仁们的有益参考资料。

2019 年初，当王宇航书记决定组织团队一起合作出版大学生"人生"丛书时，我既激动又备感焦虑。这套丛书的立意主旨和内容架构都非常新颖，有价值有意义，我很感兴趣，也非常期待。但是，要写好一本能够对心理健康教育和思政教育同行同仁及当代大学生都有参考价值的《行为与人生》，我又深感任务之艰巨，且不知从何着手。经过团队成员的多次共同探讨，我们确定了写作提纲并顺利完成了著述工作。在此，感谢王书记组织与发起大学生"人生"丛书的编写工作；感激罗倩莹老师在本书著述、修改和出版过程中所做的大量细致耐心的联络和辅助工作；感恩团队所有成员给予的支持与鼓励；感谢江苏大学出版社各位编辑的辛苦付出。书中存在的纰漏和不妥之处敬请各位读者给予批评指正。

2019 年 7 月

# 目录
## CONTENTS

# 第一章　思想的最佳译员　人类行为概述

我认为人类的行为是思想的最佳译员。

——约翰·洛克（英国）

 **心路历程**

## 一、校园故事

　　我是一位大学一年级学生。我曾经怀揣梦想、带着激情来到了梦寐以求的大学。刚入校时，我跟大家一样兴奋好奇，对一切都充满了新鲜感。但是军训结束、新生教育完成、正式开始上课……一切步入正轨后，我却发现我变了：我总是静不下心来，上课时无法集中注意力，自己看书复习时效率也很低，半天都看不了一点点东西，而且还记不住……我总感觉我的智力下降了，记忆力、理解力和反应能力都不如高中了，难道我脑子出了问题？由于总是不能集中注意力听课和看书，我跟不上老师的课堂节奏。尤其是数学和英语的学习，让我越发吃力和困难。我很担心和害怕，再这样下去，期末肯定会挂科。对于在中学一直是优秀生的我来说，挂科将是一件多么恐怖和丢人的事情，我不能愧对自己的父母。我痛苦万分，甚至都有些失眠了，食欲也差了很多。但是我又不知道哪里出了问题，我该如何面对这种境地？后来，辅导员推荐我去做了心理咨询。在咨询老师的帮助下，我明白了自己的问题所在，并很快走出了困境，开始了快乐的大学学习和生活。

## 二、 学习行为的产生过程

有机体行为的产生是一个复杂的过程。除了环境因素的刺激和影响外，有机体的内部生理及心理变化对行为也具有重要的制约作用。所以，即便是外部环境条件必备，个体的行为也未必能够发生。比如，虽然有一桌子的美食，但是个体根本不饿或没有食欲，进食行为也不会发生，学生的学习行为也是如此。尽管与中学相比，大学有更丰富的图书馆藏，有更专业的教授学者，有更多更丰富的学术活动，但是未必有更积极的学习行为发生。如果学生对图书资料缺乏兴趣，对专业课程学习没有求知欲，对参与学术活动根本没有动机或动机不强，积极有效的学习行为依然不会发生。所以学习行为是学习环境与学习者自身意识及动机相结合的产物。行为心理学家说，行为乃是有机体内部变化的一种外化形式而已。没有内在的学习兴趣、动机和欲求，"孟母三迁"也终究会徒劳无功，再好的学区房也无能为力，再好的大学环境也失去了意义。所以，部分大学生进入大学后出现的学习效率低下、注意力不集中、学业懒散拖延等不良学习行为，往往与他们的学习兴趣缺乏、动机感不强、情绪不佳等内在的心理特征有关。老师只有帮助他们细致分析原因，方可对症下药。

 心理视点

## 一、 行为的内涵与种类

行为在不同的学科视阈中有着不同的概念内涵与类别划分。本书将行为界定为社会学与心理学领域。作为一个重要的研究范畴，人类行为有着自己的特征，并具有独特的理论价值与实践意义。在汉语词语中，行为是指举止行动，意为受思想支配而表现出来的外表活动，包括做出动作、发出声音、做出反应等。不过，作为诸多学科研究的对象，行为的内涵十分广泛，概念界定也是丰富多彩。

### （一）不同领域的行为内涵及分类

一是在哲学领域。行为哲学认为，人的行为是人在意识指导下的、主动

自觉的行为，即由大脑指挥，靠肢体感官来完成的一系列动作。而人的意识是由意向和认知两大因素构成的，是这两大因素相互作用的结果。哲学将行为划分为主观和客观两种行为，主要研究行为的合理性与目的，研究人的意志与自由。

二是在生物学领域。行为是指动物为满足个体的生存和种族繁衍的一切反映总和，具有姿势、动作和环境三个要素，不仅包括躯体的移位运动和身体局部的细微动作，还包括动物日常活动。从遗传和发育的角度，行为可分为本能行为和学习行为。从行为生物学中的生物功能角度，行为可分为捕食行为、防御行为、领地行为、集群行为、互助利他行为、等级优势行为、通信行为、生物节律、迁徙和洄游、繁殖行为等。

三是在社会学领域。人类行为是指人类在生活中表现出来的生活态度和具体的生活方式。它是在一定的物质条件下，不同的个人或群体在社会文化制度、个人价值观念的影响下，在生活中表现出来的基本特征，或对内外环境因素刺激所做出的能动反应。社会学按照行为的可观察与否，将人的行为分为外显行为和内在行为；按照人的生物属性和社会属性，将人的行为分为本能行为和社会行为，本能行为包括摄食行为、睡眠行为、性行为、攻击和自我防御行为、学习模仿行为等，社会行为包括来自家庭、学校和社会团体与组织等一切社会环境中的行为。

四是在心理学领域。行为是最重要的一个名词，也是最难以界说的一个名词。不仅在心理学研究的不同时期对行为有着不同的理解，而且由于不同心理学分支研究行为角度的不同，行为也便有了多种不同含义的界定[①]：

第一，20 世纪上半叶，传统行为主义心理学派将行为界定为人与动物对刺激所做的一切可以观察测量的外显反应或活动，并试图用 S－R 即"刺激—反应"公式加以描述。如华生（J. B. Watson）主张，心理学是研究行为的科学，但心理结构、意识过程及记忆、心像等皆为内隐性心理活动，不是心理学研究的行为。斯金纳（B. F. Skinner）也认为，行为不同于内隐的意识，是外显的、可观察的，即都能让人看得见并能为人所记录和测量。传统行为论者还强调，有机体的任何行为都是在环境的影响下发生的，可以说，没有

---

① 张世彗，蓝玮琛：《特殊学生的鉴定与评量》，台北：心理出版社，2001 年，第 89－100 页。

环境刺激就没有个体的行为。

第二，新行为论者主张，行为既包括可观察测量的外显行为，也包括内隐性的意识过程。如赫尔（C. L. Hull）与托尔曼（E. C. Tolman）拓展了行为的外延，将意识中的中间变项、中介过程、假设构想等都归于内隐行为。新行为论者如勒温（K. Lewen）、伍德沃斯（R. S. Woodworth）等强调，除了环境影响外，有机体在环境刺激下所发生的内部生理和心理变化对行为的产生也发挥了重要的制约作用，这便是众所周知的 S－O－R 模式。事实也是如此，当环境条件必备时，个体行为的发生与否还有赖于有机体的内部心理状态。如学习行为的发生，尽管教室环境静幽，图书资料丰富，或者老师讲授精彩，但是某些学生依然看不进书、听不进课，注意力无法集中，总是分神或睡觉，原因可能是他学习兴趣缺乏、动机感不强或情绪不佳等内在的心理活动变化影响了学习行为的产生或学习行为的效率。所以可以说，行为实际上只是有机体发生的内部变化的一种外化了的表现而已。

第三，认知心理学派将行为视为心理表征的过程，不重视可以观察测量的外显行为。认知心理学主要从信息加工的角度研究有机体行为的心理机制，只专注于研究注意、概念、信息处理、记忆、问题索解、语言获得等复杂的心理过程，并将人的内部心理活动视为一种特殊的语言行为。20 世纪 60 年代后，大多数心理学家将内部心理活动与外显行为区别开来，试图从信息加工的角度描述心理活动的状态和过程，以此解释各种外显行为发生和发展的规律。认知心理学已能解释人的大部分以后天习得为主的智能行为，这些行为涉及问题解决、学习、决策及直觉等许多方面。那些以先天遗传为主的本能行为，则在生理心理学中得到了较为合理的解释①。

而认知行为主义学派，如班杜拉既强调外显的行为及行为结果，又重视观察学习、认知过程和自我调节对行为的影响作用。另外，生理心理学还主要从激素和神经的角度研究了有机体行为的生理机制；社会心理学则从人际交互的角度研究有机体行为和群体行为的心理机制。

综上所述，现代心理学中的行为是"有机体对所处情境的所有反应的总

---

① 林崇德，杨治良，黄希庭主编：《心理学大辞典》，上海：上海教育出版社，2003 年，第 1437 页。

和，包括一切内在和外在的生理性与心理性的反应"①。它包括机体在各种内外部刺激影响下所产生的任何内在与外显、意识与潜意识、可观察与不可观察的动作、反应、运动或行动、心理意识（包括潜意识）等一切行为活动。

### （二）现代心理学中的行为分类

根据产生的原因，现代心理学将行为分为个体行为和群体行为；根据行为的功能，将行为分为摄食行为、躲避行为、性行为和探究行为②；根据目标与动机在意识中的明确性与能动性程度，又将行为分为意志行为、潜意识行为和娱乐消遣行为三种。意志行为是指人们有明确动机与目标的行为，按照个人行为动机与整体长远目标是否统一，又可分为有积极主动动机的士气性行为和无积极主动动机的非士气性行为。所谓积极主动性，就产生过程来讲，是指个体动机与行为的整体长远目标的统一程度，它包括个体目标与群体目标的统一程度、战术目标与战略目标的统一程度、短期目标与长远目标的统一程度等③。如主动自觉的学习和交往行为属于士气行为；而被迫无奈的相亲行为就属于非士气行为。

潜意识行为也叫作无意识行为，是指人们具有明确目标但无明确动机的行为，即无论人们是否想做但最终肯定做了却又不知道为什么要这样做的行为。或者说，潜意识行为就是指那些自动化的行为。行为科学研究表明，个体先天的行为中大约只有5%属于意识行为，而剩下95%的行为都属于潜意识行为。潜意识是指人们平常被压抑的或当时知觉不到的本能欲望和经验。潜意识中的内容由于不被人们的道德价值意识和理智所接受，所以只有通过各种各样伪装的形式表现出来，梦境就是个人在清醒时不能由意识表达的压抑的欲望和冲动的表现，但做梦不是行为，只是大脑这个身体机体的动作。潜意识行为在行为中表现为两个方面：一是口语流露与不经心的笔误等，比如，一些口头禅就是潜意识行为；二是神经性症状，即过分强烈的潜意识形成的变异行为，它包括压抑、反应形式、投射、文饰作用、升华等，比如，

---

① 黄希庭：《简明心理学辞典》，合肥：安徽人民出版社，2004年，第435页。

② 林崇德，杨治良，黄希庭主编：《心理学大辞典》，上海：上海教育出版社，2003年，第1437页。

③ 郭军：《士气与管理——士气心理学》，全国心理学大会，2009年。

一些无意识的小动作、习惯化的表情、眼神等①。

娱乐消遣行为是指人们有明确动机但却无明确目标的行为，即那些总是想去做但却不在乎甚至不知道怎么做，以及会做到什么程度的行为。比如，一个人具有娱乐休闲动机时，如果他自己觉得看电影、看电视、跳舞等目标都能满足这个动机，那么他对娱乐消遣目标的选择只有随意性，而没有必须性。娱乐消遣行为按照其不同的娱乐消遣性质，可分为寻求美感的欣赏行为和寻求刺激的消遣行为两种。娱乐消遣心态表现为情趣、情调和爱好三个方面的统一协调性，例如，集邮就是人们对邮票知识内容的情趣、观赏邮票的情调，以及对精美邮票爱好的相互统一②。

意志行为、潜意识行为和娱乐消遣行为的区别表现在以下三个方面：

第一，意志行为由于具有明确的动机与目标，所以意志行为在内在意愿及其外在任务目标上都会受到意识支配与监控。但是有明确动机与目标的意志行为中，也会包含一些不现实的空想，或者有时会是过于激情的乃至于不计后果的冲动，如故意杀人或自杀行为。所以，意志行为并不代表理智的行为，也不代表心理健康的行为。第二，潜意识行为主要是由于内在意愿被压抑或并没有意识到，相关的外界环境或事物就像是外来遥控器一样，随时有可能将潜意识触发，但潜意识既然意识不到也就谈不上对其行为的支配与监控，由此造成当事人潜意识行为不知所以然或知其所以然但很难自控。第三，娱乐消遣行为虽然内在的娱乐消遣意愿清楚，但就完成娱乐消遣的目标及其程度又是不愿意接受意识节制与监控的，所以娱乐消遣主要是着力于对过程的享受③。

有人还从经营人生的角度，把行为分为建设行为和消费行为。建设行为是指积累人生能量的行为，比如，知识技能的学习、思想修养、资本积累、经营人脉、保健身心等。消费行为是指单纯追求感官享受，以消耗人生资源为代价的行为。不过，作为一个正常的人，建设与消费、贡献与索取都是必不可少的行为。

---

① 郭军：《士气与管理——士气心理学》，全国心理学大会，2009 年。
② 同①。
③ 同①。

此外，根据行为的性质和影响，又可以将行为分为正常行为和不正常行为、健康行为与不健康行为、良好行为与不良行为。正常、健康、良好的行为是指那些普通人能做到的且与个人的性别、年龄及所处的社会文化背景相适应，并符合社会规范、道德标准和法律法规要求的行为。反之，那些不正常、不健康、不良的行为是指与个人的性别、年龄及所处的社会文化背景不相适应、且不符合各种社会规范要求的行为，如偷窃行为、懒散行为、拖延行为、成瘾行为、孤僻行为等。不良行为与良好行为相比，在质和量方面都表现出明显的不足、过度或不适当，行为后果已经使个体的学习、生活和交往等社会功能受到损害或丧失，这是区别行为良好与否的重要标准。通过行为改变和调整的方法，良好行为可以进一步得到维持与加强，而不良行为也可以得到有效控制或消除。

## 二、 行为的特征

"行为是一件实在的东西"，作为一种真实的存在，不论是何种性质与内容的行为都具有以下六个特征。

### （一）行为具有主体能动性

行为是有机体在各种内外部刺激影响下所产生的任何内在与外显、意识与潜意识、可观察与不可观察的动作、反应、运动或行动、心理意识等一切行为活动，包括少部分本能行为和大部分社会学习行为。人们的本能行为是身体的细胞和神经对外界刺激的反射和不自觉的反应，如打喷嚏、打哈欠、眨眼睛等。而人们的社会学习行为尽管会受到生物遗传和生理条件的影响，但从根本上都是有意识的。行为的主体能动性就是指人的行为动机是客观世界作用于人的感官，经过大脑思维所做出的一种能动反映，并且人的行为不是消极地适应外部世界，而是一个能动地认识与改造世界的过程。行为总是受到个人观念的指引，一个行为必然体现行为人的价值判断和意志。所以每个个体可以自主决定自身行为的良好与否，健康良好行为的养成有赖于自身健康正确的价值观念和思想意识。

### （二）行为具有目的选择性

行为是一种有意识的、自觉的、有计划的、有目标的、可以加以组织的活动，是自觉的意志行动。意志行动必然有目标，必定是一个人的主体意志的表现，是有目的的行为。行为不是心中偶发的想法或愿望，而是能够付诸实施并转化成某种效能的意志，是具体可见的。行为可以是花费劳动力，也可以是简单地说一句话，还可以是保持严肃。同时行为有所取舍，因为一个行为人选择了一种行为，必然不能同时进行另一种行为。

### （三）行为具有可塑可控性

现代心理学研究表明，人类行为的形成既有生物遗传和生理成熟的作用，但更受到教育和环境的影响。个体的大部分行为不是天生的，而是通过学习获得的，是经过后天塑造形成的，并且也是可以改变的。例如，我们通过学习可以获得待人接物、交往合作的行为规范和技能技巧，通过教育可以学会崇德向善、遵纪守法的良好品质。

环境和教育的差异可以造就人们迥然不同的个性或行为方式。人们所感叹的"近朱者赤，近墨者黑"就说明了这一道理。而"孟母三迁"的故事更充分表明，生物学条件是人类行为发生的基础，但环境和教育却可以塑造和改变人类的行为，可以通过各种手段对行为进行计划、控制和组织。

### （四）行为具有相对稳定性

行为意味着"变动"，不存在"安定"。在日常生活中，人们的行为常常会随着情境和时空的改变而变化。为了改善生活状况而不断行动是人的天性，人的本身时时刻刻都在变，他们的思想、意志和行为也随着改变。米塞斯曾说："在行为的范围内，没有什么永远不变的事情。"当然，行为也并非瞬息万变、不可预测的，业已形成的行为更具有相对的稳定性和完整性。例如，一个干练高效率的人，时刻都能表现出干脆利落、敏捷高效的行为特征。正因为行为具有相对稳定性，所以行为也就具有了可观察、可记录性，我们能根据观察记录的结果判断行为的性质和内容良好与否，是否需要改变、消除和完善。

### （五）行为具有可测度性

人的行为是可以进行观察、测量、描述和记录的。行为是具有自然尺度的行动、动作、反应或心理活动。行为的表现形式有外在和内在两类。对于外显的、可观测的行为活动，我们不仅可以观察到它的发生，而且可以采用行为发生的频率、行为持续的时间，以及行为的强度等方式来测量、描述和记录。对于个体内在的心理活动，我们也可以通过行为自身或借助仪器设备进行观察、描述和记录。

当然，这种可测度性主要是针对外在行为，不过，由外在行为也可以推测内在行为。外在行为是可以被他人直接观察到的动作及活动；内在行为指人的情绪调控、思维等他人无法直接观察到的心理活动。一般情况下，外在行为与内在行为具有一致性。外在行为由内在行为所决定，外在行为是内在行为的外在表现；有什么样的内在行为，就有什么样的外在行为。因此，我们可以通过观察人的外显行为来推测其内在行为。比如，心理学家能够通过解读外在行为来推测撒谎者的内在心理活动，但是这种推测是极其复杂专业的事情，因为人们往往具有善于伪装的技巧和种种个性化的行为模式。不过，所有外在行为的背后都有复杂的内在行为，脱离了对内在行为的考察，既不能完满地解释外在行为，也不能优化人生的体验结果。

### （六）行为具有预见性和多样性

所谓行为的预见性是指人的行为方式和行为结果等是可以预见的，因为人的行为具有共同的规律。行为的预见性在现实生活中可以帮助我们判断和预知交际对象的行为方向，从而采取应有的交际策略。所谓行为的多样性是指人的行为有性质不同、时间长短不同、难易程度不同等区别。例如同样是一个笑话引发的笑，每个人笑的方式、强度、时间等各方面都是不同的。同一环境或条件下的行为反应总是具有多样化的个体差异性。

## 三、 行为的意义

人类是具有主观能动性的个体，是改造自然、社会和自我的伟大思想者与行动者，所以，作为人类的伟大存在形式，行为就具有了自然、社会和心理三层意义。

### （一）行为的自然意义

行为的自然意义在于，人类通过行为满足其自身的需求。任何行为都是有特定意义的系列动作，人的全部内在与外显动作都具有深浅程度不一的满足需求的自然意义。比如，心理学家曾通过对比人类与动物的表情的研究证实了人类情绪的自然本能。再如，著名的斯腾伯格爱情三因论认为人类恋爱行为的产生起源于人类的自然生物本能的欲求需要，这是爱情产生的原因，是前提因素和条件。事实上，人类的吃喝拉撒睡、举手投足、喜怒啼笑甚至包括交往等行为都具有人的自然本性需要的表达意义。所以，人类行为的自然意义才是人类生命的根本意义，行为的社会意义仅仅是自然意义的社会规则标签而已。

### （二）行为的社会意义

尽管我们不能忽略人类行为所具有的自然意义，但不可否认的是，行为对个体人生命运的影响的确主要体现在其社会意义上。因为人的根本特性在于其社会性，人是社会性的存在。人类必须在社会化环境中才能确保正常的生存和发展。狼孩的行为只具有自然意义，所以他不算是真正意义上的人。人类的行为必须在社会环境中进行，所有的行为都具有社会层面的意义。从这个角度来说，人的社会行为是个体与社会环境的互动过程，通过行为互动，个体实现自身的社会动机和目标，并彰显自身的人格特性。因此，有人说"一次外在行为就是一次人格表演"，人在社会中的大部分外在行为都不自觉地表现出个人特有的行为模式，其模式对个体的人格形象影响很大。美国给人生的定义就是"人生是为了兴趣和梦想而展开的表演"，这种表演就是行为的实施和人格展现过程。当然，反过来，社会环境又会塑造个体人格，即反作用于人的行为。

行为也是个体获取人生体验的主要途径。个体的一生就是一个完整的行为链条，行为的"好"与"坏"、"积极"与"消极"构成了人的社会角色、社会地位、社会关系，从而显示出人生意义和影响。如古罗马政治家小赛涅卡所说："内容充实的生命就是长久的生命，我们要以行为而不是以时间来衡量生命。"所以行为铸就了个体的生命轨迹，而这种行为对于人类来说，具有社会评价意义。所谓"雁过留声，人过留名"，就是指人类行为的社会价值与意义。

## （三）行为的心理意义

一般情况下，个体的行为是外在环境与内在心理有机结合、共同作用的结果。任何行为都会受到各种内在心理因素的影响，如动机和需要、兴趣和爱好、情绪和情感、认知与态度等，也就是说，行为也是个体表达这些内在心理活动的外在形式。如伟大的思想家洛克所言——"行为是思想的伟大译员"。个体行为总是在有意识或无意识地表达、传播着思想和意识，表达自己的情绪情感，并且形成习惯、养成个性、塑造形象。所以从这个意义上来说，我们通过"察其言，观其行"就可以知道他是怎样的一个人，即通过对个体的行为进行心理解读，可以知晓他的品性、动机与目的等心理"秘密"。

## 实验实训

### 学习动机简易量表

本量表每一个问题都有 3 个可供选择的答案 A、B、C，请仔细阅读每一个问题，选出你认为最符合实际情况的答案。难以决定时，请选出与实际情况较接近的答案。

1. 你是否想在学习上成为班级第一名？

A. 不想　　　　　　B. 有时想　　　　　　C. 经常想

2. 你考试获得好成绩时，是否想得到老师表扬？

A. 经常想　　　　　B. 有时想　　　　　　C. 不想

3. 你是否认为，学习上碰到不懂的地方，只要努力钻研，一定会弄明白的？

A. 不认为　　　　　B. 有时认为　　　　　C. 经常认为

4. 你是否想在和同学的学习竞赛中获胜？

A. 经常想　　　　　B. 有时想　　　　　　C. 不想

5. 你是否认为，只要用功学习，成绩就会有所提高？

A. 不认为　　　　　B. 有时认为　　　　　C. 经常认为

6. 你是否认为，只要努力学习，即使不喜欢的功课，也会变得有兴趣？

A. 经常认为　　　　B. 有时认为　　　　　C. 不认为

7. 你在专心学习的时候，是否对周围发生的事不在意？

A. 不在意          B. 有时在意          C. 经常在意

8. 你是否认为，平时好好学习，考试时就会得到好成绩？

A. 经常认为          B. 有时认为          C. 不认为

9. 你是否认为，在测验和考试期间，可以不参加运动和游戏？

A. 不认为          B. 有时认为          C. 经常认为

10. 你是否认为，学习紧张的时候，可以不和同学玩？

A. 经常认为          B. 有时认为          C. 不认为

11. 你是否在疲劳的时候还想再查看一遍已经做完的功课？

A. 不想          B. 有时想          C. 经常想

12. 你是否想在平时就复习好功课，以便能随时回答老师的提问？

A. 经常想          B. 有时想          C. 不想

计分方法：以上各题，凡奇数题1、3、5、7、9、11，选A得1分，选B得2分，选C得3分；凡偶数题2、4、6、8、10、12，选A得3分，B得2分，C得1分。各题得分相加得测验总分。

总分为12～21分：学习动机较弱。

总分为22～27分：学习动机中等。

总分为28～36分：学习动机较强。

注：中等强度的学习最有利于学习，也最有利于心理健康，动机过弱过强都可能导致心理困扰。

## 体验感悟

1. 请结合自己的学习效率状况，分析学习行为的动机情况。

注意明确学习目的和意义；强化学习动机并调整学习动机的水平；设定中等难度的学习目标；培养良好的学习氛围。

2. 请结合自己的人际交往情形，分析交往行为的动机情况。

3. 结合行为的意义，分析学习、交往、恋爱行为的三层意义。

# 第二章　行为何以发生　行为的基本理论

　　给我一打健康的婴儿，一个由我支配的特殊环境，让我在
这种环境里养育他们，我可以担保，任意选择一个，不论他父
母的才干、倾向、爱好如何，他父母的职业及种族如何，我都
可以按照我的意愿把他们训练成为任何一种人物——医生、律
师、艺术家、大商人，甚至乞丐或强盗。

——约翰·华生（美国）

 **心路历程**

## 一、 校园故事

　　我是一名大学二年级的学生。我的学习成绩还可以，跟室友和同学关系
也还行。但是最令我苦恼的问题是我一生气或一烦躁就要发脾气，而且乱摔
东西。虽然我的家人和身边朋友都很友好，能够包容我，但是我担心这样下
去还是会伤害到他们。其实，我以前是比较温和的，不是这样乱使性子的人。
我记得好像是从高考后的那个暑假开始，我才慢慢地变成了现在的样子。在
那个暑假里，有一次跟妹妹吵架，吵得很凶，吵着吵着我就拿起了书桌上的
东西一顿乱扔乱摔。妹妹当时被我的样子吓到了，而且很快不跟我吵了。不
过，当时吵完了之后我的确感到特别地爽快，好像一直被压藏在内心的什么
东西在那个时刻全跑了出来，我感觉到了释放后的轻松。但是，不知道怎么
的，后来，我又冲着妹妹还有爸妈乱摔了几次东西。现在，他们好像都有些

怕我了，凡事都尽量顺着我，主动跟我妥协，甚至开玩笑说"你的青春期刚刚开始"。我也感觉这样下去不好，不仅会伤害家人朋友，而且还会养成任性骄纵的坏毛病。但是在生气或烦躁的时候，又总是控制不住自己，乱扔乱摔，摔后又非常懊悔伤心，而且我感觉现在这种情况越发严重了。有一次，我晨跑时因琐事跟朋友吵了几句，她当时特别不可理喻，于是我非常生气烦躁，就把手机重重地摔在了地上。事后，我也感到有些失态，但是不知道怎么地就暴烈到失去了理智。我希望老师能帮我分析一下，我很想马上改掉这个坏毛病，成为一个冷静、成熟的人。

## 二、 行为习惯化的动力定型理论

在生活中，我们往往会发现自己身上存在着一些不由自主的行为，可以概括为"一……就……"的行为模式。比如，有的同学"一有时间就想翻手机、玩游戏""进了大学后，一上课就想睡觉"；还有的同学"一生气就想吃东西""一到周末就想睡懒觉""一坐下来就跷起二郎腿还抖腿"；胆怯害羞的同学"一见到女生就要躲开""一看到陌生人就不安""一上台发言就会紧张忘词""一见到人就皱眉脸红"；等等。那么"一……就……"的行为模式，其实就是行为的习惯化。巴甫洛夫的动力定型理论对此行为的产生与获得过程做出了科学的研究与解释。

动力定型是指个体在长期生活、劳动中反复重演某种活动，逐渐在大脑皮质的高级神经系统中建立的巩固的条件反射活动模式。其外在表现即为各种习惯行为及动作，包括日常的行走姿势、步法特征、书写动作、用语习惯（如口头禅），以及举止言谈和面部表情、开车习惯等。因为人类的衣食住行、为人处事、待人接物等活动是由大脑神经传递给各器官协调动作而完成的。为了完成某一动作，各器官间建立起相互协调一致、比较稳固的神经系统，即形成了动力定型。多次重复这种稳固的神经链接后，每一活动都会按已形成的活动规律重复。由于生理条件、生活环境、社会地位、专业训练、职业等主客观因素的不同影响，人的动力定型具有不同的人格特性。而且在动力定型下完成的各种活动带有明显的稳定、因循守旧、重复的特点，同时是各种器官协调一致的自动化行动，可在一定阶段内保持其基本特性不变，但经过长时间反复的练习，能形成新的动力定型①。在日常生活中，如果一个人比较稳定地从事某一活动，客观的刺激经常按照一定的前后和强弱特性作用于人。由于大脑皮层有系统性活动的机能，能够把这些刺激协调成为一个条件反射链索系统。动力定型的特点，就是当它形成后，一旦有关刺激物作用于有机体，条件反射的链索系统就自动地出现。所以动力定型又称为自动化了的条件反射系统。

由此可见，个体在客观环境刺激下的行为反应在不断重复后，都会动力定型化，即形成固定的条件反射。这种行为可能成为稳定的、一贯的、自动化的动作，它不需要人的控制，甚至人的意识根本控制不了，即是一种无意识的行为。尽管这种行为不一定是个体所希望发生的，但它却已经发生了。就如校园故事中的那位同学，她不希望发脾气、不希望摔东西，但是在她形成"生气—摔东西"模式后，摔东西这种行为动作已经动力定型化（固定的条件反射）了，即已经成为一种习惯行为。要改变这种行为习惯殊为不易。

 **心理视点**

## 一、 行为学习的经典理论

人类的多种多样的行为是如何学习、获得的呢？在行为的发生发展过程中主要受到哪些因素的影响或决定？在塑造、控制或改变人类行为方面，行为学习的经典理论和行为的影响因素分析理论可以给我们什么样的启示与帮助？让我们一起通过学习有关的行为基本理论来了解人类行为的秘密吧。

为了解释说明人类行为的习得与改变过程，心理学家进行了种种实验与探索，提出了许多丰富的理论。其中，最具代表性的有经典条件作用学习理论、操作性条件作用学习理论、社会学习理论和认知行为理论。这些理论虽然都有各自的局限及不足，却都具有较大的历史意义与现实价值，并在很多领域广泛应用。学习和了解这些理论，可以为我们探索塑造良好行为、矫正不良行为的方法及策略提供借鉴与参考。

---

① 邹瑜：《法学大辞典》，北京：中国政法大学出版社，1991年，第128页。

## （一）经典条件作用学习论 （Classical Conditioning）

毋庸置疑，经典的条件学习是人类许多行为的来源。这里的经典条件也称为巴甫洛夫条件，即俄国著名生理学家、心理学家巴甫洛夫提出的经典条件反射理论。

经典条件反射就是一个刺激和另一个带有奖赏或惩罚的无条件刺激多次联结，可使个体学会在单独呈现该刺激时，也能引发类似无条件反应的条件反应。

经典条件反射最著名的典型范例就是巴甫洛夫的"狗的唾液条件反射"（见图2-1）。它包含了可重复的中性刺激和非条件刺激。非条件刺激（Unconditioned Stimulus，US）是能够引起机体非条件反应（Unconditioned Response，UR）的刺激。它是人或动物出生后，不需要经过学习就具有的对某些刺激做出反应的能力，也称无条件刺激。非条件刺激和非条件反应的关系称作非条件反射，如狗一见到食物（US）就分泌唾液（UR）的反应过程。条

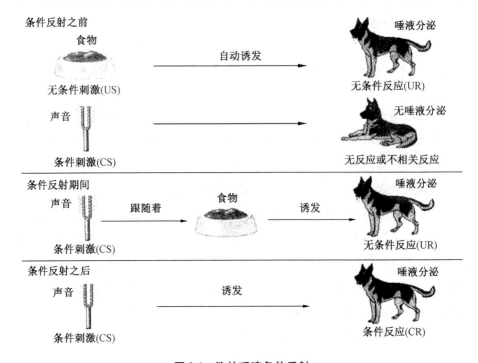

图2-1　狗的唾液条件反射

件刺激（Conditioned Stimulus，CS）则是能够引起条件反应（Conditioned Response，CR）的初始中性刺激（Neutral Stimulus，NS，起初不会引起机体无条件反射的刺激）。它是人或动物出生后在生活中通过条件学习逐渐形成的。且条件刺激与心理学上立即性和长期性的期待、满足与恐惧有关。在这个实验中，条件刺激和条件反应的关系，称作条件反射，如经过实验狗在只有铃响（CS）但没有食物的情况下也分泌唾液（CR）的反应过程。

巴甫洛夫经典条件反射实验可简化为三部分：一是非条件前提：非条件刺激（US）食物→非条件反应（UR）唾液分泌；二是非条件插入：非条件刺激（US）食物＋中性刺激（NS）声音→非条件反应（UR）唾液分泌；三是条件效果：条件刺激（CS）声音（＝中性刺激）→条件反应（CR）唾液分泌（＝非条件反应）[1]。

可见，经典条件反射是以无条件反射为基础而形成的。一个中性刺激通过与无条件刺激的配对，最后能引起原来只有无条件的刺激才能引起的反应，这就是初级条件反应的形成。在初级条件反射的基础上又可以引入一个新的中性刺激建立次级条件反射。当非条件刺激重复性地或是猛烈地伴随着某个中性刺激，这个中性刺激会成为一个条件刺激，并产生条件反射。通常，非条件刺激紧跟着条件刺激出现，条件刺激寄生于非条件刺激。在这个实验中条件刺激和非条件刺激相随出现数次后，条件刺激就逐渐引起唾液分泌，这时，动物就有了条件反应。一个中性的条件刺激（铃响）单独出现即可引起条件反应（唾液分泌）。由于人具有概念和词语能力，可以用概念和语词替代任何具体的刺激物，所以人能够以语词建立极其复杂的条件反射系统。

此外，经典条件反射具有获得、消退、恢复和泛化四个特征。获得，是指将条件刺激与无条件刺激多次结合呈现，可以获得条件反应和加强条件反应，如将声音刺激与喂食结合呈现给狗，狗便会形成对声音的唾液分泌反应。消退，是指对条件刺激反应不再重复呈现无条件刺激，即不予强化，反复多次后，已习惯的反应就会逐渐消失，如学会对铃声产生唾液分泌的狗，在一段时间听到铃声而不喂食之后，可能对铃声不再产生唾液分泌反应。恢复，是指消退了的条件反应即使不再给予强化训练，也可能重新被激发，再次出

---

① 张厚粲：《行为主义心理学》，杭州：浙江教育出版社，2003年，第35页。

现，这被称为自然恢复作用。泛化，是指某种特定条件刺激反应形成后，与之类似的刺激也能激发相同的条件反应，如狗对铃声产生唾液分泌反应后，对近似铃声的声音也会产生反应。"一朝被蛇咬，十年怕草绳"便是获得与泛化的最好例证。临床上许多恐惧症都有泛化情形，例如，一位女孩可能因一次剪刀偶然受伤而逐渐演变为害怕一切锋利的东西（尖锐恐怖症症状）。泛化可能是许多症状得以维持和发展的原因。

巴甫洛夫经典条件反射实验的重要性是不可估量的，以至于在他的研究公布以后不久，一些心理学家，包括行为主义学派的创始人华生，开始主张一切行为都以经典性条件反射为基础。虽然在美国这一极端的看法后来并没有得到普遍认可，但在俄国，以经典性条件反射为基础的理论在相当长的时间内在心理学界占据统治地位。无论如何，人们一致认为，相当一部分的行为用经典性条件反射的观点可以很好地解释。

基于经典条件反射实验，巴甫洛夫认为学习是大脑皮层暂时神经联系的形成、巩固与恢复的过程。他认为，"所有的学习都是联系的形成，而联系的形成就是思想、思维、知识"，他所说的联系就是指暂时神经联系。他说："显然，我们的一切培育、学习和训练，一切可能的习惯都是很长系列的条件的反射。"巴甫洛夫利用条件反射的方法对人和动物的高级神经活动做了许多推测，发现了人和动物学习的最基本的机制，可以帮助我们解释生活中的许多行为。不过经典条件反射是被动的，只适合解释一些简单的行为，但经典条件反射的四种特征的确在心理治疗中广泛应用。以经典条件反射理论为基础的治疗方法主要包括厌恶疗法、系统脱敏感疗法、泛滥疗法、爆炸疗法等行为疗法。与人本主义相比，以经典条件反射原理为基础的行为疗法可以在较短时间内使人对某些事物感到厌恶和恐惧，或者使人减少对某些事物的敏感和恐惧，短时高效地帮助来访者解除行为困扰。

### （二）操作性条件作用学习论 （Operant Conditioning）

尽管许多与情绪反应相联系的行为和习惯可能是经典条件作用的结果，但人们普遍认为，人类更大范围的行为类型是通过操作性条件作用过程习得的。

操作性条件作用又叫工具性条件作用，是 20 世纪 30 年代由美国心理学家斯金纳提出的一种新行为主义学习理论。斯金纳的操作性条件反射是在经典条件反射的基础上创立的。他采用精确的测量习得反应技术，设计了一种由动物进行操作活动的"斯金纳箱"（见图2-2）来进行实验①。斯金纳认为，操作性条件反射与巴甫洛夫的经典条件反射不同。经典条件反射是由条件刺激引起反应的过程，即 S→R；而操作性条件反射是首先做某种操作反应，然后得到强化的过程，即 R→S。

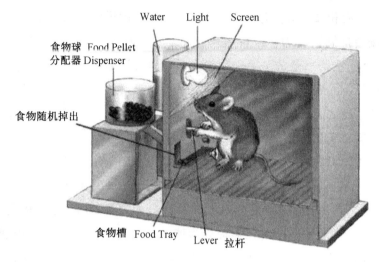

图 2-2　斯金纳箱

　　由此，斯金纳进一步提出，人和动物有机体具有应答性和操作性两种习得性行为。前者通过建立经典式条件作用习得，是指由特定的、可观察的刺激引起的行为。如在巴甫洛夫实验室里，狗看见食物或灯光就流唾液，食物或灯光是引起流唾液反应的明确刺激。后者通过操作式条件作用获得，是指在没有任何能观察的外部刺激的情境下的有机体行为，它似乎是自发的，如白鼠在斯金纳箱中的按压杠杆行为就找不到明显的刺激物。应答性行为比较被动，由刺激控制，而操作性行为代表着有机体对环境的主动适应，由行为的结果所控制。人类的大多数行为都是操作性行为，如游泳、写字、读书等。据此，斯金纳又进一步提出两种行为学习模式：一种是经典性条件反射式学习，另一种是操作性条件反射式学习。两种学习形式同样重要，而操作式学习则更能代表实际生活中人们的学习情况。由此看来，斯金纳认为学习过程

　　①　林崇德，杨治良，黄希庭主编：《心理学大辞典》，上海：上海教育出版社，2003年，第80页。

就是形成两种条件反射的过程①。

操作性条件学习的关键之处是有机体（动物或人）做出一个特定的行为反应，这个行为反应导致环境发生某种变化，即发生了一个由有机体引起的事件。这个事件对有机体可能是积极的，有适应价值的；也可能是消极的，没有适应价值的。不管是哪一种，这个事件都会对有机体后面的反应有影响，如果事件具有积极价值，有机体会更倾向于做出同样的行为；如果具有消极价值，则会抑制该行为。这自然是一种学习，通过这种学习过程，有机体"知道"了行为与后效的关系，并能根据行为后效来调节行为。既然人们的行为是由行为的后效来塑造的，那么，有意识地设置一些环境条件，使特定的行为产生特定的后效，就可以人为地控制、塑造行为。操作性条件作用的治疗原理就在于此。

斯金纳学习理论的主要错误在于他同桑代克和华生一样，坚持了机械主义的观点，完全摒弃了对学习的认识过程的研究，同时也抹杀了学习的主观能动作用。他简单地用操作性条件反射来解释人类的学习，带有极大的片面性②。不过，斯金纳以他的强化理论为依据，提倡程序教学，对20世纪50年代的各国教学改革产生过极大的影响。斯金纳认为，强化是增加某个反应概率的手段，强化在塑造行为和保持行为中是不可缺少的。有机体必须先做出所希望的反应，然后得到"报酬"，即强化刺激，使这种反应得到强化。学习的本质不是刺激的替代，而是反应的改变。斯金纳认为，人的一切行为几乎都是操作性强化的结果，人们有可能通过强化作用的影响去改变别人的反应。在教学方面，教师充当学生行为的设计师和建筑师，把学习目标分解成很多小任务并且一个一个地予以强化，学生通过操作性条件反射逐步完成学习任务③。另外，操作性条件反射理论中的强化、惩罚、消退等主要原理也早已广泛应用于学校教育、心理咨询、商业营销、游戏开发等许多领域。一是在行为矫正方面，对不良行为进行惩罚或不予注意，对好的行为进行奖励，坏的行为就会逐渐消退，而好的行为就会逐渐保留。程序教学允许学生

---

① 张小乔：《心理咨询的理论与操作》，北京：中国人民大学出版社，1998年，第136页。

② 林崇德，杨治良，黄希庭主编：《心理学大辞典》，上海：上海教育出版社，2003年，第1445页。

③ 同②。

选择短文回答问题，然后再按按钮看是否正确。行为的获得是循序渐进的，因此要遵循小步子原则，学习者是主动的，要及时反馈①。二是行为塑造（Shaping of Behavior）。行为塑造是对个体趋向于成功的每一步都给予强化，以引导他们实现最终目标。如孩子在学汉语拼音的时候，在他刚认得一个拼音时就给予表扬，然后在认得几个拼音时给予表扬，在孩子学会所有的拼音时给予表扬，对于每一步都给予表扬。三是计算机辅助教学（Computer-aided Instruction）。计算机辅助教学是指计算机里有一个预先安排好的学习计划，学生学习时与计算机处于对话状态，计算机能指出学生在学习过程中的错误，并按照学生的回答来选择下一个学习课题或者进入下一个学习阶段，使每个学生按其能力循序渐进。计算机辅助教学能够做到及时强化，实现双向交流，以小步子的方式进行，学生可以根据自己的学习进度随时打断信息的呈现②。四是生物反馈（Biofeedback）。生物反馈是指借助于传感器把采集到的身体内部的生理过程、生物电活动信息加以放大，以视觉或听觉的形式呈现出来，让个体了解自己的身体状态，并学会在一定程度上随意加以控制。目前，这种方法常用于治疗头痛、高血压、酒精抑郁症等多种疾病。

由上可知，强化是操作性条件作用的核心概念。强化分为正强化负强化、一级强化和次级强化四种类型。正强化指的是当个体做出一个行为后，给予一个积极强化物，这会增加个体做出该行为的频率。例如，在团体辅导训练中，当成员积极地进行分享感受时，主持者给予点头、微笑、奖励五角星等支持反应，成员会倾向于更多更深层次的分享展示。再如，一个孩子在公交车上给老人让座得到了表扬，以后他就总会给老人让座。正强化被广泛用于临床实践的多个领域，用于维持、增进、减少和消除多种行为，包括神经性厌食（贪食）、偏食、儿童遗尿、多动、缄默、孤独、学习困难、调皮捣乱、故意违反纪律等不良行为。负强化，指的是当个体做出一个行为后，消除消极强化物，这也会增加该行为的出现频率。例如，在操作性条件反射实验中，当一只不断受到电击（消极强化物）的老鼠偶然碰到一个杠杆时，电击停

---

① 宋冬浩：《行为主义心理学对成人教育教学的启示》，湖北大学成人教育学院学报，2011年第6期。

② 刘儒德：《学习心理学》，北京：高等教育出版社，2010年，第232页。

止，老鼠以后在遇到类似情景时会增加压杠杆的反应。如在团体辅导训练中，当某成员正在个人分享展示时，如果其他成员仍会在说笑（消极强化物），该成员就会有意地提高嗓门大声地表达自我（这有利于增强该成员的自信与展示能力）以便让大家更清楚地听到自己。此时，我们应及时暗示在说笑的成员停止说笑，以便鼓励成员大声表达自己的行为。这两种强化的原理不难理解，困难在于如何确定一个强化物的性质，如何判断强化物是积极的还是消极的。有时候，强化物是积极的还是消极的很容易分辨，例如，那些与有机体的生存直接相关的事物，如食物、电击等。但我们很难分辨，被人爱是一种积极的还是一种消极的强化物。所以在实践应用中，针对一个行为选定一件合适的强化物是一项非常重要、谨慎、细心和专业的工作。此处需要注意的是，负强化不是惩罚。无论是正强化还是负强化，都是加强行为的过程，都是促使有机体的积极行为得以增加或者使某种反应继续出现，而惩罚则是阻止或减弱某种行为反应。惩罚是和强化相反的概念，它涉及的是行为的消除机制。和强化一样，惩罚也分为正惩罚和负惩罚。正惩罚是指当个体做出一个行为后，出现惩罚物以后，个体会减少做出该行为。例如，对于一个上课迟到的同学，老师会扣掉他平时绩点的 10 分，他以后的迟到行为会减少。负性惩罚则是当个体做出特定行为后，他所希望的东西就不出现，他也会减少做出该行为。例如，教师规定，迟到三次后，取消优秀资格，就是利用了负性惩罚原理。一级强化，指的是由于直接满足有机体基本需要，如食物、衣服等刺激物的出现所起的强化作用。次级强化，是指由于学习而间接使有机体满足的刺激物的出现而对行为反应所起的强化作用。就人类的学习而言，次级强化物一般可以分为三类：一是社会强化物，如表扬、微笑、鲜花、关注等；二是活动强化物，如玩玩具、做游戏或者从事其他有趣的活动等；三是代币制度或活动强化物，如小红花、分数等①。

与强化概念相对的是消退。消退，是指在特定情境下，如果某人做出以前被强化过的反应，而现在这个反应没有得到通常的强化，那么此人下次遇到类似情境时，就较少可能再做同样的事。换言之，如果通过积极强化使一

---

① 黄希庭，郑涌：《心理学导论》，北京：人民教育出版社，2015 年，第 230 页。

种反应的出现率增加了，那么完全停止强化将导致这种反应的频率下降。要使反应完全消退，需要进行多次消退训练。如果反应在消退期间不时受到偶然强化，则不仅不会出现消退，反而会使该反应更加牢固。因为这种情况已是一种特殊的强化程序了。由于消退现象的存在，要使一个行为保持下去，就必须不断进行强化。但如果每次反应后均须予以强化，不仅实际上难以做到，而且这也不一定是最有效的强化办法。强化程序揭示了不同的强化安排的后效，它为强化方式提供了依据。

两种不同条件学习理论的特点有诸多不同，G. 马丁和 J. 皮尔对此做过如下比较（见表2-1）：

表 2-1　操作性条件作用和经典条件作用比较①

| 类别<br>对象 | 操作性条件学习理论 | 经典条件学习理论 |
|---|---|---|
| 行为类型 | 行为是由有机体发出的，有时称之为随意的 | 应答的或者反射的，是由先前刺激引起的，称之为不随意的 |
| 强化 | 程序：反应之后给予积极强化物（或者，反应之后去掉厌恶刺激）<br>结果：行为的出现率增加 | 程序：先前的中性刺激和非条件刺激配对<br>结果：中性刺激能够引起条件反应，而该刺激现在成了条件刺激 |
| 消退 | 程序：先前被强化的反应出现后不给予强化物<br>结果：反应的出现率下降 | 程序：呈现条件刺激时，不再伴随非条件刺激<br>结果：条件刺激不再引起条件反应 |
| 自动恢复 | 程序：进行消退（行为不再出现）后，进入"休息期"<br>结果：休息期之后，先前被去掉的反应会再次出现，尽管比消退期间要少 | 程序：进行消退（训练到条件刺激不再引起条件反应）后，进入"休息期"<br>结果：休息期之后，条件刺激再次引起条件反应，尽管比消退期间要少 |

## （三）社会学习理论（Social Learning）

社会学习理论提出了人类行为的另一种学习形式，称作观察学习或模仿学习，认为人类的大量行为不是通过条件作用学习而是通过示范、观察、模

---

① G. 马丁，J. 皮尔：《行为矫正》，林殷沪，等译，北京：科学出版社，1991年，第227页。

仿的途径获得的。尤其是儿童，他们总是通过观察父母、看影视作品、读书等多种途径来习得各种行为。

社会学习理论是由美国心理学家阿尔伯特·班杜拉（Albert Bandura）于1971年提出的。班杜拉认为，人总是生活在一定的社会条件下的，而以往的学习理论家大都忽视了社会变量对人类行为的制约作用，所以他主张要在自然的社会情境中，而不是在实验室里研究人的行为。班杜拉的研究主要着眼于观察学习和自我调节在行为学习获得中的作用，重视人的行为和环境的相互作用，重点探讨个人的认知、行为与环境因素及其交互作用对人类行为的影响。我们可以从以下四个方面了解社会学习论的具体内容：

一是强调观察学习或模仿学习。他认为，人的行为，特别是人的复杂行为主要是后天习得的。行为的习得既受遗传因素和生理因素的制约，又受后天经验环境的影响，并且此两者的影响微妙地交织在一起。班杜拉认为，行为习得有两种不同的过程：一种是通过直接经验获得行为反应模式的过程，班杜拉称之为"通过反应的结果所进行的学习"，即我们所说的直接经验的学习；另一种是通过观察示范者的行为而习得行为的过程，班杜拉将它称之为"通过示范所进行的学习"，即我们所说的间接经验的学习。现代临床实践中所利用的模仿原理就是基于社会学习理论，通过观察学习来增进、获得良好行为，减少、消除不良行为的一种行为改变原理。

班杜拉系统分析了观察学习的四个具体过程：第一是注意和观察过程，即集中注意观察所要模仿的行为示范，这是学习过程的基础。第二是保持过程，是指把观察得到的信息进行编码并储存在记忆中的活动。第三是运动再现过程，即通过自己的动作组合再现被模仿的行为。第四是动机确立过程，这是一项模仿实际实行与否的制约因素。多数有目的的模仿行为都需要某种动机力量的支持，如果没有动机推动和支持，观察、记忆和重现都有可能不发生。观察学习不一定非要达到动作再现程度，虽然行为主义认为只有模仿者实际再现被模仿的行为才能确认发生了模仿，但观察学习也可仅有注意过程和记忆过程就能习得某个行为。观察学习理论并不排斥条件作用理论，它在解释观察学习的条件时，仍然承认强化的作用，但观察学习理论不把强化看作学习的充分必要条件。换句话说，有强化会促进模仿学习，没有强化，学习也能发生。如果把一项模仿活动与直接的奖励或惩罚联系起来，无疑会促进或抑制该模仿行为。但在日常生活中，大量的模仿行为并不伴随直接的奖励或惩罚，模仿或去模仿照样发生。对于这种情况，还可以用"替代强化"概念来解释。例如，看了电视上攻击行为的儿童，可能会表现出同样的攻击行为，虽然没有奖励这个儿童的模仿，这是因为电视上的攻击行为受到了某种奖励，这使儿童受到了"替代强化"。如果电视上的攻击行为受到惩罚，孩子可能不表现出模仿行为，这可以说是儿童受到了"替代惩罚"，从而抑制了模仿行为。但这种情况并不说明儿童没有习得该攻击行为，实际上儿童已经把这种攻击行为的样式储存在记忆中了。如很多儿童在看完《喜羊羊与灰太狼》后，模仿红太狼拿着平底锅之类的东西去袭击小朋友，因为在动画片中，红太狼的行为没有受到怎样的惩罚，反而几乎每集都会出现，从而强化了儿童的模仿学习行为。

二是详细论述了决定人类行为的诸种因素。他不仅批判了环境决定论和个人决定论，而且还提出了自己的交互决定论，即强调在社会学习过程中行为、认知和环境三者的交互作用。

三是提出了行为的自我调节理论。他认为，自我调节是个人的内在强化过程，是个体通过将自己对行为的计划和预期与行为的现实成果加以对比和评价来调节自己行为的过程，个体能依照其自我确立的内部标准来调节自己的行为。按照班杜拉的观点，自我具备提供参照机制的认知框架和知觉、评价及调节行为等能力。他认为，人的行为不仅受外在因素的影响，也受通过自我生成的内在因素的调节。自我调节由自我观察、自我判断和自我反应三个过程组成，经过这三个过程，个体完成内在因素对行为的调节。

四是提出了自我效能理论。自我效能是指个体对自己能否在一定水平上完成某一活动所具有的能力判断、信念或主体的自我把握与感受，也就是个体在面临某一任务活动时的胜任感及其自信、自珍、自尊等方面的感受。自我效能也可称作"自我效能感""自我信念""自我效能期待"等。班杜拉指出："效能预期不只影响活动和场合的选择，也对努力程度产生影响。被知觉到的效能预期是人们遇到应激情况时选择什么活动、花费多大力气、支持多长时间的努力的主要决定者。"班杜拉对自我效能的形成条件及其对行为的影响进行了大量研究，指出自我效能的形成主要受五种因素的影响，包括行为的成败经验、替代性经验、言语劝说、情绪的唤起及情境条件①。

班杜拉的社会学习理论开创了心理学研究的新领域，他重视榜样学习的作用，强调个人对行为的自我调节，主张建立较高的自我效能感等思想都具有较高的教育应用价值。此外，在行为疗法的技术体系中，示范疗法、行为排演等治疗技术也是依据社会学习理论发展出来的，榜样学习原理被非常普遍地应用于咨询过程中，或者被其他治疗技术结合吸收。如咨询师在适当的时机及时给予来访者正确的指导或示范，或让他们观察学习别人在相应情境中的良好行为，就有可能帮助来访者改变不良行为。而咨询师始终给予来访者的尊重、温暖、关注、理解等态度对来访者来说也具有很好的榜样示范作用。社会学习理论体系的创立、观察模仿概念的提出，以及模仿原理在行为改变中的广泛应用，都是与班杜拉的贡献分不开的。其模仿原理已经被广泛应用于行为改变的临床实践中，用以增进个体的良好行为，减少和改变不良行为。

不过，班杜拉的社会学习理论也有着明显的不足和局限性，例如虽然他强调了人的认知能力对行为的影响，但对人的内在动机、内心冲突、建构方式等因素没做研究，这表明其理论本身仍然有较大的局限性。班杜拉的社会学习理论尤其是模仿学习的确非常适合儿童日常生活交往等各项技能行为的学习与获得。比如，就学会骑自行车来说，绝大多数孩子都是先观察别人如何骑车，由别人告知一些要领，然后自己进行模仿练习学会骑车的。不过宣称模仿学习是人类学习的主要途径，并将人类行为的获得完全泛化为模仿，也是过于绝对化了。因为按社会学习理论的说法，人类模仿对象的范围极其广泛，除了行为，诸如书籍、电影、电视、图画、情境等都是。总之，一切信息载体都可能成为被观察、被模仿行为的来源。但事实上，有很多行为也是需要设计一定复杂的程序训练、强化才可以形成，如开车、体育竞技、艺术创作等高级复杂的行为。

### （四）认知行为理论 （Cognition and Behavior）

认知行为理论是认知理论和行为理论的整合，是对这两种理论缺陷的一种批评性发展。其主要代表人物有埃里克·伯恩（Eric Berne）、梅钦鲍姆

---

① 林崇德，张春兴：《发展心理学》，杭州：浙江教育出版社，2005年，第234页。

（Meichenbaum）、贝克（Beck）、艾利斯（Ellis）和拉扎勒斯（Lazarus）等。早期行为理论只关注可观察、可测量的外显行为，却忽视了人的意识或内在心理活动在行为获得中的作用。而认知行为理论认为，在认知、环境和行为中，认知具有中介与协调作用。认知会对个人的行为进行解读，这种解读直接影响着个体是否最终实施行为。所以，对环境刺激或社会事件的认知、判断与评价是导致个体行为良好与否的关键，要特别重视认知、情感、动机、信念和人格等因素在行为获得中的作用。

认知行为理论认为，一个人的不良行为是由其认知不良引发的，要改变不良行为就应当从改变认知入手，只要认知发生改变，行为自然就会得到矫正。而认知的形成受到个体"自动化思考"（Automatic Thinking）机制的影响。所谓自动化思考是个体经过长时间积累而形成的某种相对固定的思考和行为模式，即行为发生已经不需要经过大脑的思考，而是按照既有的模式产生，或者说，在某种意义上，思考与行为自动地结合在一起，即不假思索地行动。正因为行动是不假思索的，个人许多错误的想法、不理性的思考、荒谬的信念、零散或错置的认知等可能存在于个人的意识或察觉之外。因此，要想改变自动化的不良行为，就必须先将这些自动化的思考重新带回到个人的理性思考范围之中，从而帮助个人在正确的理性层面消除那些不良行为。

认知行为理论的多个认知行为疗法的适用性都是相当广泛的。比如，艾利斯的理性情绪疗法已被广泛地应用于多类人群的情绪和行为问题的治疗，包括学校、家庭及医院健康咨询等多个领域；而贝克的认知疗法也成功用于抑郁、焦虑、婚姻困扰和药物滥用等行为障碍的治疗。

尽管上述有关人类行为获得的理论不尽相同，但这些理论都认为，人的一切行为，无论是适应性的还是非适应性的，都是通过学习获得的。一方面，我们要积极主动地运用上述相关行为策略塑造更多良好的适应行为；另一方面，也要通过某些特殊的行为治疗程序即"再学习"的方法矫正或消除那些非适应行为，形成新的适应行为[①]。而上述行为理论的主张和观点共同构成了行为治疗程序的重要理论来源。正如行为疗法的代表人物沃尔普（John Wolpe）所言："行为疗法……目的是纠正不适应的行为。实验方法是运用学

---

① 马建青：《心理卫生学》，杭州：浙江大学出版社，1990 年，第 104 页。

习的各种原理，促使不适应行为减少和消失，并激发和强化适应性行为。"①

## 二、 影响行为的主要因素

为什么会有行为发生？上述有关行为学习的经典理论各自提出了应答性条件、操作性条件，以及个人、环境与认知的交互决定论。但这些理论都具有一定的认识局限性。想要找到行为发生的条件，就必须分析行为选择和行为实施的所有实际因素。事实上，任何事物的运动都有其内部原因和外部原因，人的行为也不例外。比如，对于人类的惯用手行为，为什么大多数人是用右手，而少数人是用左手，有些人竟能左右手混用呢？我们经常听说，历史上有很多著名的人物，如爱因斯坦等他们都是左撇子。于是有人说，富有智慧的人都是左撇子，左撇子的人比较聪明。这个逻辑正确吗？有些人试图改变自己的用手习惯，或者强制改变小孩去使用左手或者右手，这是否可行？然而行为心理学家通过研究认为，手的使用问题不是人的本能，也不是大脑等生理因素决定的。左右手的使用习惯实际上是受社会环境的影响而建立的条件反射。因此，我们可以从内、外两个方面去寻找影响或决定行为的实际因素。影响人的行为的个体主观因素包括生理因素和心理因素；影响人的行为的客观外在因素包括自然因素与社会环境因素。个体行为的发生往往是这些因素共同影响、综合作用的结果。内在因素的决定作用离不开外在因素的影响，而外在因素的影响作用，从根本上来说，也只能通过内在因素来实现。而且这些实际因素本身也互相联系、互相影响，既具体又复杂，我们只能着重列举分析。

### （一）影响行为的内在因素

#### 1. 生理因素

任何行为都不会无端发生。有些行为的发生与生物体在客观环境中的各种状态或生理需要有关，如饥饱与冷暖、轻松与困倦、舒适与病痛等，生物体对这些状态的适应情况决定了行为的发生。按照习惯，我们可以把改变实际状态的行为过程叫作"正性行为"，而把维持实际状态的行为过程叫作

---

① 邓明昱，郭念峰：《咨询心理学》，北京：中国科学技术出版社，1992 年，第 297 页。

"负性行为"①。例如，当你困倦疲惫的时候，依然熬夜打游戏，而不赶紧休息调整精神，这就是负性行为。正性行为可以满足个体生理需要，而负性行为却违背了生理需要。人们对食物、水、空气、睡眠、性等的生理需要及状态都会产生相应的行为。

### 2. 心理因素

一是动机与能力。动机（Motivation）是行为主体的心理倾向，是"一种能激发和维持个休活动，并促使该活动朝向某一目标进行的心理倾向"②，是促发行为发生的内部主观因素和精神力量。美国心理学家伍德沃斯（Woodworth）最先提出，"动机是决定行为的内在动力，即内驱力"③，但动机是行为发生的必要条件而非充分条件。众所周知，动机是联结刺激与行为的中介因素，而行为的选择和执行过程又是个体的动机因素与能力因素共同决定的结果。例如，你有救助穷困同胞的动机，但是你还须有救助的能力才能实际发生这种救助行为，这里的能力包括个体的才能、技能和控制力等。行为主体的动机因素是行为选择过程的决定因素，而能力因素是行为执行的前提条件，只有在这个前提下，动机才能真正促发行为的产生。

二是需要与欲望。在促发行为的所有因素中，需要是激发动机的唯一因素，任何其他刺激因素要促发行为，就必须通过形成需要来激发动机，再促发行为④。美国心理学家马斯洛曾着重研究了需要对行为的影响，甚至把需要直接当成了行为的动机。需要（Need）是个体的一种主观心理状态，是指"有机体内部由于生理或心理上的某种匮乏而产生的不平衡状态"⑤，它是"人脑对生理需求和社会需求的反映"⑥，"这种客观的必要性反映在人的头脑中并引起内部的某种匮乏或不平衡状态时就会产生某种需要"，但需要并不能直接促发行为的产生。例如，某同学知道自己的英语差，需要多学习，但他就是偏偏不去学单词或背课文，而是玩游戏或看剧。因为需要做什么指的

---

① 陈述：《行为心理论》，长沙：湖南师范大学出版社，2010年，第41页。
② 黄希庭：《简明心理学辞典》，合肥：安徽人民出版社，2004年，第69页。
③ 同①。
④ 同①，第75页。
⑤ 同②，第443页。
⑥ 叶奕乾，等：《普通心理学》，上海：华东师范大学出版社，2008年，第314页。

是有必要做什么，而不是行为主体想要做什么。想要做什么的心理就是行为主体的欲望，只有当需要能激发欲望，欲望才能促发行为。欲望是个体认识到需要的存在，并且极力去满足这种需要的主观要求，也即动机因素。所以，当反映客观需求的个体需要能够激发个体的欲望动机时，才能真正产生个体行为。如把"需要（有必要）早睡早起"激发为"想要早睡早起"，才能真正产生"早睡早起"的行为。

三是情感与情绪。人们时刻都在感受着各种情感情绪，而情感情绪也时刻都在影响着人们的行为。情绪是指"个体对其所认识的事物、所做的事情以及自己和他人的态度体验，包括所有在主观上体验到的、负载着情感的、有意识的心理状态，并总是伴有植物性神经系统的生理反应"①。情感"亦称感受，一般指对情绪过程的主观体验和感受"②。当今心理学界普遍认为，个体情绪情感的产生与需要是否得到满足有着重要的关系，也就是说，"需要是情绪产生的重要基础"。当个体需要得到满足时，就会产生正性的积极肯定情绪；当个体需要没有得到满足时，就会产生负性的消极否定情绪。而"客观事物是否符合个人的需要要有赖于认知的评估作用。同一事物，由于人们认知上的差异，对实验它的评估可能不同：如果把它判断为符合自己的需要，就产生肯定的情绪；如果把它判断为不符合于自己的需要，就产生否定的情绪"③。由此，从根本上来讲，情感情绪促发行为是通过个体对客观事物的认知评估因素发生的，要改变个体由于情感情绪所致的不良行为，就要从根本上改变其对相应客观事物的认知评估。

一般来说，情感对行为的影响可以促发个体对客观事物的亲疏行为。如喜欢某人某物会促发接近、讨好乃至保护、全情投入等"亲近式"行为；而厌恶某人某物会促发远离、不屑乃至破坏、彻底放弃等"疏离式"行为。

心理学研究表明，情绪就是一种动机，是促发行为的直接心理因素④。而且情绪是一个既反映情感上的亲疏关系又反映心理状态上的激动程度的心

① 黄希庭：《简明心理学辞典》，合肥：安徽人民出版社，2004 年，第 287 页。
② 同①，第 285 页。
③ 同①，第 509 页。
④ 陈述：《行为心理论》，长沙：湖南师范大学出版社，2010 年，第 186 - 187 页。

理因素①。情绪的亲疏情感特性会直接影响到个体行为效率，而情绪的"平静－激动"程度也会直接影响到大脑发挥功能的效率，进而影响到智力操作行为活动的效率，这是由大脑的机能决定的。人类的自然进化过程将人的大脑在最大效率发挥整体功能时的心理状态调节成了正常的心理状态，这时，大脑的各种功能都能充分发挥②。而过高或者过低激动程度的心理状态都会影响到大脑功能发挥的效率。我国情绪心理学家孟昭兰曾经以婴幼儿为被试，进行了一系列不同情绪状态对智力操作活动影响的实验研究。结果表明：被试者分别在快乐、兴趣和无怒等正情绪状态下进行智力操作活动的效率明显高于被试者分别在痛苦、惧怕和愤怒等负情绪状态下进行智力操作活动的效率。孟昭兰还考察了不同情绪的不同强度（平静－激动程度）与智力操作活动效率之间的关系。结果表明：快乐情绪的强度与智力操作活动效率之间的关系符合耶基斯—多德森定律，即过强或过弱的快乐情绪不如适中的情绪更能导致最优智力操作效率；而痛苦和惧怕情绪的强度与认知操作效果之间的关系不符合耶基斯—多德森定律，即随着痛苦和惧怕情绪强度的增大，智力操作活动效率不断下降，所花费的时间不断上升，两者呈线性关系。

众所周知，犯罪心理学上有一种犯罪行为称作激情犯罪，是指在强烈的情绪推动下实施的暴发性、冲动性犯罪行为。激情就是一种在短时间内强烈爆发高激动程度的情绪心理状态。在这种状态下，个体大脑的认识活动范围缩小，理智分析能力受到抑制，自我控制能力减弱，进而使人失去控制，促发一些鲁莽的行为或动作，而且犯罪手段极其残忍，行为的后果往往相当严重。某些激情犯罪行为除了直接攻击目标外，还会牵连到其他许多无关的人和事③。所以，认识和了解情绪对我们调控自己的行为，保证行为的健康和效率有着重要意义。

四是兴趣与爱好。兴趣也是影响行为的常见因素。在心理学中，兴趣是指个体对某事物喜好的情绪，力求探知、认识事物或从事某活动的心理倾向④。无条件的、持久的兴趣会促发自愿的或自觉的行为，表现为某种爱好；

---

① 陈述：《行为心理论》，长沙：湖南师范大学出版社，2010 年，第 192 页。
② 同①，第 189 页。
③ 林崇德，杨治良，黄希庭主编：《心理学大辞典》，上海：上海教育出版社，2003 年，第 125 页。
④ 同①，第 207 页。

有条件的、不持久的兴趣则通过促发求知的欲望而成为行为的动机因素。兴趣爱好是一种心理倾向，它会驱使行为主体朝某个方向进行行为，并影响着人的心理发展。稳定而持久的兴趣爱好能充分发挥主观能动性的作用，驱使个体自愿、积极、高效地进行行为。如对专业知识的兴趣能够激发大学生热情的自主性学习行为，能够保证学习的专注力和效率。而兴趣的缺失往往会导致学习目标缺失、专注力不够及效率低下等情形。一般来说，良好的兴趣会促使有利行为，不良的兴趣则会产生有害行为。不过，凡事过犹不及，如过多投入于感兴趣的活动，尤其是不择手段或致使行为难以受主观意志控制时，就会导致违法行为或不良的成瘾行为，给社会和自身身心健康带来危害。所以，我们要培养积极健康、有度有节的兴趣爱好，以塑造健康良好的行为。

### （二）影响行为的外在因素

#### 1. 社会思想观念

社会思想观念包括社会价值观念和社会准则观念。社会价值观念是人们认识评价各种事物的主观标准。在价值观多元化的社会，评价标准有时候良莠不齐，甚至鱼龙混杂，所以会对个体的行为产生积极良好或消极不良的影响。比如，在竞争激烈的现代社会，人们不再相信"桃李不言，下自成蹊"的观念，于是大学生也学会了积极主动展现自我、参与竞争的良好行为。在注重人际资源的社会，也促发了大学生自觉学习交际知识、提高交际技能、主动营造人际关系的积极行为。但有时候如果个体只是盲目地从众于社会上的一些价值观念而不做理性判断，也可能产生不良的行为。比如，就社会上所谓的人体审美价值观念来说，一些青年朋友由于盲目地追求骨感身材、五官长相等有关的审美标准，认为自己不"达标"导致过度减肥或过度美容行为，失败后又促发自卑羞怯的情绪，甚至自杀行为。再如，某些大学生的恶意逃课行为也是因为盲目信奉"没有逃过课的大学是不完整的大学"而导致的。更有一些大学生由于相信"不谈恋爱的大学是不完整的大学"去盲目地谈一次恋爱。所以，健康良好的行为有赖于积极进取、健康向上的价值观念和人生态度，需要我们对社会上的思想观念进行理性地辨别和判断，不能盲目从众和跟风。

社会准则观念是一定社会历史时期内为社会大众普遍认可的、对于是非善恶美丑的评价标准，它为人们的行为选择和行为方式提供基本的模式参考、价值准则和行为规范。当今社会，道德和法律是调节人们思想行为的两大基本规范，不仅能够评价个体的行为正当得失，而且能够促发或者约束人们的行为。例如，公民道德规范可以引导个体明礼诚信、团结友善、勤俭自强、敬业奉献的行为；社会公德要求可以促发文明礼貌、助人为乐、爱护公物、保护环境的行为；法制观念则可以引导人们自觉学法、知法、守法、懂法、用法、护法的行为。如恋爱中，尊重人格平等、自觉承担责任和文明相亲相爱的道德规范对于引导大学生文明相亲相爱的恋爱行为具有重要的帮助和引导作用。

### 2. 社会舆论与风俗习惯

社会舆论是促使个人改变行为的强大社会力量。社会舆论又称公众意见，作为一种普遍存在的社会心理现象，是指社会上大多数人对某一问题的共同倾向性看法或意见，往往以拥护或反对、赞扬或谴责的方式对某一公共问题做公开的评价，表达共同态度、需要和愿望。作为一种出现在没有组织或组织松散、人数众多群体中的大众心理，它对个体的行为会产生一定程度的影响，它既能鼓舞、强化人的行为，也会抑制、消除人的行为。社会舆论作为多数人的意见，对多数人的行为起着参照物和定向标的作用。即多数人会按照舆论的要求去行为，而少数不同意见者要么保持沉默，要么从众，最终不得不改变原来的行为方向，与舆论保持一致。如"获得专业注册证书对于毕业求职很有帮助"的校园舆论，大多数同学都认可这一点，于是其他同学也仿而效之，最后几乎全专业的同学都成功考取了两到三个证书。而当这种看法和行为受到学校领导和老师的赞赏和表扬后，又会进一步强化这种考取证书的学习行为。因为支持舆论的个人受到激励、鼓舞、暗示、感染后，又进一步强化了心理共鸣，从而能强化那些有利于大众和社会的行为，使人们学习模仿被赞赏的行为，使好的行为发扬光大。在帮扶摔倒老人的事情上，当社会舆论支持帮扶者的时候，能进一步强化尊老爱幼的良好行为。社会舆论还会对不良行为个体产生强烈心理刺激，促使个体重新省察、认识自己行为的不当之处，从而使其自责、自愧进而改变自身的行为方式。如校园舆论一致谴责图书馆"占座不到"的不道德行为，就可能使这些同学感到无地自容、内心有愧，从而改变不道德的行为。所以积极良好的社会舆论会促发良好的正当行为。当然，不良的社会舆论，如网络暴力则会促发不当的有害行为。

风俗习惯是影响个体行为最常见的社会因素。古希腊哲学家曾言"人的行为和举止无不受习俗的制约"。风俗习惯是指在特定社会文化氛围内、历代人们共同遵守的行为模式或规范，主要包括民族风俗、节日习俗、传统礼仪等。它是一个国家或民族的传统习惯、礼仪礼节、习俗禁忌，肯定会对社会个体或群体有着非常强烈的行为约束、塑造和影响作用。俗话说，"出国问禁，入乡随俗"，就是要人们按照当地的风俗习惯来为人处事，进行人际交往。比如，中国人过新年讲究焕然一新，学生在新学期也要有新气象，这种风俗和习惯就会刺激人们的节日消费行为，人们总是会用心去购买新衣服、新用品等，学生们也竞相添置新文具、改换新形象等。再如，人逢喜事要请客的习俗会促发学生在取得好成绩后的宴请行为。所以，对于学生的某些行为特点也要从社会习俗中找寻原因。

### 3. 社会风气与环境诱因

社会风气包含着一定社会时期内人们的一些共性思想观念、行为意向、行为方式、行为习惯和社会时尚；社会环境包括人文环境和物质环境等。风气和环境都会成为促发个体行为的直接诱因，对个体行为和成长产生很大影响，既可能有益于一个人，又可能会有害于一个人。诱因是最容易引起人们注意的影响行为的因素。诱因（Intensive）是指"一切能引起机体产生动机性行为的外部刺激"，也就是对个体行为起诱惑作用的事物①。塑造良好的行为模式就要特别注重环境诱因的影响，"昔孟母，择邻处"就是非常典型的传统案例。而大学生生活、学习、交往所处的校园、寝室、课堂、社区乃至整个社会环境及风气等都可能会成为他们各种行为的环境诱因。如社会上各种升级换代的电子产品、各种新鲜刺激的网络游戏、各种时尚潮流的服装打扮等，对于一些判断能力和自控能力较弱的同学来说，这些可能会成为各种成瘾行为的诱因。如某些物欲横流、金钱至上的不良社会风气，曾诱使一些青年学生产生盲目攀比和超前消费等不健康行为。一些大学生用父母辛苦劳

---

① 黄希庭：《简明心理学辞典》，合肥：安徽人民出版社，2004年，第481页。

作挣来的血汗钱追逐名牌和奢侈品，比阔气、讲排场，在消费上超出自己的承受能力，有的甚至因此而负债累累。这些错误的观念和行为，不仅危害大学生的健康成长，而且进一步败坏了校园风气。再如，曾经有同学说起，寝室里的三个室友都在开心地玩电子游戏或看剧，使得自己难以控制玩手机的欲望和冲动。而如果有同学总在课堂上睡觉或玩手机，授课老师对此又置之不理，其他同学也难免受到诱惑而竞相效仿。当然，诱因也必须通过形成需要、产生欲望来激发动机，再促发行为①。消除这些不良行为的关键还是要控制行为个体的内在心理因素，但即便如此，良好的学习环境和校园风气与学生的日常行为习惯总是密切联系、互相影响的。

## 实验实训

### 基于动力定型理论的大学生仪态礼仪团体训练与辅导

团体名称：绅士风度、淑女形象——仪态礼仪训练小组

团体性质：封闭式、结构式、发展性

团体目标：

1. 了解习惯行为动作形成的机制——动力定型理论及意义；

2. 觉察自身在仪态礼仪方面存在的"一……就……"的不良行为习惯和动作；

3. 系统学习和培养自身良好的符合仪态礼仪的行为、动作和姿势；

4. 有意识地重复、强化学到的仪态礼仪行为，使之形成动力定型，成为自动化、无意识化的行为习惯。

团体成员：

12 名大学生（校内公开招募、自主报名、面谈筛选，按照团体心理辅导理论，为保证活动效果，成长性团体以 8～12 人为宜）。

辅导与训练场地：学校心理健康中心之团体辅导室。

辅导与训练时间：每周 1 次，每次 60 分钟左右。内容包括微笑、手姿、站姿、坐姿、行姿和蹲姿六个部分。

———————————

① 陈述：《行为心理理论》，长沙：湖南师范大学出版社，2010 年，第 75 页。

设计依据：众所周知，"人无礼，无以立"，懂礼、知礼、守礼是现代社会每个人的必备素质和要求。对于大学生来说，更要"博学于文，约之以礼"。大学生的仪态举止不仅影响到自身的整体形象，而且会对求职就业、工作交际、日常交往产生重要的影响。而大学生礼貌形象的树立，需要增强意识、加强训练、学以致用。按照动力定型理论，任何动作行为通过重复和训练就会形成固定的条件反射，即形成习惯行为。

活动方案设计及操作：整个训练分为 6 个单元，共 6 周。每个单元包含 4 个活动部分：热身活动；演示训练与练习活动；分享和反馈活动；布置作业活动。其间，除了训练，监督成员完成作业并检查作业非常关键，即要求成员在生活中，时刻重复加强所学的规范动作和姿势，以建立动力定型，养成习惯行为。

## 体验感悟

1. 对于一名早上起床困难的学生，试用经典条件反射理论、操作性条件反射理论、社会学习理论和认知行为理论，帮助他找到能够早起的方法。

2. 一名学生每天靠喝咖啡来提神，一段时间后，为了保持清醒，他需要喝更浓的咖啡。对此，怎样用经典条件反射理论来解释？

3. 一位学习成绩较差的学生，出现了破罐子破摔的不良行为，试结合影响行为的因素理论，分析这位同学不良行为产生的可能原因。

4. 请结合巴甫洛夫的动力定型理论，试用"一……就……"的模式，找出自己身上已经形成的动力定型，即习惯化行为和动作等，并分析哪些是良好的行为，哪些是不良的行为。

# 第三章　无声胜有声　行为的心理解读

任何人都无法保守他内心的秘密，即使他的嘴巴保持沉默，但他的指尖却喋喋不休，甚至他的每一个毛孔都会背叛他！

——西格蒙德·弗洛伊德（奥地利）

 **心路历程**

## 一、校园故事

一次，我有幸陪同实习公司王总去参加一个高大上的国际商务展销会。在展销会上，通过观摩我学到了很多课堂上学不到的商务谈判知识与技巧。但是，我印象最深的是当天美国某公司与日本某企业间的一个合作项目的谈判。令我奇怪的是，尽管双方在上午已经达成了合作的意向，但到了下午，日方却反悔了，最后双方未能签订合作协议。对此，我非常不理解，因为我没有感觉到美方有什么漏洞和疏忽。后来，王总告诉了我事情的真相。他从日方企业谈判代表团团长那里得知，因为他们认为美方公司不够真诚，而且对美方的商务形象实在是不敢恭维，感觉美方做事不可靠。那么，日方何出此言呢？原来，在当天下午的商务会议上，美方的行为表现出了问题。当时，美国公关公司人员坐在谈判桌的一边，即将成为合作对象的日本公司人员坐在另一边。会议中，在翻译员进行冗长的会议资料翻译时，美方代表竟然开了小差：他先是打了个哈欠，伸了个懒腰；之后，拨弄了一下头发，整理了一下衣服；还将跷起的二郎腿悠闲地抖动着，不耐烦地看了一下手表后又顺手玩弄起了钢笔；过了一会，又抠了几下鼻子，挖了几下耳朵，接着又把手放进嘴里使劲剔着牙……而这一切都被日方代表团长尽收眼底。所以，美日两家公司的合作便泡了汤。

### 二、 无意识小动作会出卖你的人品

行为是人类无声的语言。人们的仪态举止、一颦一笑都时刻传递着内心的信息动态，折射着内在的心理变化。人的一切心理，都可以从其行为中找到答案，所以就有了"性格写在脸上、人品映在眼中、生活方式显现在身材、情绪起伏表露在声音、态度看手势、家教看站姿、审美看衣服、层次看鞋子"等之类的说法。任何人的每一个细微动作和表情反应，都在告诉大家他是怎样的一个人。所以在上述案例中，美方代表人员的打哈欠、伸懒腰等无意的小动作，在商务会议场合中实属心不在焉或无足轻重的心理表现。而当众抠鼻子、挖耳朵、剔牙更是显现了不雅、低俗的商业形象。所以要切记，优雅的体态举止才是有教养、充满自信的表达，我们要做到"坐有坐相，站有站相"。举手投足的文明与敬人，需要改变和控制下列不良的举止仪态和行为习性：

一是随地吐痰。吐痰是最容易直接传播细菌的举止，随地吐痰是非常没有礼貌而且绝对影响环境、影响公众身体健康的不良行为。如果你要吐痰，把痰吐在纸巾上，丢进垃圾箱，或去洗手间吐痰，但不要忘了清理痰迹和洗手。二是随手扔垃圾。随手扔垃圾是应当受到谴责的最不文明的举止之一。三是当众嚼口香糖。有些人如果需要嚼口香糖以保持口腔卫生，那么应当注意在别人面前的形象。咀嚼的时候闭上嘴，不能发出声音，并把嚼过的口香糖用纸包起来，扔到垃圾箱。四是当众挖鼻孔或掏耳朵。有些人，习惯用小指、钥匙、牙签、发夹等当众挖鼻孔或者掏耳朵，这是一个很不好的习惯，尤其是在餐厅或茶坊，别人正在进餐或饮茶，这种不雅的小动作往往令旁观者感到非常恶心。五是当众挠头皮。有些头皮屑多的人，往往在公众场合忍不住头皮发痒而挠起头皮来，顿时皮屑飞扬四散，令旁人大感不快，特别是在那种庄重的场合，这样很难得到别人的谅解。六是在公共场合抖腿。有些人坐着时会有意无意地双腿颤动不停，或者让跷起的腿像钟摆似地来回晃动，

而且自我感觉良好，以为无伤大雅，其实这会令人觉得很不舒服，这不是文明的表现，也不是优雅的行为。七是当众打哈欠。在交际场合，打哈欠给对方的感觉是：你对他不感兴趣，表现出很不耐烦的样子。因此，如果你控制不住要打哈欠，一定要马上用手盖住你的嘴，跟着说："对不起。"八是使用手机不当。手机是现代人们生活中不可缺少的通信工具，如何通过使用这些现代化的通信工具来展示现代文明，是生活中不可忽视的问题。如果事务繁忙，不得不将手机带到社交场合，那么你至少要做到以下几点：将铃声降低，以免惊动他人；铃响时，找安静、人少的地方接听，并控制自己说话的音量；如果在车里、餐桌上、会议室、电梯中等地方通话，尽量使你的谈话简短，以免干扰别人；如果下次你的手机再响起的时候，你必须向你旁边的人道歉说"对不起，请原谅"，然后走到一个不会影响他人的地方，把话讲完再入座；如果有些场合不方便通话，就告诉来电者说你会打回电话的，不要勉强接听而影响别人。

 **心理视点**

## 一、 日常行为的心理符号

人们的日常行为，包括衣食住行等都是意识与潜意识共同支配的结果。无论一个人如何伪装，他的日常行为总是会暴露他的内心世界。心理学家将我们的心理行为模式概括为一个简单的公式，即 A—B—C。A 就是 Affair（事件），B 就是 Belief（信念），C 就是 Consequence（结果）。我们一般认为，客观刺激性事件直接导致了我们的行为结果，但其实，这中间由我们的内在信念做了大量的加工工作。B 可以视为信念，也可以视为一个人格系统或一种对话，即内在的关系模式中"内在的父母"与"内在的小孩"的对话。如果我们想让自己的人生更具有价值，我们必须对 B 进行深度的了解。假如对 B 没有丝毫了解，那么 B 对我们而言就完全是一个"黑匣子"，而我们的行为就是纯粹的自动反应，于是我们对这个过程没有丝毫的控制能力。假如对 B 有着深度的了解，那么我们的行为就有了自主选择的色彩，我们会对行为和反应加以控制、进行分析，然后再主动选择更合理的行为模式①。由此，解读行为是为了让我们更好地控制和选择合适的行为。

### （一） 穿着行为的心理解读

我们可以从一个人的衣着打扮解读他（她）的许多心理特点。如一个人戴帽子，可以看出他对头部建立的形象；一个人化妆，说明她可能在细心雕刻自己的性格；从一个人的服饰，可以看出他对生活的品位；而香水透露着女人的内心，不同的味道代表不同的形象与性格。经典电影《闻香识女人》可以说是行为解读的典型力作。

### 1. 穿衣行为的解读

俗话说，你的衣橱反映了你是怎样的一个人。穿衣戴帽，各有所好，但它不仅仅代表着你的审美和品位，更多时候还隐藏着你审美背后的行为风格与处世心态。

有的人总是喜欢留着自己过去的每一件衣服，说明他（她）可能恋旧，想保留衣服的情感价值，但也有可能这是被"沉没成本"思维所控制的一种习惯性表现。

有的人总是喜欢穿过大的衣服，说明他（她）可能对身体的自我意识有问题，可能嫌自己"太胖"或"太瘦"，有意遮掩。

有的人总是喜欢穿中性服装，且大多数时间不带配饰，说明他（她）可能害怕引起注意或是对自己的性别身份不自信或是不认同。

有些人的衣着太过性感，说明他（她）可能太想要获得别人尤其是异性的关注。但如果一个人的穿衣风格太过老气或太过年轻，说明他（她）的真实年龄和心理年龄不相符，心态过老或者心智不成熟。

有的人总是喜欢穿着工作时的职业服装，说明他（她）的自我价值感可能主要来自于与工作相关的成就。但如果一个人平时总喜欢身着时下所谓的名牌，他（她）可能想通过物质方面的信息获得别人的重视，虚荣心或许特别强。

---

① 弗洛伊德：《日常生活的心理分析》，张登浩、高兴翔译，北京：北京出版社，2010年，第235页。

有的人总是喜欢穿着牛仔服、T恤等休闲随意的服饰，说明你可能性格洒脱，也可能说明你懒于打扮。作为女性，说明你可能过于看重家人的需求而忽视自己的喜好。

## 2. 化妆中的反向行为

化妆华丽是因为性格奔放，化妆朴素是因为性格朴素，这是大多数人的观念。然而，实际情况并没有那么简单。据美国心理学家费舍尔研究，性格越是内向的女性，化妆越有浓艳的倾向。不太善于与人交往或不自信的人，会对自己与他人之间的界线感到不安，为了强调自己与他人之间的界线，她们会给自己化上浓艳的妆容。对自己与他人之间的界线怀有不安感的人，更具有吸引周围人注意的倾向。而有些性格内向的女性，只有在化了妆后，内心才能安定下来，才会变得积极主动。

另外，在人们的心中往往都有一个理想的自我形象，即"我想成为这样的人"，但也有一个现实中的真实自我形象，即"我却是这样一个人"，这两个形象之间自然是存在差距的。此时，要消除这种差距并保持心理平衡的最方便手段，就是化妆了。通过化妆让现实中的自己变得更不一样，可以缩小现实与理想之间的差距，或者通过化浓妆，在自己周围设置围栏，借此来保护理想的自我。

## 3. 配饰的心理解读

著名的美国心理学家伊莉尼认为，通过女性佩戴的首饰不仅能看出她的爱好和眼光，还能反映出她的性格等心理特征[1]。

事实上，有的人根本不喜欢佩戴饰品，无论在什么场合都不佩戴首饰，不喜欢或者认为没必要。这种人自称注重实际，不希望通过外表加强自我的印象管理，不在乎外表和穿着，而在乎内涵与修养，与其交谈，我们可能会有很多收获。

对于那些喜欢佩戴饰品的人，首饰材质的偏好也能揭示其某些心理特征。有的人喜欢佩戴过多金质首饰，说明他（她）可能是一个自信乐观、外向活泼、热情友善的人，也可能是一个爱炫耀的人。有的人平时只佩戴少许金质

---

① 杨梅：《女性的饰物与性格》，《心理世界》，2000年第1期。

首饰，说明他（她）比较有品位，通常比较理性，善于约束自己，懂得收放自如，恰到好处。有的人喜欢佩戴银首饰，说明他（她）可能是比较稳重随和、有秩序的人，做事循规蹈矩、有条不紊。当然，这类人也可能比较保守，不善于改变，适应能力不强，不太容易接受新事物、新环境。不过他们的物质需求适度合理，特别注重琴棋书画等精神需求。有的人喜欢佩戴玉质的饰品，说明他（她）可能是比较传统、做人行事都比较低调的人。当然，有的人偏爱钻石材质的配饰，说明他（她）可能是比较热情奔放的人，也或许是比较高调的人、渴望吸引别人注意的人。

对于那些喜欢佩戴饰品的人，首饰形状的偏好也能透露出其性格特征。有的人喜欢小巧玲珑或呈几何图案的微小饰品，说明他（她）可能是一个心态平和、谦虚稳重、顺其自然的人，一般不太希望引起他人注意。而喜欢造型夸张、形态别具一格特大首饰的人，如大耳环、大块的胸饰、大颗的彩色宝石等，说明他（她）可能是无忧无虑、活泼好动的人，并且具有幽默感、喜欢表现自我。他们也乐于助人，易与人相处，并受人欢迎。不过，喜欢此类配饰的人也可能是喜欢招摇卖弄、爱幻想，刻意引人注目的人。有的人喜欢流线型的纤细简洁的饰品，说明他（她）可能是心思细腻、温顺柔和的人。而喜欢圆形的人可能是比较传统保守、注重家庭、心态平和、能够知足常乐的人。偏爱椭圆形饰品的人，可能是与众不同、独具个性的人，有较强的独立性和创造性。偏爱心形饰品的人，可能是细致入微、情感丰富、温柔体贴的人。而钟爱长方形或方形饰品的人，或许是生活井井有条、做事严肃认真、中规中矩、坦诚、坚强的人。

对于那些喜欢佩戴饰品的人，首饰色彩的偏好同样可以体现其内在心理特点。喜欢红色饰品的人，大多是外向活泼、热情奔放的人，他们对生活充满向往，喜欢争强好胜和自我表现，往往是社交与工作场合的主角。钟爱紫色饰品的人喜欢憧憬和幻想，情感丰富却不外显，他们工作时能够严谨认真，生活中却又洒脱不羁。偏爱蓝色配饰的人，性情平和却又爱憎分明，他们任劳任怨却也传统保守。

另外，生活中还有一些特别钟爱手镯的人。他们大多可能是精力充沛、朝气蓬勃的人，这些人往往比较聪明智慧，富有特长。他们有理想有追求、积极进取，并且勇于探索。还有的人比较讲究衣着搭配，需要专门佩戴胸针，这样的人特别重视自己的形象管理，他们可能在为人处世中过于谨小慎微，甚至敏感多疑。他们可能渴望引起别人的注意，但有时又有些不够自信。而那些特别钟情于珠宝饰品的人，往往是比较挑剔的完美主义者，他们在乎的不是强烈的自我表现，而是和谐快速的集体融入。喜欢具有民族情调饰品的人具有相当鲜明的个性，他们总是有自己独特的想法和见解，喜欢独具特色、不同凡响。

### （二）进餐行为的心理解读

吃喝拉撒睡是人的本能需要。人们在吃饭的时候，往往是比较放松的，此时的心理戒备比较低，所以能更容易暴露出一个人的真实心理特点与精神面貌。日本心理学家的研究也发现，一个人在吃饭这个本能行为中的种种不经意的表现，可以深层次地反映一个人的心理。所谓观相识人，肯定少不了从"吃相"来判断一个人的种种心理特点。

民间流传着这样一个故事：一个人走进饭店点了酒菜。吃罢，摸摸口袋发现忘了带钱，便对店老板说："店家，今日忘了带钱，改日送来。"店老板连声说道，"不碍事，不碍事"，并恭敬地把他送出了门。这个过程被一个无赖给看到了，他也进饭店点了酒菜，吃完后，摸了一下口袋，对店老板说："店家，今日忘了带钱，改日送来。"谁知店老板脸色一变，揪住他，非剥他衣服不可。无赖不服，说："为什么刚才那人可以赊账，我就不行？"店家说："人家吃过菜，筷子在桌子上摆齐，喝酒一盅盅地筛，斯斯文文；吃罢掏出手绢揩嘴，是个有德行的人，岂能赖我几个钱。你呢？筷子在胸前乱舞，狼吞虎咽，吃上瘾来，脚踏上条凳，端起酒壶直往嘴里灌；吃罢，用袖子揩嘴，分明是个居无定室、食无定餐的无赖之徒，我岂能饶你！"店老板的一席话说得无赖哑口无言，只得留下外衣，狼狈而去。另外，还有一部名为《时间规划局》的电影，说的是一个穷小子意外获得了一笔巨大的财富，然后就装模作样地去跟富人们谈判。谁知，一开始吃东西就露馅了。大家都说他："你不像是富有的人，你吃东西的速度太快。"从这两个故事可以看出，进餐时的动作姿势是一个人内在心理和品性的外在体现。在人际交往时，人们在享用食物的过程中表现出的行为，不仅可以帮助我们认识和了解别人，还能帮助我们自我完善，维护和塑造良好的交际形象。

　　根据心理学研究发现，吃饭速度较快的人，性格中往往激进的成分比较多，比较富有野心，同时耐性也会相对较差。而吃饭较慢的人，往往性格随和，生活更有规律。英国的食物行为心理学家 Juliet A. Boghossian 说："在某种程度上，食物决定着我们的性格、互动方式以及我们的命运。"他曾经对人们吃饭时的 9 种行为现象进行了具体的心理分析，大家不妨也对号入座地看看自己符合哪一种。第一种是细嚼慢咽型。这种人活在当下，做事情有恒心、有耐力，有自己条理分明的节奏和规律，事前能深思熟虑，做事比较平稳；但他们有时也容易我行我素，略显固执、保守和死板，有时也缺乏干练和果断。第二种是狼吞虎咽型。这种人，性子多数比较急，精力充沛、活力四射、行动能力强，属于实干派。但他们往往精神压力较大，属于高度紧张、高度焦虑的人，他们做事有时会容易冲动，考虑欠缺周全。第三种是分类摆放型。这类人吃东西喜欢把不同的食物整齐地区分开，往往是生活非常规律且非常喜欢干净整洁的人，他们一般不够放松，过于追求完美和秩序，强迫性倾向比较明显。第四种是顺序不变型。这类人吃东西时喜欢按顺序吃，一种不吃完决不开吃另一种。他们往往是有着明确目标、做事情有条有理、非常注重细节的人。但他们不习惯改变，对于突发事件容易手忙脚乱、无所适从。第五种是搅和食物型。这种人喜欢把食物搅在一起吃，对新事物很容易接受，平时较开放随和，能够左右逢源。不过，他们遇到问题会缺乏主见；有时会喜新厌旧，专注力略有不足。第六种是吧唧嘴巴型。这种人吃饭喜欢"吧唧"出声，喝水"咕噜咕噜"，喝汤"吸溜吸溜"没完。他们平时非常坦率和自我，且容易冲动多变，缺乏理性，对别人的意见不太在意。第七种是吃前必切型。有的人吃东西前一定要把菜切成一小块一小块才吃。这种人往往非常机智且有争强好胜之心，他们往往有着远大的理想和严密的计划，但有时候会不满于现实，略显浮躁。第八种是挑战新食物型。有的人平时很喜欢尝试各种没吃过的食物。这种人往往是非常具有冒险精神的人，他们性格开放，勇于冒险。第九种是挑食型。有的人平时非常挑食，这种人往往在自己最感兴趣的领域是个非常厉害的人，但不太善于尝试新事物。

　　除了上述九种，生活中我们还会发现其他典型的进餐行为。比如，有的人吃饭时总是会掉很多饭菜到桌上。他们吃饭很粗心，这种人往往做事三分钟热度，很容易中途改变计划，虎头蛇尾，造成成事不足败事有余的局面。

当然，这种人往往很聪明，也有魄力，如果能再稳重些，必成大器。还有的人吃饭时总是东张西望、坐立不安，这种人往往比较敏感多疑，很难相信别人。

### （三） 日常出行的心理解读

人类的心理活动通常都会表现在行为上。如何从行为上去研读一个人的性格，一直是心理学的研究热点。日常出行，不论是走路、开车、乘车，还是乘坐电梯，都能体现出一个人的内在心理特征。

#### 1. 走路姿势的行为解读

人们走路时的姿势不仅形态各异，而且独一无二。每个人的走路姿态都能反映出个体很多的心理信息。行为学家也曾明确指出："在一般情况下，要判断对方的思想弹性如何，只要让他在路上走走，就可以基本了解了。"一个人的走路姿势，总是在不知不觉中暴露着他的内心活动。

国外某研究团队曾经对15000多名志愿者进行研究，发现了走路姿势与性格心理特征的相关性奥秘，研究结果发表于《人格与社会心理学科学研究》。根据研究发现，那些走路方式"夸张"、走路时动作幅度很大、包括上半身和下半身动作都过于显眼的人，往往更具攻击性。而那些走路时一般不太大摇大摆、步伐稳定也不歪歪斜斜的人，具有较高的责任感。

时常低头走路的人，往往沮丧且不自信。他们走路时肩膀下垂、低头驼背，往往比较悲观，或者处于沮丧中。而走路昂首挺胸的人，则自信心较强。他们走路时挺直身体，整个脊柱伸展，往往比较自信或者处于春风得意的状态中。如果他们在走路的时候下巴抬起，高昂着头，手臂还夸张地摆动，昂首阔步地向前走，步伐沉稳而迟缓。这种人通常很自满甚至傲慢，被人们称为"墨索里尼式"的步态。而一个走路一板一眼、腰板挺直、步伐标准的人，性格往往比较中庸，这种人在生活中自信、乐观，他们对人友善而且富有远见。

该研究还发现，走路速度很快的人，往往具有较强的开放性、包容性和严谨性，内心的驱动力也比较强，具有较强的行动能力。而走路慢的人，往往具有神经质的特征和低的自觉性。"宽大、松散"步态的步行者被认为比那些"缓慢、放松"的人更具冒险性、外向性、温暖性和可信任性，而那些缓慢放松的步行者则被认为神经质与不可靠。

走路时，身体微微前倾的人，往往比较内向，平时比较沉默寡言、谨慎谦卑。走路时，习惯两脚拖地的人，往往性格忧郁，做事墨守成规，他们在生活中不活跃，大都比较悲观消极。

另外，走路时手部的动作特点也能反映一个人的个性心理。比如，有的人走路时喜欢将手插在衣兜里。这种人往往是一个具有自由个性的人，平时喜欢独一无二、别具一格，有主见与判断，很难为人所动。走路时两臂在身前摆动的人，往往比较含蓄平和，一般都会与人无争，但有时也非常固执己见。也有的人走路时双手总喜欢抱在胸前。这类人往往内心缺乏安全感，渴望他人的关心和照顾。而且他们可能又是极度缺乏自信心的人，并且优柔寡断，常常错失许多良机。不过，他们在为人处事方面有着自己独特的见解和方式，对人慷慨大方，不喜欢斤斤计较。有的人走路时喜欢两手叉腰，他们往往是急性子的人。这种人有很强的爆发力，在决定实施下一步计划时常常会做出这样的动作。这个姿势就像他们用 V 字代表胜利的符号一样，成为他们的特征。走路时喜欢把双手放在背后的人，往往非常高冷自傲，不太容易接近。他们特立独行，有时会偏执、孤僻、不合群。他们喜欢冒险，行事思维敏捷，有条不紊。不过常把双手放在身后走路，有时也是忧虑、焦躁、内心不安、心事重重的表现。

### 2. 自动扶梯上的行为揭秘

有的人虽然没什么急事，也会在自动扶梯不停地上楼梯。一般来说，这种人的性格比较急，总想领先于他人，大多竞争意识较强。但节奏、步调被打乱就会焦躁不安，总想按照自己的步调前进，总是优先考虑自己的感受，不知不觉就会失去关心他人的精神。还有的人总是站在自动扶梯中间，根本没想过给有急事的人让出空间，或者本来就不愿意让别人超过自己。这种人不会考虑别人的心情和感受，缺乏协作性。当然，也有些人即便后面没有人想超过自己，也会自然地靠边站立，留出空间，会为别人着想。这类人善于和他人协作，具有团队精神。

### 3. 乘坐电梯时的心理解读

现代社会，乘坐电梯是司空见惯的事情了。但为什么正在谈话的人一走进电梯就会马上不出声？在这个狭小的空间里总让人会有一种无形的压力，为什么不少人一进电梯就会钻到角落里，或是盯着电梯楼层显示器不放，还显现出紧张的表现。心理学家说："我们在乘坐电梯时，大部分情况下都会感到很尴尬，这是常态。"德国柏林自由大学临床心理学教授巴贝特·伦内贝格认为，这是因为电梯没有给人提供足够的空间，让人感到焦虑，也使交流变得困难。这就是西方人所说的"气泡"（空间）距离，如果这个距离被突破，人会感到不安，并自觉或不自觉地远离。"气泡"的半径在 0.45 米到 1.2 米之间，超过 1.2 米就是社会距离，在 0.45 米以内则是亲近距离。通常我们遇到他人时，会相互保持一臂的距离，在乘电梯时，基本上做不到这一点，所以会感到很不自然。在电梯这种狭小、封闭的空间里，我们的行为必须不能让别人感到被奇怪、暧昧或被威胁，最容易做到这一点的办法就是避免直视。

工作场所心理学家菲茨吉本也分析说，电梯打破了所有常规的人与人之间保持距离的"保护罩"，乘客没有移动的选择，这引起了某种类型的紧张。在电梯里，人们最害怕的就是碰到过度友善的人，他们把电梯当作自己的迎宾马车。另外，还有不知道自己要去哪一层的"走失的灵魂"的人，以及自说自道的可怕怪客和经常对镜梳妆的形象狂。

不仅如此，电梯里的站位也具备一定的个性心理规律。地位较高或年长的男人似乎更喜欢站在电梯轿厢的后面，站在老年男人前面的是年轻一些的男人，站在年轻男人前面的是各个年龄段的女人。人们在乘梯途中目光的方向也有差异。男人会看看电梯楼层显示器，看一下（其中一座大楼）侧面镜子中的自己，或看看（另一座大楼的）镜面门反射出的别人的影像。而女人也会盯着电梯楼层显示器，避免和其他用户发生眼神接触（除非有人和自己谈话），或者看镜子。那些比较害羞的人会站在电梯门边，这样他们就看不到其他乘客，而胆子较大的人会站在后面，这样他们就能看到每个人。

此外，美国北卡罗来纳州立大学的李·格雷博士对电梯里人们的言行进行了长时间的观察研究，提出了"电梯站位效应"[①]。他认为电梯是一个"非常有趣的公共场所"，人们一旦进入，好像突然有一种本能的排列意识，倾

---

① 薛之夏：《乘电梯的心理学》，《青年博览》，2013 年第 8 期。

向于站成像骰点一样的队列。如果只有一个人在电梯里时，他会随便站，并可能会随心所欲地抠鼻子、挠痒痒、补妆，做任何自己想做的事；如果又进来一个人，设想电梯空间是骰子的一个面，你和他这两个点会各选择一个角落——对角线两端的两个角落，这样，二人之间的距离最大；当第三个乘客进来时，大家会下意识地站在三个角落里，形成一个三角形；第四人进来后，每人会站一个角落，成了一个四边形；第五人进来后，他就只能站在中间了。之后，人越来越多，但人们会最大限度地保持距离，站成各种形状。而把人们的站队画出来后发现，电梯里人站得就像骰子上的点，每新进来一个乘客，其他人就开始挪动，重新排列。此外，大部分本来在聊天的人进入电梯后都会停止说话，开始笔直地站着。人们不是玩手机就是看脚下，极少会有眼神交流。很多原本健谈、爱动的人也会变得严肃沉默。人越多，电梯里的气氛就越"凝重"。

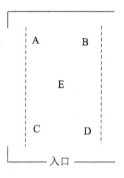

图3-1　电梯站位

不过也有人提出，对于这个骰点位置的选择因人而异，也能体现出不同的内在心理活动。选择 A 点位置的人（见图3-1），往往我行我素，没什么欲望，身心容易感到疲倦的女人会选择这个位置，特别是老年人或中年妇女容易选择这个位置。选择 B 点位置的人，往往似乎没有什么不满，即使有也不会显露出来，这类人自制力很强，能将自己的情绪控制得很好，能自然而然地将欲望消化掉。选择 C 点位置的人，往往内心有强烈欲求，正在寻找合适的渠道消除内心的不满，这类人对异性相当关心，希望有人能和自己做伴。选择 D 点位置的人，往往心浮气躁，不把心中的不满表现出来，就会受不了，即使一点小事也容易惹他们生气。事实上，这类人自己也明白这个缺点，赶快寻找改善的方法吧。选择 E 点位置的人，往往好奇心非常强，新的事物一出现就很快去接触，即使心中有所不满，也会把精力集中在其他的事物上，属于活泼、爱动型。选择这个位置的人，以年轻男性居多。

### 4. 乘车行为解读

经常乘车出行的人会发现，即便上了空公交车后，有些人一般都不会选择第一排座位，喜欢选择车厢的后半截，在靠近车门的位置坐下；也有的人愿意找一个看上去"顺眼"的人同坐，衣着整齐、长得好看的人较容易被人接受；有些人坐在别人刚刚坐过、尚有余温的座位会很不自在，有些人甚至会站起来，等座位凉了再坐；在车厢里最不被喜欢的是那些太过自我的人，他们通常把腿伸得很长，对着手机大声嚷嚷，或是把包放在旁边占座……这些都是人们日常乘车时经常出现的行为，而这些乘车习惯也是个体的某种心理在起作用。如喜欢坐在后面的人往往自我保护心理强。习惯坐后座的人，总是觉得只有靠后的位置才能让他们踏实，这种人往往害怕自己不为他人信任与接受，希望别人依赖自己，希望别人做决定之前，先征求自己的意见，喜欢一再证明自己的重要性。

意大利非语言交流学家马克·帕克利曾经对人们在车厢中的行为做了多年研究①。他提出，人们上了空的公交车后，一般都不会选择第一排座位——这排位子通常到了车厢快满时才有人坐。北京阳光华仁心理服务中心的咨询师周林认为，这种选择是人类特有的安全感造成的。当你选了第一排座位时，坐在背后的人会让你感到一种潜在的威胁，因为你看不见他们在你背后做什么。人在历史长河中的进化过程，同时也是在战争中求得生存的过程。战争的一个重要常识就是不要把后背留给敌人。我们生活的社会虽然远离战争，但是这种自我保护的心理仍然存在。特别是一些较为敏感的人，会比较喜欢坐在能够通览全局的靠后的位子，而心理相对健康的人往往在这些事情上表现得无所谓。

还有的人总是会寻找"顺眼"的人同坐，这种人警惕心理比较强。人们在初次见到陌生人时都会对其做出基本的评价，专家研究认为，产生"第一印象"的时间不超过一秒钟。因此，多数人能很快对同乘的人进行判断，并且选择其中看着"顺眼"的人坐在一起。英国心理学家休斯敦和布尔做的一项研究发现，那些身体有缺陷的人旁边的座位总是空着的。这里的"顺眼"并非单指漂亮、有气质等美学角度的评价，人们通过对装束、举止等的分析，也会判断出对方是否能对自身造成威胁，以及这种威胁的大小。例如，某辆公交上有两个空位，一个旁边是健壮有力的男人，另一个旁边是面慈目善的

---

① 《从乘车座位看性格》，《现代妇女》，2010 年第 7 期。

老太太，显然后者对人造成威胁的可能性比前者低。因此，多数人会认为后者比较"顺眼"而选择与其同坐，这是因为人在陌生环境中，自我防御意识会更强。

也有的人过分在意座位的余温，这种人接受能力差。他们往往坐在别人刚刚坐过、尚有余温的座位上会很不自在，一些人甚至会站起来，等座位凉了再坐。周林认为，多数人都不愿意用别人用过的东西，座位上的余温传达给人的信息是座位被别人占有过，因此，会让人不自在，这种情况是正常的。但之所以有些人会站起来，说明这些人比较敏感，心理健康程度不佳。每个人都有一个心理缓冲区，以减少外界给自身带来的负面影响，而敏感的人心理缓冲区较小。这些人在生活中一般很难接纳自己，同时也很难接受别人。因此，对于余温这种他人身体留下的信息会十分敏感。

当然，我们在乘车时常会看到有些人会很大声地对着手机讲话。这种人不仅不注意公德，而且往往不善于处理人际关系。还有一些人坐在公车上把腿伸得很长，甚或把包放在旁边的位子上占座。从心理学上看，这些人的行为过于以自我为中心。他们一般不懂得换位思考，不关心别人的需要，在平时的生活中已习惯了沉溺在自己的世界里，很少顾及别人的感受。因此，不了解自己的行为对别人造成了很大的不便。这些人不仅在公车上不受人欢迎，他们在生活中也不常去关心和帮助周围的人，所以通常这些人的人际关系也处理得不太好。

另外，心理学家们认为安全感会决定个体在乘车时的选位顺序。一则实验表明，乘火车的选位顺序是人们最常见的选座位顺序。在面对面的两排空座位前，第一个人通常会选择靠窗并与车开动方向一致的位子；第二个人则选择与第一个人对角的位子，也就是离他最远的座位，这就是保持安全距离原则，即不对面原则；第三个人则选择与前两个人不对面并与车开动方向一致的位子，这样可以更舒服，腿也能伸开，而且还能避免面对面产生的对抗感；第四个人就没那么幸运了，他通常只能选择与第一个人相对而坐；剩下的两个位置，外侧的、与车开动方向一致的通常会先被选走；最后一个人只能坐在另一侧中间的位子。心理专家认为，第一个人选择的位子是让人觉得最安全舒适的。与行车方向相同的靠窗位，比其他的位子更容易看清车外的环境，了解更全面的路况信息等。而坐在与行车方向相反的位子，看到的景物是出现后不断远离自己的，相比较之下，第一个人的位子更能让人有安全感。第二个人以后的人的选择多是由人们的心理距离决定的。人们对素不相识的陌生人都会保持一定的距离，不希望别人侵犯自己的心理安全范围，因此会尽量避开与对方较近或对视的位子。

### 5. 开车行为解读

现代社会，开车似乎已成为许多人的必备技能。尽管在考取驾照过程中都系统学习了安全驾驶的基本常识，但在实际生活中，人们开车的习惯，包括速度和姿势依然因人而异。一个人控制汽车的方式和控制身体的方式有许多相似之处。如果把车子视为一个人肢体的延伸，那么开车方式就是肢体语言的延伸，所以能够反映出人们许多不同的心理活动。

有人对开车时握方向盘的姿势进行了心理解读。有的人开车时，双手紧握方向盘。这种人就是属于"完美主义者"，一般时刻牢记着驾校所学到的知识；其实还有一种可能，他是一个新手，所以在开车上路之后就会比较紧张，但是这种握姿在遇到紧急情况之后，可以及时做出反应。还有的人开车时单手握方向盘，另外一只手握档把。这种人是属于"玩世不恭型"，这个姿势很像那种喜欢飙车的朋友，而且一般会有着一点小脾气，如果在遇到堵车或者出现交通事故时会比较厌烦，而且做事喜欢凭借自己的感觉。而开车时单手握住方向盘、另一只手搭在腿上的人，属于"极简主义者"，说白了也就是懒。这种人特别是在跑国道和高速的时候，基本上就是单手开车，有时候如果遇到一点事，有可能还会把双手都松开，这也是对自己开车技术的盲目自信。还有人双手握住方向盘下方，掌心向外。这种人或是老板或有着一定的权力，天生就有一种统治力，想着把什么东西都抓在自己的手里，而且在生活中比较强势，有着自己的见解和主张，不过这种人遇到事情也会比较冷静。而单手握住方向盘、另一只手随意耷拉着的人，往往被大家称为"冒险家"。因为这种握姿比较危险，在遇到事情之后也不能及时地做出反应，而且只要出现了颠簸的情况，根本握不住方向盘，很容易就会出现交通事故。还有的人开车时，身体靠前，紧握方向盘上方。这种人称为"焦虑者"，因为整体显得十分紧张，一般紧张的司机也会选择这样开车，或者是老司机在看路的时候，也会选择这样行驶，毕竟往前面探一点，视野也会更宽，所以这也需要根据情况而定。

同时，日常开车速度也能够反映个性心理差异。按规定速度开车的人比较守法，能尽自己应尽的义务。这类人的做事风格也较中庸，即使有很大的把握，也不会骤然冒险。超速行驶的人，一般不会受制于任何人。他们很积极，而且憎恨权势。他们的父母和老师很有可能做事十分严谨，超速行驶是他们发泄心中怒气的唯一方法。行车速度比规定速度慢的人会比较缺乏安全感他们总会觉得无法操控一切，缺乏自信。这类人总是避免把东西放在自己手里，只要有人授权，立刻把权限缩至最小。

另外，人们开车时的一些不良行为习惯也会显示某些心理状态。如有的人喜欢大声按喇叭。这种人喜欢尖叫、大喊、发脾气，应变能力较差，脾气暴躁，遇到阻碍时通常会以一连串的高声来表达心中的焦虑和不安。有的人开手动车，不喜欢换挡。这种人希望所有事情都安排得好好的，比较喜欢寻找自己的生活方式，即使有时这么做遭遇的困难比较多，也很少向他人请教。他们喜欢凭直觉行事，而且喜欢把事情揽在自己身上。还有的人绿灯一亮，抢先往前冲。这类人凡事喜欢比别人抢先一步，喜欢胜利的感觉，不想被烙上失败的标记。生活中也有一些人，在绿灯亮后才缓慢行驶，只有这样他们才感觉安全，即使后面的车辆再着急，他们也无所谓。这类人深信，只要自己不锋芒毕露，就不会遭人拒绝或被人伤害，总是让他人先行，从不和他人竞争，生活中亦如此。

## 二、 无意识动作的心理秘密

尽管从总体上说，人是"理性动物"，"自由自觉活动的确是人区别于动物的本质特征"。但有时人的行为并不是在意识指导下发生的，当我们还没有意识到，有很多行为却已经发生了。行为科学研究表明，一个人一天的行为中大约只有5%属于非习惯的意识行为，而剩下的95%都属于习惯性的无意识行为。这些无意识行为包括人们的日常肢体行为、习惯性小动作及面部表情等。人们身体的一个小动作，总是会在不经意间透露自己内心的真实想法。所以在人际交往中，透过这些无意识行为，我们可以了解交往对象的心理状态和真实想法。读懂这些无意识行为的秘密，可以帮助我们对交往对象

"知行知面又知心"。惊心动魄的 TVB 经典刑警片《读心神探》，剧中男主角、高级督察姚学琛精于从肢体语言和微小细节分解案情，凭借一个表情、一个眼神，窥探疑凶的心理活动，把隐藏在黑暗中的罪魁祸首揪出来。《读心神探》可谓形象而生动地演绎了无意识行为的心理解读。而美剧《Lie To Me》中的世界顶尖测谎专家 Cal Lightman 博士更是能够从人们无意识的面部表情、肢体语言及说话的声音和言辞中寻找到真相。通过面部表情，他能读出别人的想法——无论是深藏的憎恨，还是诱惑，甚至是嫉妒。当某人耸肩、摆手或撅起下嘴唇时，Lightman 就知道他是在撒谎，而且知道他为什么撒谎。

## （一）头部的无意识动作

那些讲话总是低着头的人，往往是因为信心不足。如果你在称赞他时低头了，那说明他感到了害羞和胆怯。而讲话、走路时常摇头晃脑的人，往往特别自信，甚至唯我独尊。他们在社交场合很会表现自己，对事业一往无前的精神常受人赞叹。那些在交谈时经常不自觉触碰耳朵的人，往往内心犹豫不决。当交谈过程中，他们把手放在脸颊上，这代表他们在思考，也说明他们在认真听你诉说。当倾听者点头表示赞同时，我们往往会把它当成一个积极信号，但如果他们点头过度，那只能说明他们已经不愿再听你诉说，只想尽快结束这段对话。而讲话中，嘴唇紧抿的人往往自我压抑，是典型的羞愧。

## （二）眼睛的无意识动作

俗话说，"眼睛是心灵的窗口"，一个眼神富含许多耐人寻味的意义。微表情心理学家认为，人可以通过眼神变化表达情绪波动。当然，这个过程是不受意识控制的，自身往往很难察觉这个过程中细微的心理变化。因此，很多时候，眼神的变化往往会流露最真实的情感。

1969 年，美国心理学家艾克曼（Ekman）和弗里森（Friesen）因为一次偶然的机会，受一位精神病学家的委托，对一段抑郁症患者撒谎以掩盖其自杀意图的录像进行检测。起初，两位心理学家并未从录像中发现这名抑郁症患者有任何异常的表现，因为这位患者全程一直保持着笑容，看起来十分乐观，情绪稳定。至少从表面上看，这名患者没有自杀倾向。但当他们将该录像进行慢速回放时，有了一个惊人的新发现：在录像中，有人跟患者提到一个关于未来计划的话题，该患者出现了一个强烈的、悲伤的眼神。虽然这个眼神一闪而过，但还是暴露了他一直试图压抑的真实情感。因此，想知道一个人的内心世界，就要先看清楚他的眼神。

在交际中，眼神变化不仅会体现一个人的交往态度，还能暴露出他的许多个性心理特征。尤其是交际对象视线的位置和目光移动情况，可以告诉我们此人是否值得深交。如人类行为学著作《捕获人心的科学》中曾介绍了体现不同关系态度的三种注视：一是社交注视，目光主要集中在对方的双眼至嘴巴间的三角区域，这种眼神表达的是友善、随和与真诚的交际态度。二是亲密注视，目光从眼睛"划向"嘴唇以及嘴部以下（身体）区域，通常是一种吸引异性的暗示眼神。三是公务注视，即公事公办、严肃认真的目光。它更具"较量感"，目光主要集中在双眼与额头间的三角区域，这种眼神往往带着一些争执的意味和攻击性。

通常来讲，在人与人面对面交流时，能够坦诚地与对方对视的人往往更加自信和真诚。如果对方的眼神一直躲躲闪闪，或者不愿意直视你，时常看向别处，那么，他可能有所掩盖，想要隐瞒一些事情。而在人际交往中，性格内向的人更容易移动视线。但是他们移动视线不代表他们就是不真诚，性格上的原因让内向的人更加难以在社交环境中对他人敞开心扉，他们没有恶意，这只是一种自我保护的方式。在两性交往中，当人们面对异性时，如果只是看了一眼就移开视线，那么他可能已经对对方产生了好感①。

另外，在人际交流中，眼珠转动方式的心理意义也是十分丰富而有趣的。眼珠习惯于向右上方转的人，往往善于幻想，常常会有些不切实际的想法，好做白日梦。他们想象力丰富，比较具有创造力。而眼珠时常向右下方转的人，往往思维细致，心思缜密。他们思考力强，擅长推理。不过，他们也往往会敏感多疑，对外界缺乏信任感。眼珠习惯于向左上方转的人，往往是个慢性子，有耐心和毅力，但做事容易瞻前顾后、思虑过度。而眼珠常常向左下方转的人，往往具有较强的想象力和创造力，做事稳重认真，善于三思而后行。而讲话时，如果眼神的方向与手部动作的方向不一致，则说明他正在

---

① 邢思存：《微表情心理学》，北京：北京联合出版公司，2013年，第239页。

极力编造要说的话。

由此可见，人的眼神是丰富多变的，我们可以利用这些心理学知识，在日常的生活中多加留意他人的眼神变化，会使我们占据社交的优势。

### （三）四肢的无意识动作

我们人类非常擅于使用丰富的肢体语言（Body language）来表情达意以加强彼此的沟通。狭义的肢体语言包括身体与四肢所表达的意义，这些肢体语言也是不会撒谎的，它们总在告诉别人你的真实情况。每一种姿势和动作都能说明一些问题，都能清晰地传达出你的真实感受与有关情绪及思想的某种信号。

在一次毕业生招聘会上，一个高大英俊的小伙子，衣袖捋到胳膊肘上，双手抱臂，与一家乡镇企业局的公司经理交谈："你们局有大学生吗?"经理说："有一些。""我想应聘你们的经理助理，我是五年制大学，知识面很广，学过某某课程，是搞软科学的……""对不起，我们已经有这样的经理助理了……"大学生一时无言以对，尴尬地走了。可以看出，这位大学生双手抱臂的动作可能是无意识的习惯，但却流露出了他无比的自我优越感和高傲自大的态度，这恰恰说明了他自己的肤浅与无知。因为工人和技术人员怎能认可这样高高在上、目中无人的经理助理呢？

一般来说，在社交对话中，双臂放松张开的人更容易接受别人的意见，也意味着他对你的观点表示赞同，但如果他在无意识中双臂交叉，那就说明他对你现在的观点并不认同，甚至比较排斥。而交谈时无意识地触摸颈部或把手放在脖颈后面，则说明他对你现在的话题很感兴趣。若是他在交谈过程中双手无意识地交错或者手指相压，那说明他正在思考。如果当你与某人坐着交谈时，听者出现双腿交叉坐着的情况，那说明他已经厌烦并失去耐心。他如果膝盖向外、朝着出去的方向，可能说明他想离开。若这个人的膝盖向着你，说明他对你所谈的话题很感兴趣，正在身心投入地参与到这个话题中。当一个人用手摸着下巴的时候，他可能正在思考某个问题。而时常两臂、两腿交叉放置的人，总是在无意识地形成一道外在屏障，以阻隔一些外在威胁，说明他们是具有紧张、消极或防御态度的人。

在社会交际中，手的动作在出卖我们的心理"隐私"方面是最多的，因为我们在说话时总是伴随着各种手势动作。如果我们的手在谈话中没有参与任何活动，那么我们通常会开始积极地做手势。这是我们人类无意识的本能活动，是我们进化的一部分。科学家曾追踪了大脑中帮助我们做手势和说话的神经网络是如何活动的。我们还会发现，人们的手势语言各有其心理活动的象征意义。

总是紧握拳头的人，往往比较缺乏安全感。他们谨小慎微，防御意识比较强，他们总是不想把自己的情感表达出来。他们的人生准则是"害人之心不可有，防人之心不可无"。他们做人的信条往往就是人不犯我、我不犯人，人若犯我、我必犯人。除了缺乏安全感，经常握着拳头的人也往往关心体贴他人、富有同情心而又善解人意。不过，他们冲动起来便伴随着咬指甲的行为，无疑是一种紧张、恐惧的症状，这说明他们缺乏必要的安全感。当然，如果看到某人在说话的时候握着拳头，那么可能是在生气、感到很难过，或者感到紧张。某人在说话的时候手握得越紧，就意味着越紧张。如果大拇指藏在拳头里，那么此人通常感到很危险，很害怕或者很担忧。在握拳的时候拇指相扣，就像双手环抱一样，也是一种自我保护的方法。说话的时候用食指朝外指着，或者不停地快速动来动去，这也暗示了某人内心埋藏着怒火。而且那些双手不是握着拳头、就是合拢，或者放在口袋里的人，往往是不坦率的，他们通常缺少表现力。

在人际交流中，双手时常交叉、十指相对钳在一起且经常伴随着微笑的人，往往比较阳光乐观而且有自信。而无意识地摩擦双掌，往往传递着焦急或积极期待的信息。在交际中，习惯于把手藏在身后或插在口袋里而不愿意暴露出来的人，往往在压制或隐瞒着某些重要信息，比如一些不想让人知道、对个人很重要的事情。相反，那些通常摊开手掌且手指伸直的人，往往很诚实。这种人很坦率，喜爱交际，善于融入和接纳别人，当然也比较容易受到他人影响。而一个手背向外的人通常不太善于接纳别人，也不够坦诚，而且很孤僻保守。不过，总是把十指合在一起的人，经常处在一种自我矛盾的状态中，理智和情感总是在不停地交战，这种人大多能很好地掩饰自我。一只手放在另外一只手上面，这要分两种不同的情况来说明，就是到底是哪一只手在上面，哪一只手在下面。如果是左手在上右手在下，则说明这是一个感性较强的人，他们一般会依照自己的直觉和抽象的推论来完成某件事情。相反，如果是右手在上左手在下，则表明这是一个理性比较强的人，会依循客观的实际来做事。用手指扭头发，这一肢体语言，也要分两种情况来讨论：一种是表示这个人很紧张，缺乏必要的安全感。还有一种是展现自我，想吸引别人的注意力，他们知道做出这样的姿势，自己是很有魅力的，是一种自信心的流露。

在现实生活中，我们会看到有些人喜欢在桌子上轻叩手指或者手指把桌子敲得"叮当"响。有这种无意识动作的人往往很不耐烦或者很紧张。而那些喜欢用手不停地拨弄东西的人，往往不自信，缺乏安全感，容易紧张不安。十指交叉拱成塔状就是一种表现自信的手势。教师、政治家、律师、谈判家们以及那些传播信息的人常常会有这种动作。

爱啃断裂指甲或者撕去手上死皮的人，往往也都是烦躁不安的表现。这些无意识动作还可能意味着愤怒和沮丧。而有力、沉着而又流畅的手部动作反映其舒适的感觉。双手紧握放在脑后，或者双手叉腰的人都是具有安全感的人，这些无意识动作意味着他们感到很舒服、很自在。

习惯于用手指挖鼻孔或是掏耳朵的人，在思想上还不是特别成熟，有时会有些相当幼稚的表现。他们喜欢收集和储存各种各样自己认为很有意义和价值的东西，可那些东西在他人看来，可能是一堆垃圾。而说话或笑时习惯用手遮住嘴巴的人，往往不太自信、害羞矜持，或者可能是秘密主义者，总试图有所隐瞒。

喜欢把双手放在背后的人，较沉稳和老练。他们为人特别谨慎小心，自我防卫意识较强，时刻做好准备，以防他人的偷袭。双手交叉胸前是自我防卫的一种表现，想藉由双手交叉胸前这个保护自己的动作来获得安心感。但如果是独自一人时双手交叉胸前，则多半是在专心思考事情不想被打扰。

经常把指关节弄响的人，其脾气多是暴躁、易怒的，遭遇一点事情就明显的坐卧不安。所以，从某种程度上可以说，他们并不是很成熟的人。这一类人的表现欲望也是很强烈的，他们希望别人能够给予自己一些或是很多关注的目光，他们喜欢把指关节弄响，可能也有这一方面的原因。但用这种方法吸引他人的注意，到最后往往见不到什么效果，可能还会让他人觉得厌烦。

当一个人感到紧张，内心不安、缺乏安全感时，最典型的、最常见的特征就是抚摸颈部。因为颈部对动物来说是最重要的部位，当感到压力时也会本能地想去伸手保护它。如果你或其他人，经常无意识地将手放置在颈子边上时，说明你最近感觉到了苦恼、威胁、不适、不安全或害怕。同时，抚摸颈部还会有些变种。比如，对于男生，通常会用整理领口、抚摸领带等行为来替代。

另外，当人们遇到压力、压抑或紧张时，缓解内心最好的方法是触摸或按抚脸部。主要动作包括：摩擦前额头、触摸嘴唇，抿或舔嘴唇、捻耳垂、触摸胡须、捏脸、把玩头发等。经常做出这些动作，代表压力有些大。而即使头发没有妨碍到做事情，也习惯频繁摸头发的动作，往往会被视为不安行为。这种人也多半爱撒娇或性格上特别自恋。而时常用手摸下巴的人自尊心强，对自己过度自信，甚至傲慢，往往对身边的人有命令口吻或是嘲笑的态度。讲话时摸鼻子的人往往非常不希望让对方看到自己的表情，多半是因为情绪不安定、心理有所动摇或是感到害羞时而有的动作。手摸耳朵的动作表示对当下的话题、氛围感到困惑、没有兴趣，或是正在思考其他不相关的事情。

### （四）生活中的其他无意识行为

事实上，无意识行为是无时无刻不存在，只是我们没有在意而已。比如，无论站还是坐，我们把总会脚朝向我们感兴趣的人。在谈话中，不仅是身体的位置重要，脚的位置也很重要。如果约会对象的脚没有朝向你，但是他（她）的躯干却朝向你，这意味着这个人对谈话不感兴趣。乔·纳瓦罗硕士在他的《每个人都在说什么》中解释说，这一切都来自我们的天性——我们的身体确保我们的脚在感受到威胁时能够立即做出反应，这是一种生存本能的无意识行为。当我们感到舒适的时候，比如，当我们独自在电梯里的时候，我们会交叉双腿，但是当一群陌生人进来的时候，我们会立刻松开双腿，以便能够迅速逃离。因此，当一个人感到无聊或不感兴趣时，他的脚也会朝向出口或另一个人。

再如，我们买东西时，往往大多数人既不买最贵的东西，也不买最便宜的东西。基本上，我们会试着理性地花钱。这就是为什么我们通常选择价格和质量都很匹配的产品。第一种情况下，在顾客看来，价格可能被高估了，而第二种情况下，产品的质量可能会受到影响。尽管我们发现这种行为是合理的，但值得注意的是，营销人员也意识到了这一点。有时为了销售相似的产品，他们故意把最昂贵的产品和最便宜的产品放在一起。大多数情况下，购买者不会有任何犹豫，最终会购买便宜的产品。当然，如果营销人员希望对方在两个商品之间挑选价格比较高的那一个，他可以提供性价比较低但价格一样的第三个选项来让人对于比较贵的选项有种"捡到便宜"的感觉，这就叫作"炮灰策略"，事实上还是利用人们购物时的无意识行为及心理。

我们在开车时也有许多无意识行为。比如，当我们在不熟悉的地方开车时，我们会把音量调低或关掉。想象一下，你正开车去一个不熟悉的地方参加一个重要会议，你是不是可能会停止和其他乘客说话，把收音机的音量调低，或者把收音机完全关掉，把注意力集中在路上，这样你就不会迷路了。约翰霍普金斯大学的心理实验研究证明，当我们把注意力集中在倾听上时，我们对大脑接收到的视觉信息的意识就会减弱。这就是我们为什么经常需要关掉背景噪音，这样我们就不会错过需要转弯的地方。进入停车场后，我们更喜欢把车停在另一辆车附近的停车位。这种行为可以用人类是社会性生物这一事实来解释。我们经常随大流，这就是为什么在正常情况下，我们会自动把车停在停车场唯一一辆车旁边。我们周围的产品和服务的数量正在飞速增长，我们没有足够的时间来测试它们。这就是为什么我们使用已经被大多数人测试过的东西。这也是为什么我们经常在广告中听到这样的说法，即该产品是由90%的专家推荐的，这就是他们试图促使我们随大流的方式。

另外，生活中还有男性专属的无意识行为。如男人不使用相邻的两个小便池，大多数人都不想在别人眼神的注视下使用厕所。这就是为什么男人喜欢使用距离较远的小便池的原因。再如，男人不喜欢问路。根据《星际迷航》杂志的一项调查，只有6%的男性表示，如果迷路了，他们会向陌生人问路。在同一项研究中发现，由于男性拒绝问路，他们平均会在50年内多走900英里。

## 三、 仪态举止的心理意义

人的行为就是有机体用以适应环境变化的各种身体反应的组合，这些反应无非就是肌肉收缩和腺体分泌。它们有的是外显的、强度较大的身体动作，有的是较为隐蔽的、强度较小的身体动作。但不管怎样，人们的身体动作，不论是仪态举止，还是举手投足，都在传达着个体的某种内在心理信息。

### （一）面部表情的意义

关于人类面部表情的研究可以追溯到达尔文时期。除了《物种起源》之外，达尔文还写过另一本书——《人与动物的表情》。通过这本书，我们可以了解到，在人际沟通过程中，只有7%是语言，而表情的作用占到了55%。如人们在社交中，常常会使用一些虚假的表情来迷惑对方，以达到自己的目的。但某些非常细微的表情变化，可以表达出内心真实的感受。美国心理学家艾克曼（Ekman）认为，人们对自己的微表情是无意识的。所以"微表情"虽然只有最为短暂的0.04秒，往往会暴露出个体真实的思想和情绪。

在日常生活中，表情无时无刻不在泄露着一个人内在的真实信息，人们也总是通过某种表情表达彼此的内心感受。正如古希腊哲学家苏格拉底所言："高贵和尊严、自卑和好强、精明和机敏、傲慢和粗俗，都能从静止或者运动的面部表情和身体姿势中反映出来。"一个瞬间的下意识表情很容易暴露我们真实的情绪与想法、展现我们的性格与行事风格。比如，一个撒谎的人，他说话不结巴，而且理由也很充分，但是表情却可能暴露出他在说谎。因为往往说谎的人会觉得不安，因此他的眼神飘忽不定、不太敢直视对方的眼睛。如果你问他问题的时候，他嘴上否认了，但却在微微地点头，这种言行不一致的情形说明他在撒谎。

因此，能否准确地观察并解读他人的表情，直接影响社会交际中的判断与信任，影响我们社会交际的成败。掌握表情心理学，能让我们在社交中占据有利地位。比如，面试官可以通过识别表情来判断应聘者的职业素养，下属可以通过表情来了解领导的真实意图，推销员可以通过表情来洞察客户的心理活动，谈判官们也总是能够通过表情判断对方的真实目的、策略和底线。在美国，针对微表情的研究已经应用到国家安全、司法系统、临床医学和政治选举、艺术设计等多个领域。

研究发现，与挑眉毛相关联的表情大多是负面情绪的表现。眉毛内侧向上拉起，多表示不安的情绪，包括内疚、害怕以及罪恶感、自卑感、慌乱感等情绪。而眉毛外侧向上拉起，多为了引起对方注意和表示怀疑。眉毛压低并使眉毛聚拢，多表示不舒服、生气、压抑以及痛苦。人类感情持续的时间其实非常短暂，在没有持续的情绪刺激源前提下，如果一个人的表情持续时间过长，那么这种表情就是假装的。通常来说，表示意外的情绪持续最短，惊奇与恐惧通常不超过一秒，表示开心的情绪也通常不会超过五秒。研究表明，紧张、愤怒和兴奋这三种情绪会使人的瞳孔放大，如果想要知道异性对你否感兴趣，看看瞳孔的大小就可以得到答案。

众所周知，一个人说话时目光躲闪、飘忽不定可能意味着他在撒谎。但最新的研究表明，为了避免看起来撒谎的样子，有些说谎者故意与你对视，把眼神接触拖得很久。甚至有些撒谎高手，会故意与你有更多的眼神交流，以便让你相信他的谎言。不过，即便撒谎的人在与你对视的时候，他们的身体还是会显得比较僵硬，动作不自然，身体一动不动，眼睛也不眨一下，眼睛过分睁大，甚至会让人感到有些不舒服。

另外，研究中还发现了其他许多可以反映个体内在心理变化的典型表情。如对话时中断眼神交流表示沉浸在回忆中，而眼睛向左看是在回忆，向右看是在思考谎话；超过一秒的惊讶表情，就是假惊讶；而揉鼻子也是为了掩饰真相，因为据说男人的鼻子里的海绵体在撒谎时容易痒；并且男人右肩微耸一下就是在说假话；抬起下巴表示十分尴尬；而下巴扬起、嘴角下垂表达自责；嘴角明显上扬，表示歧视轻蔑的态度；瞳孔放大，显示恐惧或愤怒；而抿嘴是典型的模棱两可；鼻孔外翻，嘴唇紧闭则表示生气；眉毛向上、拉紧则反映出恐惧；而拉起右边的眉毛，则表示疑问；嘴唇左边向上撩起，表现出假笑。不过，研究表明，脸部74%的真实感受往往会在右脸暴露[1]。

## （二）笑的心理内涵

笑是人类天生固有的一种生存能力和本能行为，也是人类的一种基本表

---

[1] 牧之：《让你看穿身边人的微表情心理学》，上海：立信会计出版社，2015年，第142页。

情，更是人与他人交流的最古老的方式之一。芬兰科学家通过多项实验和调查发现，人类不需要学习就能发出笑声，刚出生的宝宝就会在睡梦里微笑。但悲伤、烦恼等负面情绪，以及表达负面情绪的哭泣，则是在成长中慢慢学习来的。专门研究笑的一位专家——美国马里兰大学教授罗伯特·普罗文，在他的著作《笑：一项科学调查》中写道，我们说话时发笑的概率比听别人说话时高出50%；当我们处于社交环境中时，我们发笑的次数是我们独处且身边没有任何娱乐工具时的30倍。由此普罗文认为，引起人们发笑的重要因素并非笑话，而是人。笑不只是对幽默做出反应的寻常事件，它是人们在社交的各个环节中都会使用的社交纽带，把我们与周围的人绑在一起，让我们彼此更为融洽。

"笑很简单，是人类与生俱来的本领；笑也很复杂，蕴含着许多人们可能从来没听说过的学问。""世界欢笑旅行"组织创始人——美国心理学家史蒂夫·威尔逊对笑进行了多年研究，并号召人们大笑。因为笑既有益于身心健康，又有利于沟通感情、传递信息。笑不仅能交流思想，而且能展示我们的内心世界。笑是人类通行的最为友好的世界性语言，能够使关系更和谐、化解矛盾、解决争端。美国马里兰大学医学教授迈克尔·米勒也称，大笑可以提高体内啡肽水平、强化免疫系统、增加血管中的氧气含量。我国心理学家王国荣博士认为，笑对抑郁症患者有很大帮助。研究证明，笑是最自然、最没有副作用的止痛剂。当你笑时，脑中的快乐激素便会释放出，快乐激素是最有效的止痛化学物质，能缓和体内各种疼痛。因此，一些罹患风湿、关节炎的人，也要经常笑笑，以减轻病情。德国研究人员发现，大笑10~15分钟可以增加能量消耗，使人心跳加速，燃烧一定能量的卡路里。研究显示，风趣幽默、喜欢与人谈笑的人患心血管疾病的概率较低。奥地利科学家的一项调查显示，现代人笑得越来越少了。其实，要想做到笑口常开，就要有意识地做一些努力，增强笑的意识，培养多笑的习惯。

不过，笑有真笑与假笑之分，一种是社交类的礼貌性笑容，调动的肌肉较少；另一种是发自肺腑由衷的笑，牵涉两颊的肌肉比较多。真诚的笑容是脸部肌肉的全部动作，而且这些动作都是无意识呈现出来的。研究发现人的面部表情肌共有44块，通过与血管、骨骼的配合，一共能做出5000多个表情。其中，各种不同的笑就有19种，每一种笑都会动用不同的面部肌肉组合，有时可以调用 53 块肌肉，有时则只用到 5 块肌肉。所以人在真心笑时，脸部肌肉都会发生明显而自然的变化，眉毛自然松弛、眼睛微微眯起，尤其是眼角部会出现鲜明的鱼尾纹。如果没有出现鱼尾纹而只是咧嘴的笑则是礼貌象征性的笑，并不是真实开心的笑。另有研究指出，微笑的时间如果超过 5 秒钟，基本上都是假装的。一个真实的微笑通常只能持续 2 至 4 秒；而假笑因为缺乏真实情感的激励，脸部的肌肉会显得僵硬与不对称，且一般会超过 5 秒。不过，也不要绝对忽视假笑，一位心理学家这样说："只要你能把假看作真，那么真心诚意的笑将跟随而来，几乎可以起到和真笑同样的效果。"

美国纳什维尔 Vanderbilt 大学的心理学专家约安娜·巴霍洛夫斯基曾经做了一个实验：她让不同性别的人坐在一起。每一个实验参与者都必须用铅笔为其他人画一个草图。她发现：男人和女人笑的总共次数一样多，但是当男人们在一起的时候，他们更能笑。当女人和男人在一起时，她们笑得更多。当女人和陌生男人交谈时，如果她只发出"哈哈哈"的笑声，那就说明她没什么兴趣。如果女人笑出声的次数越多，那么她对这个男人的兴趣越浓厚。当她的盈盈笑语和那个男人的话语同步产生的时候，她的兴趣就最浓厚。女人为什么要比男人更掌握笑的艺术？巴霍洛夫斯基的试验表明，这是因为女人要比男人更需要主导"找伴"的过程。相比而言，男人不像女人那样挑挑拣拣，所以他们的交流技巧，包括笑的技巧，始终停留在比较粗糙的阶段。

人们笑的方式和种类丰富多样，体现着不同的心理特点。如那些笑点低的人往往比较敏感，对外在事物的感受性高，性格外向，思想与情感易于外露；而笑点高的人往往比较内向，思想与情感不易表达。心理学家认为，我们可以透过笑的方式分析一个人的性格。经常捧腹大笑的人，往往富有幽默感和爱心，行事果断、干练效率，而且善解人意、与人为善；他们胸襟宽广，包容心比较强；不易嫉妒别人，也不易妨害别人。而喜欢安静且温和微笑的人，往往是心思缜密、沉着冷静，但情感与思想不易外露的人；他们一般都比较内向或比较害羞，但反应比较快速准确。经常纵声狂笑、会笑到有些失控且一发不可收拾的人，往往比较受欢迎且精于社交；他们性情温和、乐于助人，能让别人感到亲切且可信可靠。

动辄笑得前仰后合的人，往往是直言不讳、乐善好施、仁者爱人的人。笑的时候动辄眼泪夺眶而出的人，往往热爱生活，积极进取，并且极富有同情心，能够乐于助人或舍己为人。而那些时常小心翼翼窃笑的人，往往是传统保守、苛求完美、但却是可以患难与共的人。在别人笑时，自己也会经常附和笑的人，往往比较外向、乐观开朗；他们非常善良，并且富有同情心，能够非常积极地对待生活，但他们总会有点情绪化，情绪易变且不太善于控制自己。那些一笑就会以手掩口的人，往往是比较内向害羞、甚至是心理比较闭锁的人。那些平时看起来沉默少语，但却毫不掩饰自己笑容的人，是易于接近的人；他们在与陌生人交往时，不够主动热情，但一旦深交往，他们非常忠诚友谊，能够营造易于发展人际关系的气氛。而那些喜欢开怀大笑的人，往往是坦率热情、果断效率的人。那些干涩冷笑的人，往往比较现实，善于洞察事物、揣摩他人。那些笑声尖锐高亢的人，往往精力充沛，感情丰富，而且富有冒险精神，并且乐观而忠诚可靠。而那些笑时低缓无声的人，往往多愁善感，情绪极易受到别人左右和影响，但富有浪漫色彩，且易与人相处。那些温和平淡笑的人，性格稳重，能够善解人意、深明事理，人际关系比较和谐。笑声断断续续的人，性格比较内向。他们非常注重现实，对待感情比较冷漠，从来不愿意主动去付出，但他们思维细腻，有着敏锐的观察力，能够看到别人看不到的方向和角度，而且善于观察别人，能够按照自己的意愿交际。当然，笑声多变不定的人，在不同的场合会发出不同的笑声，他们具有适应任何环境的能力。而边说边笑的人，总会让人感觉非常轻松愉快；他们大都性格开朗，喜爱平静的生活，能够"知足常乐"；他们善解人意，能够左右逢源，且特别珍惜友情和亲情①。

### （三）坐姿的秘密

俗话说，站有站相，坐有坐相。但在现实生活中，人们的站姿与坐姿也各有讲究。而人们不经意间的坐姿往往也会"出卖"他们，透露出他们的性格信息与内心秘密。

惯于正襟危坐的人，往往真挚诚恳，胸怀坦荡。他们做事有条不紊，不

---

① 拉尔夫·皮丁顿：《笑的心理学》，潘智彪译，广州：中山大学出版社，1988 年，第267 页。

过容易较真，苛求完美。有时甚至有强迫倾向，因为过于拘泥于形式而显得呆板，不善于变通，缺乏足够的创新与灵活性。所以他们不善于冒险，只做那些有把握的事。但这种人往往外冷内热，是个古道热肠之士。

时常跷着二郎腿坐着的人，往往比较自信，会生活，并善于交际，人际关系也比较融洽和谐。

跷着二郎腿、并且一条腿勾着另一条腿坐着的人，往往为人谨慎、矜持，缺乏足够的自信，做事容易犹豫不决，给人的感觉城府较深、性格复杂。不过人际关系倒也尚可，基本能够得到大家的喜欢。

习惯于脚尖并拢、脚跟分开坐着的人，往往做事容易犹豫不决、一丝不苟而缺乏变通性。他们往往习惯独处，交际范围狭小。不过，这种人很有洞察力和敏感性，能够对事物做出快速且准确的分析和判断。在现实生活中，人的脚尖总会在无意中指向他们更感兴趣的人或事。

还有些人喜欢坐下来时把双脚伸向前、脚踝部交叉。有这种坐姿的男性，通常还会将握起的双拳放在膝盖上，或双手紧抓住椅子扶手。而采用这种坐姿的女性，通常在双脚相碰的同时，双手会自然地放在膝盖上或将一只手压在另一只手上。这类人往往喜欢发号施令，天生有嫉妒心理，可能是个很难相处的人。研究表明，这还是一种控制感情、控制紧张情绪和恐惧心理，防御意识很强的一种典型坐姿。那些习惯于腿脚不停抖动、喜欢用脚或脚尖使整个腿部抖动的人，往往是很自我中心的人。他们往往"宽以待己，严于律人"。但这类人往往很善于思考，能经常提出一些深刻的创意问题。而那些敞开手脚坐着的人，往往好为人师，具有比较强的控制欲和支配性，有领导者的风范和气质，这也是他们最有安全感的坐姿。他们性格外向，为人高调，有些过于自以为是。

### （四）站姿的秘密

养成良好的站姿，能够给人留下良好的印象，优化我们的人际关系。但在现实生活中，站姿也因人而异。行为心理学认为，不同的站姿会反映出不同的性格，也能够暴露出一个人最真实的内心想法。德国进化心理学研究中心 IEXC 发布了人们的站姿与其性格的联系。

我们知道，标准的站姿是挺胸收腹；双目平视、下颌微收、面带微笑、双肩齐平；双手自然垂放在身体两侧，双脚平行、自然分开与两肩距离相近。时常保持这种站姿的人，往往有充分的自信，十分注意个人形象，心情总是乐观愉快。而含胸驼背站立的人，往往缺乏自信，容易表现出自我防卫、闭锁、消沉的倾向；同时，也表明精神上处于劣势，有惶惑不安或自我抑制的心情。如若是女性，则是很单纯的类型，需要加强保护或积极引导。

而两手叉腰站立的人，往往具有自信心和心理上的优越感。如果加上双脚分开超过肩宽，整个躯体显得膨胀，往往存在着潜在的攻击性。若再加上脚尖拍打地面的动作，则暗示着领导力和权威。双脚自然站直左脚在前且左手习惯放在裤兜里的人，往往人缘不错、人际关系协调。他们为人敦厚笃实，从来不为难别人。他们斯文儒雅、好静不好动。还有的人站立时，双手插入口袋。这种人往往不表露心思、暗中策划。若同时弯腰弓背，可能说明事业或生活中出现了不顺心的事情。但如果双手插在裤兜里还经常在裤兜里插来插去的人，往往比较谨小慎微，凡事喜欢三思后行，他们处理问题往往生硬，且事后容易后悔。

有的人单腿直立，另一腿或弯曲或交叉或斜置于一侧。这种站姿往往表达着一种保留态度或轻微拒绝的心理，也可能是感到拘束和缺乏信心。也有的人双脚并拢，双手交叉站立。并拢的双脚表示谨小慎微、追求完美。这种人看起来缺乏进取心，但往往韧性很强，是属于平静而顽强的人。喜欢倚靠物品或人而站立的人，往往比较坦白，容易接纳别人。但他们也很容易缺乏独立性，总喜欢走捷径。

有些女性站立时往往会双脚成内八字状，有软化态度的意味，她们往往不想让自己显示出太强的支配欲和好胜心。而有些男性在站立时，手往往会有意无意遮住裆部，这可能是一个防御性动作，说明他们心里忐忑不安，准备遭受批评和异议。

两脚交叉并拢、一手托着下巴，用另一只手托着胳膊肘站立的人，往往都是工作狂。他们对自己的事业颇有自信，工作起来非常专心。他们坚强执着，但容易多愁善感。而两脚并拢或自然分开、双手背在身后站立的人，往往是很自信的人，喜欢把握局势，控制一切。他们喜欢好为人师、居高临下。若背后的一只手从抓住另一只手的手臂，则可能是在压抑自己的愤怒或其他负面情绪。

双手交叉抱于胸前、两脚平行站立的人，往往叛逆性很强。他们经常忽视他人，具有强烈的挑战和攻击意识。他们很会保护自己，不管遇上何种情况。但他们天生喜欢争斗，也总是喜欢打抱不平。他们在工作中创造力很突出，不固于传统，且有很强的表现欲。双脚自然站立、偶尔抖动一下双腿且双手十指相扣、大拇指在腹前相互来回抽动的人，往往表现欲望强，敢做敢当，喜欢成为任何场合的焦点。他们大都争强好胜，容不下别人，所以容易受到他人的讨厌和排挤，人际关系很差。

另外，习惯双腿一前一后站立的人，往往性格比较内向、不善于交际。他们不喜欢接受别人的观点，也不喜欢和别人分享自己的意见。而双腿双手并拢非常中规中矩站立的人，往往比较传统保守、对朋友比较真诚。他们也会比较执着，能够坚持自己的选择与想法。还有些不断变换自己站姿的人，往往性格比较好动多变，注意力容易转移，容易喜新厌旧、见异思迁。

### （五）握手心理

握手可谓是现代社会最为通用的交际礼节。握手除了能够传达交往双方彼此尊重友好的信息外，还能透露出一个人的心理及性格特征。

标准的握手手位是拇指张开、四指并拢、近于垂直地面的手掌心向左前方伸出。但是，有人伸出去的手掌心有朝下的趋势，这样的人往往控制欲较强，在交往中比较自傲自大。但也有人伸出去的手掌心有朝上的趋势，这样的人往往比较谦恭，在交往中比较随和。

另外，我们知道礼貌握手的力度与时间也要恰到好处。但有的人握手时力量偏大，握得密不通风，戏称为"大力水手型"，这类人往往比较坦率热情、坚强开朗。当然如果力气过大，甚至会让对方有点儿生疼吃不消，这种人往往自负逞强、渴望征服别人。如果手握得紧且握手时间过长，可能会有有意讨好、占便宜或过于紧张的嫌疑。尤其是如果对方握着你的手，很长时间没有收回，即"持续作战型"，则表明他对你很感兴趣，想大胆直白地与你更深入的交流。但是，如果在谈判前，对方握着你的手不放，则可能是他在测验两个人之间的支配权，此时如果你先收回手，说明你没有对方有耐力，交涉时胜算不太大。

但是，也有的人握手时不仅力度过小，而且时间过短，一触即离，被称为"蜻蜓点水型"握手。这样的人往往显得敷衍了事，不够热情。他们或性格软弱，或情绪低落。而握手力气大但时间短的人，往往善于周旋，为人友善轻松、游刃有余。不过他们也可能容易多疑，难以完全信任他人。此外，有的人在伸手时干脆利落、直接爽快，他们往往性格直爽大方。但也有的人会犹豫片刻后才伸手与人相握，这种人往往性格内向，做事优柔寡断。

### 🔎 实验实训

## 心理测试1： 从吃饭习惯看你的性格

习惯决定性格，吃饭的习惯是自小养成的，也非常容易表现出一个人的性格。所以，来做一道关于性格的心理测试题，来测试自己的性格吧！

吃西餐在使用刀叉时，您是如何切割、叉起的呢？

A. 从左端开始切，一块一块地吃

B. 从右端开始切，一块一块地吃

C. 把全部切成小块之后，再一块一块吃

D. 从中央开始切，一块块吃

E. 只切一小块吃

F. 吃法经常改变

测试结果解释如下：

选择 A 的人非常重视形式，喜欢多数人认为合理且正常的事，但是有一种将自己的生活方式或思想强行向别人推销的倾向。若是觉得自己正确无误，就很难再去听取他人的意见。

选择 B 的人性格较温和，也是较易为对方着想的人。一般认为，此类人较易和他人亲近而打成一片，即使心里有什么不愉悦，也不会表现在外，通常都能和谐相处。

选择 C 的人自己想要的东西无法立刻得手时，就会急躁不安。此类人想要做一些事情，不管遭受到多少反对也会一意孤行。另外，这类人喜观照顾、安慰别人。当他人有烦恼时他们绝不会置之不理，而会伸出援手；对于人的喜恶会明显地表现出来而不加掩饰。

选择 D 的人常会因考虑其个人本位之种种而较自私自利。若有什么想做的事则会毫不犹疑地去做，是坐而言不如起而行的一类人。比较善于社交，广结人缘。

选择 E 的人是地道的现典主义者。这类人能使生活和自我相互调和，并且有社交性，和谁都可以说上几句话并应对自如。工作能顺利完成，关键在于能与他人愉快合作。

选择 F 的人会因时间的不同而改变吃饭方式的重气氛。这类人性情易变，所以经常会无法适应人群。在工作或私生活上亦是如此，常因无法与他人合得来而遭人误解。

## 心里测试2： 还有五分钟就迟到了， 你会怎样等电梯

A. 来回踱步或在地上跺脚

B. 按捺不住重复多次按压电梯钮

C. 认真注视电梯楼层的指示数字

D. 头向下看着地面

选择 A：如果你选择了这个答案，那么你可能属于比较敏感，甚至有些略带神经质的那类人。你内心世界丰富，洞察力强，并且比较相信自己的直觉和判断力。生活中，你比较感性。

选择 B：选择这个答案说明你可能是那种性子有些急、办事讲究效率、时间观念强、常常雷厉风行的行动派。在周围人眼中，你的人缘不错，是比较随和并容易接近的人。但你时常有些情绪化，会不小心忽略周围的人或事。

选择 C：选择这个答案说明你是个比较理性、稳重，办事小心谨慎的人。你不太喜欢插手别人的事，不爱惹麻烦，有时可能会让你在一些人眼里显得有些漠然。你做事很有条理，很受周围人特别是长辈的信赖。但你可能不太喜欢做冒险和没有把握的事。

选择 D：你可能平时看上去会比较沉默，不太爱公开表达自己的看法。其实你往往心地善良，真诚、坦率；比较容易相信他人及乐于助人，比较受周围人喜欢，人际关系上很少出现纠纷。但有时候缺乏原则，属于好好先生

的一类人。

### 心理测试3： 假如你坐在别人的自行车后座， 手会放在什么地方

　　A. 双手什么都不扶

　　B. 双手扶着前面人的腰

　　C. 手紧握后面的扶手上

　　选择A：这类人从不趋炎附势，有着自己强烈的主张和建议，在上司和长辈看来绝对是个不折不扣的"刺儿头"，但是这类人所表现出来的活力和创造力值得我们每个人肯定。试想一个活泼快乐的朋友在你身边，你的生活应该也是色彩缤纷的吧？

　　选择B：这类人在外人看起来很高冷，但是在熟悉的人看来，他（她）们整天都是大大咧咧的，活像个长不大的孩子，他（她）们大多不拘小节，而且人缘很好，爱玩也比较能玩。跟认识的人都能玩得很嗨，但是其实他（她）们内心戏很多也很丰富，急需要暖心的人来呵护，只不过他（她）们一般不表现出来而已。

　　选择C：曾经很火的一部现象级电视剧《欢乐颂2》刚出来的时候，很多人吐槽刘涛、王子文的演技，女精英演得太做作，富千金演得不大气。不过那部剧确实是让大家注意到了女精英这一类人群，选择这个选项的大多就是这类人。你们受到了很好的教育，工作能力、办事能力也很突出，缺点也就是像安迪那样，没有太多的烟火气儿。

### 心理测试4： 开车时的习惯姿势自测

　　请选出与你平时开车习惯最相近的一项：

　　A. 一边抽烟一边开车，停车时会把脚跷到方向盘上。

　　B. 严格遵守交通规则，红灯停，绿灯行，就算马路很空旷也一样。

　　C. 在别人认为不可能的情况下开快车、超车，并且不能容忍别人超越自己。

　　D. 顺着车流前进，力求平稳，有情况早早刹车。

　　测试结果分析：

选择A：这类人个性独特，平时很有主见，且不乏创意，为人刚正不阿，一切按照自己的方式生活。总体来说是个理想主义者，能力也较突出，所以不太会阿谀奉承。缺点也与此有关：处世不够圆滑，关键时候会吃一些"哑巴亏"，身边的人可能会因为你太以自己为中心而排斥。

选择B：这类人是真正的君子，凡事脚踏实地，遵守游戏规则。不过唠叨和一丝不苟的性格也会让人觉得了无生趣，特别是令女性会觉得你不够风趣，缺乏冒险精神。事实上过度谨慎也可能错失不少机遇，在与人沟通、交际方面如果能有所进步，才有可能成为"万人迷"。

选择C：这类人是十分能令女孩子心动的男人，洒脱、自信会一下子吸引住她们的目光，因为多半在某个方面比较出色。可惜的是远远不够老练，傲气十足且爱慕虚荣。

选择D：这类人为人耿直，善于和人相处，且适应性强，办事利落，在各种场合都会受到别人的尊重和注目。不管在工作还是恋爱上，都会有周密的计划，有板有眼、循序渐进，给人信任感。但尽管很尽责，有时候内心却不是十分自信，所以不太主动。

## 心理测试5： 握手姿势测试性格

人们在无意中流露出的肢体语言，很大程度上是一种出于本能的反应，所以能够反映一个人的真实性格。而一个人的握手方式，其实也准确展现了一个人的性格。那么你握手的时候掌心的方向是朝向哪里呢？

A. 主导式：掌心向下，力度较大

B. 接纳式：掌心向上，力度偏小

C. 平等式：垂直握手，力度适中

D. 随机式：方向和力度都无规律

测试解析：

选A的你，强势而自信。

用掌心向下很有力的握住对方的手，这是一种居高临下的姿态，更是一种自信的表现。一般来说，领导或者性格强势的人习惯于用这种方式和别人握手，从而更多地体现出其大气、果断的作风。习惯了这样握手的方式，那么你的性格比较果断、干脆和自信。凡事只要下了决心，就不会轻易改变。你往往比较有毅力，遇到困难从来不会轻易放弃，而你的成功也会让你的自信心更强。

选 B 的你，谦虚而谨慎。

使用这种方式握手的人，握手时掌心一般向上或者向左上。这是一种非常谦虚恭顺的握手姿势，如果习惯了这种方式，这说明生活在一个需要谨言慎行的环境中，你已经养成了一种小心谨慎、认真严谨的性格，待人接物生怕出一点点纰漏。而这种性格的人，往往会相对被动、顺从一些，不会轻易对别人尤其是上级领导产生怀疑，更多情况下会比较认真地履行自己的职责。

选 C 的你，平和而宽厚。

使用这种握手方式的人，握手时会以适度的方式来保持一种垂直的方式，如果碰到那种强行掰手腕想压你一头的人，你会适当地做些抵抗。如果对方还是有所坚持，尽管你不会对抗到底，但是在心中已经将其划上大大的问号。你待人一向比较平易近人，很少主动去找别人的茬，有时候遇到那些无心之失的时候，你也会睁一只眼闭一只眼。而对于那些明显就是欺人太甚的举动，你可能表面不会做意气之争，但会通过温柔的反击让对方感到后悔不迭。

选 D 的你，性格多变，很难琢磨。

你握手的方式往往不太固定，要么看心情，要么看对象，要么看自己是否有求于对方，没有固定的规律。有时候你会掌心向下的握手方式，有时候却会掌心向上甚至将对方拉向自己。你的这种握姿，说明你善于审时度势，性格比较圆滑和变通，但也会体现出你的决绝和冷酷。面对强势人物时恭敬有礼，而面对弱于自己的人则更加会想压对方一头。这样的你往往比较狠辣，一旦出手，绝不留情。

## 体验感悟

1. 觉察并分析自己在日常生活中存在的无意识小动作，反思其性质良好与否及其形成的原因，并能结合第四章 NAC 策略的学习给予改变，并塑造良好的习惯动作。

2. 觉察自己的仪态举止，并结合相关礼仪训练和第四章的 21 天策略进行调整和塑造。

# 第四章　好行为有益终生　行为的塑造策略

所有教育的最重要方面就是使我们的神经系统成为我们的同盟军而不是敌人。为了做到这一点，我们必须使有益的行为尽可能早地成为习惯。

——威廉·詹姆斯（美国）

 **心路历程**

## 一、校园故事

我是一位即将毕业的大四学生。我不仅已经圆满地修完所有课程，获得了足够的课业学分，而且毕业论文也通过答辩，更可喜的是，我已经与一家律师事务所签订了就业合同。总的感觉，我的大学比较顺利，除了大一时期的一段小迷茫之外，几乎没有什么太大的挫折。有的同学很羡慕顺风顺水的我，其实我要说的是：如果你能在一开始就好好规划自己的大学四年，能够在各方面养成健康良好的行为习惯，你也能跟我一样，甚至比我做得更好。事实上，我在大一第一个学期的时候，有些迷茫、焦虑和困惑。当时的我，也有些懒散拖延、甚至还逃过课；当时的我，时间管理能力差，所以学习效率很低；当时我还不屑于人际交往，所以人缘也不好；我还自以为是，故意特立独行，装作不介意任何的人和事，可以对周围的人不屑一顾……但结果是感觉自己孤独寂寞、无聊空虚、迷茫困顿……后来，在辅导老师的帮助下，全面调整了自己，决定要"重新规划，重新做人"。我觉察和反思了自己在学习、生活和交往方面的问题和状态，并养成了新的健康、良好的行为习惯。然后，我就成了现在的我，一个好好学习、学以致用的大学毕业生了。我认为，有时候"挫折是我们的好老师"。我也相信"好的行为习惯是成就我们大学的关键"。

### 二、 好行为有益终生

西方现代经济学家约翰·凯恩斯曾言："思想引导行为，行为养成习惯，习惯造就性格，性格决定命运。"而美国著名心理学家威廉·詹姆斯也强调："播下一种行为，收获一种习惯；播下一种习惯，收获一种性格；播下一种性格，收获一种命运。"有什么样的行为就会有什么样的命运结局，美好的人生总是由一系列的健康良好的行为方式累积而成的，塑造健康良好的行为会让我们终身受益。人生这门学问，无非就是为人处世，即做人与做事两大方面。做人、做事方面的健康良好行为也是我们加强个人品德修养、成就学业事业所必需的。恰如佩利所言："美德大多存在于良好的习惯行为中。"首先，认识是行为的向导，良好的行为首先来自于对行为的正确认识，知道哪些行为是合理可行的，然后选择正确的行为方式作为自己行为的准则；其次，还可以了解哪些心理策略能够帮助我们有效地养成这些健康良好的行为模式，来达到知行合一。

 **心理视点**

### 一、 良好行为及其特点

#### （一）良好的做人行为

做人就是为人处事、待人接物的行为过程。人的本质在于其社会存在性，人类行为活动的进行及其价值实现离不开各类社会关系。所以做人是做事的前提和基础，要学会做事必须先学会做人，会做人才会更好地做事。在现代社会，遵纪守法、崇德尚义是我们做人的根本行为要求。社会主义核心价值观也从个人角度提出了爱国、敬业、诚信、友善的基本行为规范。事实上，这些行为准则的共性就是要求我们做一个和谐健康的人。按照世卫组织四位一体的健康观，包括生理健康、心理健康、社会适应良好及道德健康。这种和谐健康的实现，就是要能够处理好自己与自己、自己与他人、自己与社会及自己与自然的四大关系。若能保证这四大关系的和谐有序，那我们也就具有了快乐做人所需的健康良好的行为。

### 1. 与自己友好相处的行为

著名思想家梁漱溟先生说："人的一生需要处理好三种关系，即人与物的关系（最低的）、人与人的关系（中级的）、人与自己的关系（最高级的）。"人与自己的关系，决定着我们人生的态度和走向。一个人对待自我的态度，就是他对待世界的态度，也会决定世界对他的态度。一个自爱自信的人也才能真正爱别人和信任别人；一个自尊自重的人也才能礼貌地敬重他人；而一个只有学会与自己友好相处的人，才能真正和谐地与他人及社会相处。好好爱自己，才更能爱家人和朋友。

曾有人向古希腊哲学家芝诺提出了一个简单深奥的问题："谁是你的朋友？"他回答说："另一个自我。"学会与自己愉快友好地相处，就是自己要成为自己最真诚可信、最理解喜爱、最接纳肯定、最支持认同的朋友。庄子亦言"独有之人，是谓至贵。"意思是说，懂得如何与自己相处的人才是智慧之人。他主张每个人要独立自在、自我和谐、自我完善。我们既是社会性的人，又是独立自主的个体。所以我们都必须有与自己和谐共处的能力。只有这样，我们才能自爱自重、自尊自信、自立自强。而我们能够与自己和谐共处，才能更有益于社会和他人。所以我们要坦然接纳和努力完善自己，即要客观全面地认识和肯定自己，又要客观理性地包容和接纳自己，不能苛刻挑剔，不能自哀自怨、更不能自暴自弃。对于自我的方面，不能够改变的，如身高、长相等就平和地接受和认可；能够改变的，如知识、能力，就要努力完善和提高。

与自己和谐相处是自我健康发展的一种必需的心理品质，也是一种能力。我们要每天能够在百忙之中，留出一定的时间与自己独处。就是要学会放空一切，只是跟自己在一起。在这个独处的时空里去观察、去思考、去感受自己。觉察和反思自己的优势和不足、快乐和悲痛、需要和目标、安全和充实、成就和过失、高尚和低俗、成长和发展……让自己成为一个自知自爱自重的人，成为一个能够充满智慧的人。由此，与自己友好相处就是好好爱自己，相信自己，并发展和完善自己，让自己成为一个身心健康、幸福充实的人。

### 2. 与他人和谐相处的行为

根据心理学研究，一个人一生中至少要有三个知心朋友，才能获得足够的社会支持，感到幸福。哈佛医学院精神病学教授罗伯特·沃尔丁格先生强调：构成美好生活的最重要因素并非富有、成功，而是良好的心身健康及温暖、和谐、亲密的人际关系。与人友好相处、获得和谐的人际关系是任何个体所必需的重要的心理及道德品质。法国《观点》杂志历史上的一个调查发现：对于"生活中什么是最重要的事情"这个问题，首选"与周围人友好相处、建立友情"的占到 42.6%。其中，500 名是 14 到 25 岁的青少年。医学心理学家丁瓒教授曾言："现代社会，人类的心理适应最主要的就是对人际关系的适应。而人类的心理病态，主要是由于人际关系的失调而来。"

要做到与人和谐相处，需具有真诚尊重、诚信热情、平等合作及感恩友爱的交往态度。习近平主席在 G20 杭州峰会开幕式演讲时，曾引用了非常经典的一段话："以金相交，金耗则忘；以利相交，利尽则散；以势相交，势败则倾；以权相交，权失则弃；以情相交，情断则伤；唯以心相交，方能成其久远。合伙做事也好，人际交往也好，都应珍惜缘分，珍惜时光；以善为念，学会感恩；以诚相待，以心相交。与高者为伍，与德者同行，必得善果。"不论是与家人、同学、朋友还是师长、同事，真诚可信是非常重要的品质和行为素质。孔子有曰："敬人者，人恒敬之；以诚待人者，人亦以诚相应。"尊重和信任别人，才能得到别人的尊重和信赖。所以富兰克林曾深有感触地说道："我渐渐开始确信，在人际交往中，忠实、诚恳和正直对于生活美满幸福至关重要。我写下誓言，一息尚存，就要身体力行。这些誓言至今仍保存在我的日记本中。"①

除了真诚尊重，我们还要与人为善、乐于助人。俗话说，赠人玫瑰，手留余香；帮助别人也是帮助自己。大多乐善好施的人都是内心愉快平和的人，往往会以感恩之心与他人相处。大哲学家罗素曾言：人类已经变成了一个大

---

① 本杰明·富兰克林：《富兰克林自传》，北京：世界图书出版公司，2010 年，第 140 页。

家庭，如果不能保证别人繁荣，我们也不能保证自己的繁荣，如果你希望自己幸福，你也得希望别人幸福。尽管我们可以当仁不让，但也不必斤斤计较、患得患失、睚眦必报。善于宽容和谦让也未必不是成功之道。所以在积极参与现代社会公平竞争的同时也要更善于与人平等合作、互惠互利。

一位智者曾用极为智慧的四句箴言，来教导弟子们如何与人、与己和谐相处："把自己当成别人、把别人当成自己、把别人当成别人、把自己当成自己。"如此一来，自己与他人都能愉快和幸福了，岂不妙哉！

### 3. 与社会和睦相处的行为

人的根本特性在于人的社会存在性。我们的人生价值观和追求、所有的梦想和目标都要通过社会化的形式和途径来实现。所以每个个体都要立足于社会，在社会环境中生存和发展。这就需要我们养成健康平和的心态，正确地认识、理解、认同和接纳社会规则；理性平和地看待社会万象和事物。我们要关爱、理解和包容社会；要积极主动地融入社会；要适应规则、遵守规则，并使用规则。我们既要参与社会竞争与合作，有效地展现自我，获得自己的社会机会、地位、角色和身份；实现自己的抱负；更要热爱和平稳定，承担社会责任，既能够崇德尚义、遵纪守法；又能够明辨是非善恶、激浊扬清；既能够从善如流，又能够以身作则，做一个合格优秀的社会公民。任何事物都不是十全十美的，包括一个国家、社会和政府，我们要具有政治包容理念和意识，要允许社会发展需要一定的时间和过程，不抱怨、不反对、更不做愤青；从而让自己与祖国共进步，与社会共成长，以和谐的社会心态在和平稳定的社会环境中健康快乐地学习、生活、交往和工作。

### 4. 与自然和谐共生的行为

中外先贤向来信奉和主张天人合一的生态价值观。党的十九大也明确提出了"人与自然是生命共同体"的生态理念。人类本身就是大自然的一部分，人类生命起源于自然、也成长于自然，最终更要回归自然。大自然不仅是人类、而且是万物生灵共生的依赖。自然界先于人类而存在，自然界具有不依赖于人类的内在创造力，它提供了适合生命生存的环境和条件，创造了各种生物物种及整个生态系统。人的生物本性即作为自然存在物，依赖于自然界，自然界为人类提供赖以生存的生产资料和生活资料。生态环境是人类生存最为基础的条件，是我国持续发展最为重要的基础。人因自然而生，人与自然是一种共生关系，人类与自然是息息相关、命运相连的。所以人类必须尊重自然、顺应自然、保护自然。而我们尊重、热爱和保护自然，就是在关爱我们自己。

所以每一个普通的个体都要养成关爱和保护自然的良好行为：善待自然界的花草树木、鱼虫鸟兽万物生灵；节约资源、保护环境；倡导绿色低碳、适度消费；力行物尽其用、艰苦朴素、勤俭节约的消费行为——这都是与自然和谐共处的良好行为。

### （二）良好的做事行为

现实中，有些人常常会有很多不好的做事习惯，不好的做事习惯会导致很多不好的行为或者不好的后果，影响到自己的人生发展。

曾经有人说过这样一句话，不无道理："45 度做人，90 度做事；180 度为人，360 度处世。" 45 度做人，就是说做人要有理有节有度有分寸，要懂得谦逊，要能够知进退、明得失。90 度做事，就是说，做事想要让别人信服，就要正直公平。180 度为人，就是说为人要有底线，什么可为、什么不可为，心中要有个标尺、有根引导参照的"线"。360 度处世，就是说，处世要懂得圆融，要学会灵活变通，不能偏执死板。另有学者也曾说："做人要简单，就得像白开水，纯净平淡，没有掺杂任何杂质，从容生活，平淡才是真。做事要成熟，就得像铜钱，外圆内方，善待他人，宽容妥协，坚持自己的原则和空间。"此二者可谓是不谋而合、殊途同归。由此，我们可以概括出做事需要注意以下行为准则：

一是要吃苦耐劳、尽职尽责。要么不做事，做就要认真负责，尽善尽美。我们每个人都有自己的社会角色，都要各司其职、担负起角色责任，这也是做事的基本要求。

二是要热情主动，不急躁、不拖延。做事情不能拖拉，要有积极的意识，不能等、靠、要，主动才能积极热情。不是要我做，而是我要做。只要是自己的分内之事，就要自觉自愿自乐地去做。当然，过于急躁也会欲速不达，做事还要三思而后行，既快又稳才是效率。所以既要干练效率，又要有条不索，还要善始善终。

三是要统筹时间、善于规划。凡事预则立，不预则废，所以做事要有可行的计划，要知道先行后为、循序渐进，讲究方法和程序才能够事半功倍。而不是眉毛胡子一把抓，导致心乱如麻没有效率和成就。所以要有任务排列，讲究轻重缓急，既能管理好时间，又能提高做事效率。

四是要谦虚谨慎、细致周到。做事不能鲁莽，要善于宏观判断和微观预见，既把握大局又注意细节，注重战略和战术。

五是要善于求同存异、团队合作。这既是做人的原则，也是做事的需要。现代社会凡事都讲究团队共建共兴，很多事是个复杂融合的工程，所以不可能单干完成。而仁者见仁，智者见智，每个人看待事物的角度不同，所以我们要培养团队精神，善于与人协作配合。

六是要积极上进、勇于挑战；精益求精、探索创新。做事需要积极的情绪状态，要积极向上，而不能不思进取、安于现状。做事可以循序渐进、脚踏实地，但不能过于按部就班、循规蹈矩。创新是新时代的主题，所以无论做什么事都要养成善于思考、勤于创新的行为习惯。敢于突破创新，敢于挑战权威才更能有所建树，成就人生目标。

### （三）良好的学习行为

对于在校学生来说，还要注意养成良好的学习行为与习惯。学习也是为将来更好地为人处事做好准备。学生要勤学好问、虚心请教；要乐于思考、善于创新；要勤于阅读、乐于书写；要涉猎广泛、还要精益求精；更要联系实际、学以致用。另外，现代社会需要广博与精细相结合的复合型人才。"要成为专家，也要成为杂家。"即什么都要懂一点，但是对自己专业领域的要懂得更多一点，要做到专和杂的复合性学习意识和行为。

我们要养成上述良好行为，首先要提高行为的正确分析和判断能力，明确上述良好行为的表现特点和要求。现实社会是复杂的，充满了各种诱惑。"没有规矩，不成方圆"，所以对于无论做人还是做事我们都要对自己提出明确、具体而又严格的行为要求；更要在现实中明辨是非善恶美丑，从善如流，不可跟风从众。其次，我们要知行合一，认真践履这些要求，久而久之自然就成为我们的良好行为习惯了。再次，我们要提升自制力，培养顽强的意志

力。良好的行为习惯是一个长期坚持的过程，需要坚持不懈，所以自我控制
能力非常关键。最后，建立必要的监督和鼓励机制。行为是内外因素共同作
用和影响的结果，而良好行为的建立除了主要依靠自身努力外，学校、社会、
家庭的监督、指导、帮助和鼓励也非常重要，要内因外因多管齐下，共同努
力，才更有利于良好行为的养成。

## 二、 行为养成的21天策略

### (一) 行为养成的21天策略简介

人的行为是按理念、习惯行事的，习惯、理念具有强大的作用。良好的
理念、习惯能够产生良好的行为，反之亦然。行为科学研究表明，一个人一
天的行为中大约只有5%是非理念行为，属于非习惯的行为，而剩下的95%
的行为都受理念支配，都属习惯性的行为。由此可见，理念、习惯在一个人
行为中的作用是巨大的，这也是一个人成功的力量所在。因此，形成良好的
新理念、新习惯就显得格外重要。尽管生活中常有人感叹："朽木不可雕
也"，而大量实验与实践证明，只要不断重复，习惯、理念是可以改变的。
在行为心理学中，人们把一个人的新习惯行为或理念的形成并得以巩固至少
需要21天的现象，称之为21天策略。也就是说，一个人的行为动作或想法，
如果重复21天就会变成一个习惯性的行为动作或想法。

根据我国成功学专家易发久的研究，习惯行为的形成大致分为三个阶段：
第一阶段，1~7天左右，此阶段表现为"刻意，不自然"，需要十分刻意地
提醒自己；第二阶段，7~21天左右，此阶段表现为"刻意，自然"，但还需
要意识控制；第三阶段，21~90天左右，此阶段表现为"不经意，自然"，
无需意识控制。其实这就是行为习惯，这一阶段被称为"习惯性的稳定期"。
一旦跨入这个阶段，你就已经完成了自我改造，这个习惯行为已成为你生命
中的一个有机的组成部分，它会自然而然地不停为你"效劳"。

据研究发现，影响21天效应的主要因素有以下三个方面：

一是旧习惯、旧理念对新习惯、新理念形成的干扰。当两种习惯、理念
在形式上有很大的相似性，但其中某些因素要求相反的内容时，就会发生干
扰。例如，教书育人与导学育人两者具有很大的相似性，都是要求教师有育

人的理念与行为，但教书育人与导学育人的手段有较大差异，甚至有本质差异，因此，要形成导学育人的新理念与习惯常会受到教书育人的影响和干扰。实践表明，旧习惯、旧理念越是巩固，新习惯、新理念的形成就越容易受到干扰。因此，在旧习惯、旧理念干扰下学习一种新习惯或新理念，就会时常出现某些顽固性的错误，这些错误来自旧习惯、旧理念中的成分。可见，一个新理念或新习惯的形成需要21天（或重复21次），是与旧习惯、旧理念的干扰有密切关系的，这也可以说是产生21天效应的主要影响因素。

二是理念与习惯的形成需要一个过程。除了易发久的研究，另据美国凯尔曼（1961）研究也发现，理念和习惯行为养成需经三个阶段：第一，顺从阶段。即表面接纳新理念、或开始新习惯，在外显行为上表现出尽量与新的要求一样，而在实质上未发生任何变化。此时，最易受到外部奖励和惩罚的影响，因为顺从可获得奖励，不顺从就会遭到惩罚。可见，新理念、新习惯的形成多数是受到外在压力影响而产生的，自发的是极为少见的。第二，认同阶段。认同是在心理中主动接纳新理念、新习惯的影响，比顺从更深入一层。因此，此时意识成分更加浓厚，不再是被动的、无奈的，而是主动地、有意识地加以变化，使自己尽可能接近新理念、新习惯。第三，内化阶段。此时新理念、新习惯已完全融于自身之中，无任何不适之处，已彻底发挥新理念、新习惯的作用。一般而言，这三个阶段对非特异的理念、习惯只需21天便可形成，这是大量实验与实践的结果。

三是新理念、新习惯的形成需要不断地重复，即使简单的不断重复也是十分有效的。21天效应不是说一个新理念、新习惯只要经过21天便可形成，而是21天中这一新理念、新习惯要不断地重复才能产生效应。这也是现在许多广告不断播报的原因所在。

当然，这里所讲的21天是对新理念、新习惯的中等程度而言的，强度低的、简单的新理念、新习惯的形成就可能会形成的快一些，强度大的、复杂的新理念、新习惯就可能形成的慢一些，这些都有待于进一步深入研究。新理念、新习惯的性质对形成的时间来说也可能会有影响。但目前尚不知影响有多大，也需深入探讨。

此外，旧理念、旧习惯的改变或消退是否也如同新理念、新习惯的形成呢？其机理是否一致？尚不得知。但有一点是明确的，如果这一旧理念、旧习惯就是我们想要改变的，也就是说两者的关系是密切相关的，应该说它们是同步的。即新习惯"立"的时候，也就是旧习惯"破"的时候，也就是说，同样需要 21 天才会产生效应。

现在，许多个体的不良行为习惯、不良错误观念难以改变，新理念、新习惯难以形成，与我们没有按照 21 天效应的规律有关系。因此，我们要积极学习并应用这一规律，改变不良的习惯行为，并形成健康良好的习惯行为。

在改变理念、习惯时，不能因不情愿、不舒服就放弃，必要时还要给予外在压力，特别是刚开始时更需如此。俗话说得好："万事开头难"，没有良好的第一步，后续改变就不可能。另外，要记住改变任何一个理念、习惯时都要不断重复，直至 21 天，甚至 21 天以上。要相信，没有改变不了的理念和习惯，没有形成不了的新的良好行为习。我们一定要遵循 21 天效应的规律，不能盲干。一是要按照三阶段的形成特点进行理念、习惯的改变工作；二是要有耐心，新理念、新习惯的形成需要 21 天，甚至更多天；三是在这 21 天里需要不断地重复练习，不习不得。

英国的一项最新研究证实了 21 天策略的科学有效性。他们研究发现，3 周的确能够养成健康作息规律、成功改变个体的生物钟。这是最近来自英国两所大学的研究实验。研究人员对 22 名"夜猫子"进行了实验。他们都是晚睡晚起的人，通常凌晨 2 点左右入睡，早上 10 点才起床。实验中，这 22 名"夜猫子"都将入睡和起床时间提早了 2~3 个小时，而且早餐时间和晚餐时间也固定下来。实验 3 周后发现，他们的确都能早睡早起了，期间没有服用任何药物或进行别的治疗方案。

### (二) 21 天良好行为养成执行表

养成良好行为不是一朝一夕的事情，允许自己有个过程，我们须一步一个脚印，不要急功近利，更不能半途而废。以下是 21 天塑造行为习惯执行表的部分内容举例，这需要意志力和自制力。当然，可以找一个督导者来督促你自己，但主要靠自己。或许你也可以找一个小伙伴一起努力，相互监督。

使用执行表需要注意的是：一是内容项目尽量要全面。包括：执行人和监督者（可无）；起止时间；具体明确的行为塑造目标；每天不同的自我激励性、积极暗示性标语和口号，以鼓舞自己更好地坚持；每天的自我评分以及语言评价，以强化自己的成就效能感，鼓励自己坚持不懈。当然，最好也加上监督者的给予执行人的评价。如果有两个以上执行人，也可以互评，相互督促和鼓励。二是 21 天只是会使行为达到了一个顺从阶段而已，并非完全认同和习惯化。所以必须还要巩固两个阶段。21 天到 60 天，以及 61 天到 90 天，才真正达到行为意识的内化阶段，即习惯成自然，方可成为真正的习惯行为。21 天塑行为习惯执行示范如表 4-1 所示。

表 4-1　21 天塑造行为习惯执行表示范

| 执行人：张萌 时间：2019 年 3 月 1 日—5 月 31 日 | | 监督人：王晓梦老师 | | | 行为目标：早睡早起，早起晨跑至少半小时，并吃早饭 | | |
|---|---|---|---|---|---|---|---|
| 思想决定行为，行为形成习惯，习惯塑造性格，性格决定命运！ | | | | | | | |
| 第一阶段：1～7 天为改变期 | | | | 这个阶段必须随时提醒自己注意，并严格要求自己。因为一不留意，行为就会退回到从前。 | | | |
| 1 | 2 | 3 | 4 | 5 | 6 | | 7 |
| 万事开头难，但是好的开始等于成功的一半：刻意、不自然阶段 | | | | | | | |
| 早上 7 点起床，洗漱后，操场跑步 30 分钟；晚上 10 点 30 洗漱睡觉。 | 早上 7 点起床，洗漱后，操场跑步 30 分钟；晚上 10 点 30 分洗漱睡觉。 | 早上 7 点起床，洗漱后，操场跑步 30 分钟；晚上 10 点 30 分洗漱睡觉。 | 早上 7 点起床，洗漱后，操场跑步 30 分钟；晚上 10 点 30 分洗漱睡觉。 | 早上 7 点起床，洗漱后，操场跑步 30 分钟；晚上 10 点 30 分洗漱睡觉。 | 早上 7 点起床，洗漱后，操场跑步 30 分钟；晚上 10 点 30 分洗漱睡觉。 | | 早上 7 点起床，洗漱后，操场跑步 30 分钟；晚上 10 点 30 分洗漱睡觉。 |
| 自我激励 | 开始我的目标加油！ | 早睡早起身体好。 | 我是早起的鸟儿。 | 早睡早起精神好。 | 早睡早起，健康身心。 | 早睡早起效率高。 | 成功早睡早起了一周了。 |
| 自我评分 | 好棒！95 | 完美的一天，再接再厉！96 | 我们离目标更近了一步！95 | 做对的事情，比把事情做对更重要！97 | 没有天生的习惯，只有不断培养的习惯。96 | 今天离成功又近了一天！96 | 坚持就是胜利！98 |
| 第二阶段：8～14 天为塑造期 | | | | 这个阶段你必须更加严格要求自己。因为不进则退，自我意志力与监督者监督同等重要。 | | | |
| 8 | 9 | 10 | 11 | 12 | 13 | | 14 |
| 每天进步一点，坚持就是胜利！ | | | | | | | |
| 15 | 16 | 17 | 18 | 19 | 20 | | 21 天基础 |
| 刻意自然，继续加油 | | | | | | | |
| 22 | 23 | 24 | 25 | 26 | 27 | | 28 |
| …… | 30 天完成 | …… | …… | …… | …… | | …… |
| …… | …… | ……60 天巩固 | …… | …… | …… | | 第 90 天习惯成自然 |
| 耐心、毅力、坚持、平和、习惯成自然！ | | | | | | | |

## 三、 行为塑造的 NAC 技术

### (一) NAC 简介

NAC 的全称为 "Neuro Associative Conditioning"，中文翻译为 "神经链调整术"，是一个关于如何改变习惯行为的技术。NAC 神经链调整术最主要的目的，就是改变个人的行为和习惯，或是改变个体一些自我设限的想法。NAC 的最重要的原理就是，"任何不断重复的行为，最终都会成为习惯；任何行为，只要不再去重复，终究会消逝不见。"NAC 最重要的原则就是，"把旧行为和痛苦连在一起，而把所希望的新行为和快乐连在一起。"实际上，NAC 神经链调整术具有类似于操作性条件反射或动力定型理论的特点。

NAC 的创始人，是世界潜能激发大师安东尼·罗宾（Anthony Robbins）。他以 NLP（神经语言程序学）的博大理论体系为基础，并加以简化、改造成一般人可使用的行为改变与塑造技巧，就此创立了 NAC。NAC 被誉为 "是世界上最伟大的心理学、世界上最有效的行动科学，也是一种改变科学；"NAC 课程是世界成功管理学中最顶尖的课程之一，学会 NAC，就几乎懂得所有的神经学、心理学和行为学。"NAC 认为，人类的一切行为都是为了逃避痛苦和追求快乐，借着这股力量可使人们旧有的行为改变，也可以帮助新行为定型。NAC 是借着逃避痛苦和追求快乐的自然反应来调整我们的神经系统，而不必用意志去追求我们所期望的人生。当我们能够控制住神经链，也就能够掌握自己的人生。而要使行为改变和塑造能够彻底成功，就必须把旧有行为和痛苦连在一起，把新行为和快乐连在一起。

NAC 认为，行为改变和塑造不能单凭意志，因为那个效果不可能维持长久。而 NAC 能够实现很快并且持久的改变，但首先必须具备两大信念：一是坚信马上可以做到改变。NAC 认为，既然我们能很快地制造出问题，那也就能很快地找到答案。二是自己要对改变负责，若是没做好不能怪罪别人。自己对于改变责无旁贷，所以要明确 "三个必须"。第一，必须确信 "有些事必须得改变"，这里突出强调的是 "必须" 而不是 "应当"。第二，必须相信 "我必须推动改变"，即改变的主角是我而不是其他任何人。第三，必须相信 "我有能力来改变"。只有相信自己能做到，才能全力去做。

### (二) NAC 的操作步骤

NAC 神经链调整术是用来教人改变行为的一门学问，为确保持久的改变，它提供了一套特定的且简单易行的六大步骤。NAC 认为这六个步骤是神经链调整术的基础，能直接有效地使我们改变，帮我们消除痛苦得到快乐，且不会有任何不良的副作用。

#### 1. 确定你想要改变的事情， 即你想废弃的或要塑造的行为

这一步骤就是要确定什么是你所要的，而又是什么妨碍了你。比如我要养成每天读英语新闻的好行为，但看网络小说上瘾的坏行为妨碍了我。

生活中我们越是注意的东西就越容易得到，而越是惦记着不想要的，你就越甩不掉它。这是心理暗示的作用。所以，第一，明确什么是你真正想要的，你要的越明确、越具体就越能发挥力量并快速地达成目标。这其实是心理学上的正面暗示，这样才能引导你的行为走向。第二，明确阻碍我们改变的原因，就是我们总把改变和痛苦连在一起或者因为我们不知道改变后的结果而心怀恐惧。

#### 2. 找出改变的杠杆， 坚定改变的意愿

NAC 认为，我们想要做出重大的改变，需要找到可以使力的"杠杆"。这个促成改变最有力的杠杆，就是发自于内而非来自于外的痛苦。事实上就是指改变的内在主观需要和动机。把旧有行为所带给我们的痛苦及改变所带给我们的快乐放大，当痛苦超过快乐时，改变就发生了。这样可以使我们抛掉懒散拖延、上网等坏行为，以及改掉沮丧、消极、烦恼、恐惧等负面情绪。NAC 主张，如果这还不足以产生改变，那就把目标转移到心爱的人身上，例如，你的孩子、父母、恋人或爱人。大多数的人宁愿为心爱的人付出得比在自己身上更多，所以，好好想一想，如果自己不改变，会对心爱的人造成多大的伤害。这些问题要想能产生效果，就得尽可能找出一大堆为什么一定要马上改变的、而不是未来某一天才改变的理由，若是有更强有力的理由就更好。如果你不觉得有马上改变的必要，那表示你还没有找到真正的改变杠杆。

可见，第二大步骤其实就是要我们明确并坚定改变的理由和信念：一是让想要改变达到一定要，必须要，马上要。二是放大你不改变的痛苦，加大

你改变的快乐，明确不改变的可怕后果，让我们的改变达到"一定——必须——马上"的境界和程度。我们要认定不变会有很大的痛苦，而改变会有很大的快乐。改变通常不是"能不能"的问题，而是"愿不愿"的问题。很多人都知道自己应该改变，可就是不肯行动的原因就在于"改变"的态度、意愿和迫切感不够强烈。这种迫切感跟人生的痛苦与快乐这股力量有关。当你觉得旧有行为带给你的痛苦大于所能得到的快乐而不能忍受时，才能激发要改变的意愿，也才能增强迫切感。由此，我们要具体明确地想一想如果没有改变会有什么可怕的后果，如果改变了会有什么很大的好处，尽可能想更多更具体。比如，不改变看网络小说的成瘾行为，我就没有时间读英语，考不过英语四级，就拿不到毕业证，就找不到工作，就不能自立，就不能孝敬父母……导致沮丧、失败、悔恨痛苦的人生。而如果改变了，我就能够顺利通过考试，而且拥有一个更加充实、快乐、幸福的人生。

### 3. 终止旧有的行为模式

NAC 认为，我们只有终止了旧有的行为模式，才能产生新的有价值的行为。而我们必须得加强改变杠杆的力量，才能终止旧有行为。安东尼曾经改变了一个贪吃巧克力的人的神经链。他和这个人打赌，让这个人 9 天中每餐只能吃巧克力，只能喝 4 杯水，其他什么都不能吃，而且让一些人不停地给他送巧克力吃。结果 3 天后，这个人就建立了"吃巧克力就是无比痛苦的事情"的神经链。安东尼认为，如果你能让一个人肉体上觉得痛苦，那么就能使他拿出改变的决心，从而想要脱离痛苦去追逐快乐。因为他在晚上睡觉时，脑神经系统会记录下吃巧克力的痛苦经验，一下子把他先前对痛苦和快乐的认知击得粉碎。这其实类似于操作性条件反射应用的厌恶行为疗法。那么，要终止旧的行为模式，我们也必须找到这样一个让自己感到无比厌恶、痛苦难耐的神经链因子。比如，你在自习室看网络小说，然后你对自己大声说："我是一个笨蛋，没有出息的人，我是一个 loser！"这时候大家都怪怪地看着你，你觉得无地自容，无比丢脸……而以后再看网络小说的时候，就会出现此前痛苦的体验，再加上之前对未来的痛苦评价，看网络小说就只剩痛苦的神经感受了。

### 4. 寻找新的良好行为模式

这是实现长久改变、建立新行为模式的最重要一步。因为良好的新行为才是我们改变的关键和最终目的。即使中断了旧有行为，若没有新行为可以取代，之前的改变必然会功亏一篑、旧病复发。当然这个新行为必须要让我们得到与先前旧行为同样甚至更多的快乐。譬如，如果你想戒掉网络小说，那就必须想出新的方法来取代过去从网络小说中所得到的快乐。比如，你想要充分利用时间学习英语，或者去跟更多的朋友交流，可以去看看平时别人都在做哪些快乐有意义的事情，如读书、健身、交友等。当然，你还可以跟别人探讨学习英语的快乐。比如，可以了解更多的国外文化、可以用流利的英语与外国友人交往、可以出国旅游观光；尤其是可以顺利考证毕业——出国留学——找好工作——营造好生活等一系列快乐有意义的事情。

### 5. 不断强化，加强神经链，使新行为成为习惯行为

要一而再、再而三地重复新的行为，使它在我们的脑子里形成粗壮的神经链，目的就是要确保我们能够自动地显现出新行为，使之成为我们新的行为习惯。如果你找到了能取代旧行为的新行为，那就在脑海里不断往积极方面想，不断重复这个新行为，直到让自己觉得它真能使你脱离痛苦而得到快乐为止，这时它便能在你的脑子里建立起神经渠道，使你的新行为能够维持长久。

可以通过不断奖励自己的方式来"强化"新行为。可分为几种强化形式：一是使用固定奖励作为固定强化的方式。即每天对自己坚持新行为的好的成效加以固定形式的奖励。比如，告诉自己太棒了，我是最棒的。或者去买自己最喜欢的水果或零食等。再如不定期的奖励，即当发现自己有所懈怠，受到诱惑，但仍然能控制住自己坚持新行为避免旧行为时，就给自己更大一点的奖励。比如，买一件新文具或者新衣服等。当然，还可以给自己超级大的奖励，即在自己取得最后的重大胜利时，给自己超级大的奖励。比如，放几天假来个短途旅行等，让自己再接再厉。

NAC 认为，我们可以给自己定几个目标，每当你达成一个目标，就马上给自己来点鼓励。比如，当你今天看网络小说比以往少了一次或者少了一个小时了，就马上给自己一个奖励；比如，已经有两天没有看网络小说，也要马上给自己一个更大的奖励。因为强化就是行为发生时的立即反应，当你给了自己一些鼓励或奖励来强化新行为时，你的神经系统便会把改变跟快乐连

在一起。所以只要你拿出了改变的行动，哪怕只是很小的一步，那么请你立刻给自己一点奖励，一句赞美、一份礼物或更大的自由都可以。记住，任何行为或情绪若能不断强化，最终它便会成为一种自动而调整的习惯；相反，若不给予强化，最后它们会慢慢消逝。当然，除了正面强化以外，我们还可以采取反面强化的方式，即当我们见到不希望的行为时就反思一番。

总之，我们的任何行为模式若一直给予正面的强化或鼓励，那它便会成为一种自动化、自发性的行为，否则它就会慢慢地消逝。我们要学会使用一切可能的"无法预期的强化方式"和"固定强化方式"，以使新行为成为一种习惯。

### 6. 测试效果

检验一下上述五个步骤的效果。NAC 认为，如果那个旧行为对你仍然有吸引力，那你就得好好审视一番前面所做的五个步骤，很可能你需要重新做一次；如果没有吸引力了，那就看看新的行为是否让你觉得快乐，只要

### （三）行为改变与塑造检查确认表

NAC 认为，必须检查一下改变后的效果，看看这些改变对你产生了什么样的影响？是不是更促进了你的事业或人际关系？看看这个新习惯行为是否能和你的价值体系、信念、需要等相匹配，否则那个新习惯就无法持久。以下是一个 NAC 确认检查表。NAC 指出，如果对照检查后发现新行为和这个表所列有相违之处，那就必须重新来过。从第一步开始逐步检查，找出问题的症结，进行调整，直至达到最后的改变目标为止。行为表现与塑造检查确认表如表 4-2 所示。

表 4-2　行为表现与塑造检查确认表

| 确定自己对旧行为感到痛苦： | 确定自己对新的行为感到快乐： | 让你的新行为和你的价值体系、信念相合： | 确定旧行为带给你的快乐依然存在于新行为中： | 想象未来你以新的行为生活并成为习惯化行为： |
|---|---|---|---|---|
| 当你回忆起旧的行为，这时的感受是否不像以前那样让你觉得快乐，而是痛苦呢？ | 当你想起新建立的行为时，感觉是否不像以前那样让你觉得痛苦，而是快乐呢？ | 你的新行为是否和你的价值体系、信念相匹配呢？ | 你的新行为中是否仍然保留有旧行为所能得到的快乐呢？ | 回想以前使你沉溺于旧行为的原因，让它成为使你乐于以新行为生活的诱因。 |
| 如果检查后发现自己的新行为和这个表所列各项有不符之处，那就从第一步开始逐步检查，找出问题的症结，必须重新按照六个步骤进行调整，一直到实现最后的改变目标。 | | | | |

## 实验实训

### 大学生行为问题量表①

下面是一个由心理学专家编制的有关情绪、行为等健康的量表，如果你希望了解自己心理健康的状况，请你实事求是地填写，我们将根据一些特定的标准对你的心理健康做出评价。每题后面的 5 个数字，"5"表示"和你的情况完全符合"，"4"表示"和你的情况比较符合"，"3"表示"居中"，"2"表示"和你的情况不大符合"，"1"表示"和你的情况完全不符合"。

请注意以下几点：

一、请一定结合现在或过去一周您的实际情况来进行选择。

二、选择无对错之分，无须做过多思考，尽可能快地完成。

三、请不要同时选择两个或两个以上的选择项。

四、请不要遗漏，务必回答每一个问题。

1. 我难于集中注意力。　　　　　　　　　　　5 4 3 2 1

2. 我觉得自己的性器官发育很不正常。　　　　5 4 3 2 1

3. 我食欲不好，体重下降。　　　　　　　　　5 4 3 2 1

4. 我为自己的相貌而深感自卑。　　　　　　　5 4 3 2 1

5. 我记什么都困难。　　　　　　　　　　　　5 4 3 2 1

6. 手淫使我懊悔和自责，但又无法控制。　　　5 4 3 2 1

7. 我经常失眠。　　　　　　　　　　　　　　5 4 3 2 1

8. 在众人面前说话我会脸红，冒虚汗。　　　　5 4 3 2 1

9. 我对一件事半天反应不过来。　　　　　　　5 4 3 2 1

10. 想象别人的性生活能使我产生性快感。　　　5 4 3 2 1

11. 我常头痛、耳鸣。　　　　　　　　　　　　5 4 3 2 1

12. 有异性在场时，我紧张，失去常态。　　　　5 4 3 2 1

13. 我觉得学习很没劲。　　　　　　　　　　　5 4 3 2 1

14. 在不适宜的场合产生的性冲动使我羞于见人。　5 4 3 2 1

---

① 注：此表由北京辅仁淑凡软件科技有限公司提供。

第四章　好行为有益终生　行为的塑造策略

15. 我觉得疲倦。      5 4 3 2 1

16. 我怀疑别人影射我长得不好。      5 4 3 2 1

17. 我难以控制自己想去窥视别人性生活的冲动。      5 4 3 2 1

18. 我什么都懒得干。      5 4 3 2 1

19. 我考入大学是凭侥幸。      5 4 3 2 1

20. 一换新环境，我就不适应。      5 4 3 2 1

21. 我觉得人世间没有什么真情。      5 4 3 2 1

22. 我无法控制自己去想那些无关紧要的事情。      5 4 3 2 1

23. 如果学习成绩不好，我感到没脸见人。      5 4 3 2 1

24. 手淫使我难以集中精力学习。      5 4 3 2 1

25. 失恋使我精神恍惚，无法坚持学习。      5 4 3 2 1

26. 某门考试成绩不佳使我觉得活着没意思。      5 4 3 2 1

27. 冷天我比别人怕冷，热天比别人怕热。      5 4 3 2 1

28. 我不喜欢周围的人。      5 4 3 2 1

29. 我给自己定的目标常高于自己的能力。      5 4 3 2 1

30. 没有人对我讲真心话。      5 4 3 2 1

31. 我常给自己诊脉，生怕有异常。      5 4 3 2 1

32. 我难以控制自己想去窥视别人性生活的冲动。      5 4 3 2 1

33. 我为一些小事大发脾气。      5 4 3 2 1

34. 婚前性行为使我的处境十分被动。      5 4 3 2 1

35. 学习上不能名列前茅使我失去自信。      5 4 3 2 1

36. 没有人找我帮忙。      5 4 3 2 1

37. 我只为自己活着。      5 4 3 2 1

38. 我很容易被激怒。      5 4 3 2 1

39. 我明知一件事已做好了还要检查多次。      5 4 3 2 1

40. 恋人与我分手使我万念俱灰。      5 4 3 2 1

41. 濒于破裂的恋爱关系使我痛苦。      5 4 3 2 1

42. 我不知道自己的理想是什么。      5 4 3 2 1

43. 我常陷于一种莫名其妙的烦恼中。      5 4 3 2 1

44. 不到万不得已我不会求别人帮助。      5 4 3 2 1

45. 明知对方不爱我，却无法停止单相思。 ⑤ ④ ③ ② ①

46. 我觉得自己无论怎么努力也没用了。 ⑤ ④ ③ ② ①

47. 我的情绪容易从高涨变为沮丧（或相反）。 ⑤ ④ ③ ② ①

48. 我各方面都不如周围的人。 ⑤ ④ ③ ② ①

49. 我觉得大家都不喜欢我。 ⑤ ④ ③ ② ①

50. 我感到孤独无助。 ⑤ ④ ③ ② ①

51. 我希望大学生活快熬过去。 ⑤ ④ ③ ② ①

52. 女（男）友与我分手后，我想报复。 ⑤ ④ ③ ② ①

53. 在考场上我脑子一片空白。 ⑤ ④ ③ ② ①

54. 我感到被某位同性注视和依恋。 ⑤ ④ ③ ② ①

55. 我不和别人说真心话。 ⑤ ④ ③ ② ①

56. 我不想理任何人，也不想说任何话。 ⑤ ④ ③ ② ①

57. 触摸某位同性使我感到格外愉快。 ⑤ ④ ③ ② ①

58. 一想到考试，我就冒冷汗。 ⑤ ④ ③ ② ①

59. 我无故大发脾气，乱摔东西。 ⑤ ④ ③ ② ①

60. 我感到生活中的苦恼多于欢乐。 ⑤ ④ ③ ② ①

61. 我在两个异性之间举棋不定。 ⑤ ④ ③ ② ①

62. 我总想哭。 ⑤ ④ ③ ② ①

63. 我不愿见人。 ⑤ ④ ③ ② ①

64. 我觉得活在世上没什么意思。 ⑤ ④ ③ ② ①

65. 一点小事就会使我长时间不愉快。 ⑤ ④ ③ ② ①

66. 某位同性使我产生性幻想。 ⑤ ④ ③ ② ①

67. 对我来说，指挥和驾驭别人是一件乐事。 ⑤ ④ ③ ② ①

68. 我觉得死是摆脱痛苦的唯一途径。 ⑤ ④ ③ ② ①

69. 我同时向两个以上异性吐露爱意。 ⑤ ④ ③ ② ①

70. 我爱记仇。 ⑤ ④ ③ ② ①

71. 生气时，我什么事都可能干得出来。 ⑤ ④ ③ ② ①

72. 我有时难受得想死。 ⑤ ④ ③ ② ①

73. 遇到一点小事我就寝食不安。 ⑤ ④ ③ ② ①

74. 我是一个内心软弱、缺乏毅力的人。 ⑤ ④ ③ ② ①

75. 如果不能事事超过别人，活着就没意思。 5 4 3 2 1

76. 我曾想过用哪种方式自杀。 5 4 3 2 1

77. 我的心境容易被一些小事左右。 5 4 3 2 1

78. 我是一个患得患失的人。 5 4 3 2 1

[大学生行为问题量表] 答题纸

首先请您真实、准确地填写下列个人信息，不要有遗漏。这些个人信息只有测验的管理员可以看到。管理员会对这些个人信息严格保密。同时这些资料的真实填写对于测评结果的可靠性有重要影响，请务必客观真实填写。

姓名：*              性别：*

出生日期：*          测试日期：*

答题纸

| 题号答案 | 题号答案 | 题号答案 | 题号答案 |
| --- | --- | --- | --- |
| 1 ( ) | 2 ( ) | 3 ( ) | 4 ( ) |
| 5 ( ) | 6 ( ) | 7 ( ) | 8 ( ) |
| 9 ( ) | 10 ( ) | 11 ( ) | 12 ( ) |
| 13 ( ) | 14 ( ) | 15 ( ) | 16 ( ) |
| 17 ( ) | 18 ( ) | 19 ( ) | 20 ( ) |
| 21 ( ) | 22 ( ) | 23 ( ) | 24 ( ) |
| 25 ( ) | 26 ( ) | 27 ( ) | 28 ( ) |
| 29 ( ) | 30 ( ) | 31 ( ) | 32 ( ) |
| 33 ( ) | 34 ( ) | 35 ( ) | 36 ( ) |
| 37 ( ) | 38 ( ) | 39 ( ) | 40 ( ) |
| 41 ( ) | 42 ( ) | 43 ( ) | 44 ( ) |
| 45 ( ) | 46 ( ) | 47 ( ) | 48 ( ) |
| 49 ( ) | 50 ( ) | 51 ( ) | 52 ( ) |
| 53 ( ) | 54 ( ) | 55 ( ) | 56 ( ) |
| 57 ( ) | 58 ( ) | 59 ( ) | 60 ( ) |
| 61 ( ) | 62 ( ) | 63 ( ) | 64 ( ) |
| 65 ( ) | 66 ( ) | 67 ( ) | 68 ( ) |
| 69 ( ) | 70 ( ) | 71 ( ) | 72 ( ) |

73 (    )    74 (    )    75 (    )    76 (    )

77 (    )    78 (    )

## 🖊️ 体验感悟

1. 反思自己有哪些不好的做人、做事和学习的行为，试用 21 天策略，坚持 90 天塑造类似于早睡早起或者大声发言等良好的行为习惯。

2. 反思自己有哪些不好的学习、生活和交往习惯行为，试用 NAC 技术改变诸如贪玩手机游戏、贪睡贪吃等不良行为，从而塑造良好的学习行为习惯。

# 第五章　坏行为损害身心　行为的改变技术

年轻时行为不端，成年后一定没有出息。

——萨迪（波斯）

 **心路历程**

## 一、　校园故事

我现在是一名大三的学生。最近我特别的烦躁和郁闷，也很焦虑和恐惧。因为我担心自己毕不了业，但我又不知道接下来该怎么办。最近我们在双向选择导师，没有一个导师愿意接收我。因为他们可能认为我很垃圾吧。不过，我也的确很烂。我现在已经有四门课考试挂了。我也不知道怎么回事，反正就总是学不进去。看书和上课时总是分心，不能集中注意力，效率很低，总也记不住。所以考试时稍微有些难度的题，我就答不出，最后就挂了四科了。其实以前的我不是这个样子的。我在中学的学习效率很高的，进了大学后，不知怎么的就变成了现在这个样子。也许是因为我太放纵自己了吧。进入大学后，我一开始是有打算好好学习的，后来想想干吗这么辛苦呢，先放松一下再说吧，所以我就没怎么把学习当回事。大学的自由时间也比较多，我一有时间就在手机上玩游戏，我跟几个网友一起玩。不过，大一时我的成绩还算好的，也许因为基本上都是公共课的缘故吧，我觉得能够轻松应对，但到了大二就感觉有些吃不消了。因为我已经沉溺于手机游戏了，每天得玩 3 个小时才行，否则不舒服。而且即便我不玩游戏，我学习也学不进去。对，很浮躁，坐不下来，不能心平气和。总是很急，但越急就越看不进去。太烦躁的时候，只有玩游戏才能让我重新安静下来。所以后来学习又继续恶化，大二有3门课不及格。我不知道现在该怎么办？我现在睡眠也不好了，有时候还会头痛。所以我希望心理老师能帮帮我，我必须得顺利毕业才行，否则我爸会打死我的……

## 二、 少成若天性，习惯如自然

古人曾言："少成若天性，习惯如自然。"当一种行为久而久之成为习惯了，就会成为处于自然状态下的、不用意志去控制的习惯化行为，即自动的行为。好行为、坏行为都可以自动化为习惯。良好的行为习惯成就优秀的品德与修养，不良的行为习惯则铸成恶劣的品行与人格。所以我们应勿以善小而不为，勿以恶小而为之。我们要时刻觉察自身行为的细微变化，觉察自我行为的良好与否，尤其是要警惕那些刚冒出来的坏行为，一旦发现就竭尽全力将其消灭在萌芽状态，不给自己重复不良行为模式的机会。即便已经形成了不良行为习惯，我们更要采用科学有效的方法克服和摒弃它们。恰如利德益特所言"在克服恶习上，迟做总比不做强""坏习惯像饼子，碎了比保存起来好"。那么个体在做人、做事及学习等方面往往会有哪些不良行为，我们应该如何克服或改变已习惯化了的不良行为呢？

 **心理视点**

## 一、 不良行为及其特点

不良行为是一个行为概念，包括心理、道德和法律等意义上的异常行为、不健康行为、问题行为、不道德行为乃至违法行为等。

从道德和法律意义上，不良行为往往指不道德、不规范的行为。不良行为的基本特征是与人们公认并且遵守的社会规范相对立，具有扰乱行为准则、扰乱是非观念、破坏社会秩序、破坏公共安全的潜在危害性和现实危害性。从概念上讲，严重不良行为与不良行为在反社会规范这一点上没有区别，但存在程度上的差别。而程度上的差别又可能改变行为的性质，使对严重不良行为的处理由家庭或学校的干预扩大到司法机关的干预。其特点：一是违反社会公共生活准则和有关行为规范，二是不能很好地适应社会生活，三是对社会、他人和本人造成一定的危害。

美国心理学家马丁（G. Martin）和皮尔（J. Pear）[①] 也曾从心理学的角度将不良行为概括为三类情形：一是行为不足（Behavioral Deficits），指对个体所期望的且应该发生的行为却很少发生，或从不发生。比如，不与人交往，或很少跟人交流等。二是行为过度（Behavioral Excesses），指某一类行为发生太多或太激烈。比如，说话太多、发脾气太多、某种动作重复过多、过于贪食贪睡等。三是行为不当（Behavioral Inappropriateness），指那些在性质上已经异化了的行为，或是所期望的行为与所处的情境不相符或不合时宜。比如，恋物癖、异食癖等异化行为；或在安静的场合高谈阔论，而该积极参与的时候却又逃避木讷等。为了便于理解，我们在第四章将不良行为的表现对应列举如下。

### （一）不良的做人行为

#### 1. 对待自己的不良行为

对待自己的不良行为主要有严重的自卑和自暴自弃行为。通常包括自我挑剔和苛责、自我否定与怀疑、自我拒绝与排斥、自我贬低与绝望等。由于过多的自我否定，即便取得了较好的成绩，他们却没有自我成就感。而且他们往往很悲观，对于自我的期望很低，甚至会出现放弃自我的破罐子破摔的自暴自弃行为。严重的自卑者会出现抑郁情绪，产生自虐自伤乃至自杀行为，包括情绪失控后的伤害自己身体的行为；有害无益的生活行为习惯，如时常熬夜、吸烟酗酒、贪食垃圾食品和碳酸饮料、游戏成瘾、不讲卫生、邋里邋遢等；或者不良的习惯动作，如吮吸手指、咬指甲或衣服、不停地抖腿、掏耳朵或挖鼻子、玩弄生殖器等。

#### 2. 与他人相处的不良行为

主要是指在人际交往中出现的由于心理或者品德问题导致的不良行为。如由于自卑引发的胆怯、害羞和躲避行为；因为性格过于内向所导致的孤僻

---

① 王辉：《行为改变技术》，南京：南京大学出版社，2006年，第56页。

行为，表现为对人恐惧、冷漠、厌恶，容易逃避交往。再如，人际安全感差，不能信任别人，在交往中多表现为敏感多疑、谨小慎微；由于情绪控制能力差所引发的对人乱发脾气、情绪失控后易泛化于攻击伤害他人的行为。当然，也有因力量型性格所导致的过于争强好胜、好为人师、高傲自大的自我中心或者控制欲极高的强势行为；因为完美型人格所导致的吹毛求疵、过于苛刻行为；或者因为平和型人格所导致的不敢拒绝、委曲求全的"好好先生"行为等。而有的不良交往行为是因为品德修养所导致的。比如，斤斤计较、精打细算的行为，睚眦必报的行为，以及虚情假意、撒谎欺骗行为等。再如容易与人冲突，遇事简单粗暴的攻击行为，他们时常出现脏话连篇，喜欢挑衅滋事，骂人打架，威胁或实施武力伤害别人，破坏自己或他人的物品等恶劣行为。

### 3. 社会性的不良行为

社会性的不良行为主要包括：一是因为消极不良的社会心态所引发的社会适应不良的行为，如抱怨不满、过于挑剔的行为。二是违法违德的反社会行为，如寻衅滋事、干扰别人的生活或工作、损害他人和社会利益的违法违纪行为。三是对抗行为，不遵守所处环境的法律规定，不听从社会性的指导或命令的反抗对峙行为。四是见利忘义的不诚信的危害社会行为，如撒谎、作弊、偷窃、弄虚作假、坑蒙拐骗等危害性行为。五是因为心理障碍所致的社会性退缩行为，如不愿意离开熟悉的环境，害怕去公共场合、害怕在公共场合说话、不参加集体活动、害怕去空旷的地方等。六是古怪不当的言行举止等变态行为，如踮着脚尖走路、对任何东西都要闻一闻、莫名其妙地大笑大叫、无缘无故地大哭、异装癖、恋物癖、异食癖、露阴癖等。

### 4. 对待自然的不良行为

主要表现为不爱护自然甚至有意破坏危害自然的不良行为。如铺张浪费的行为；故意伤害动物、抓动物、虐待动物的违法行为；污染环境、恶意投放有毒物质伤害生物、破坏生态的恶劣行为，如捕食蛇、野猪、羚羊等野生动物的不良行为；如泼硫酸伤熊、微波炉虐猫等恶性行为；在树上装锋利的钉子伤害鸟类的行为；等等。

### （二） 不良的做事行为

与良好的做事行为相对，做事时的不良行为主要表现为懒散拖延、不思进取的行为；粗制滥造、偷工减料、敷衍了事的行为；随心所欲、挑三拣四、拈轻怕重的行为；过于循规蹈矩、墨守成规的守旧不良行为；等等。这些行为不仅影响到个人的工作效率和绩效，甚至影响到团体的形象和业绩。

### （三） 不良的学习行为

学生不良的学习行为主要表现为注意力不集中、容易走神的低效行为；兴趣缺失、被动依赖、得过且过的懒惰行为；盲目应付、作业拖拉的拖延行为；疲于应试、缺乏思考的惰性行为；不懂装懂、似是而非、不求甚解的行为；以及眼高手低、逃课旷课的问题行为等。

## 二、 改变不良行为的心理技术

### （一） 交互抑制原理及其技术

#### 1. 简介

交互抑制指的是个体不可能同时对一个刺激产生两种对立的情绪和行为反应，即由外界刺激所引发的情绪或行为在同一时间和同一空间上只能有一种倾向。如我们愉快时就不能悲伤，紧张时就不能放松等。它们不能同时发生、同时存在，即为不相容的交互抑制的行为。所以如果对一个引起不良情绪反应的刺激再通过心理治疗技术形成一个与不良行为相反的，即良好的情绪行为反应，那么，它就会对原来的不良反应进行抑制乃至代替。

据此，当我们想要改变一种不良行为时，就可以通过强化作用来建立一项与这种不良行为对立（不两立）的良好行为。这样便可以一举两得，既改变了有害身心的不良行为，又确立了人们所期望的良好行为。交互抑制原理应用范围很广，除了与系统脱敏技术结合治疗焦虑和恐惧行为外，在日常生活中，我们也可以用来改变许多不良行为。

#### 2. 技术原则和程序

首先，要选择一个具体的、需要改变的不良行为作为目标行为。其次，为不良行为即目标行为选择一个对立的"不两立行为"，即须有意义的良好行为。再次，治疗焦虑和恐惧时，必须结合运用系统脱敏法。然后，在技术实施过程中，要结合正强化来巩固行为改变的效果。最后，所有程序结束后，应当进行一段时期的跟踪观察。如果不良行为有所反复，必须马上再次实施行为改变程序，以真正巩固效果，彻底改变行为。

### 3. 技术实施案例——爱咬手指的大二男生

求助者是一位大二男生小张，自述从高二开始养成了爱咬手指甲的坏行为。只要手一闲置下来，比如，不写字、不吃饭，或不在从事任何用手的活动时，他就会情不自禁地一直在啃咬手指。比如，在看书、看影视剧、坐车、发呆，甚至在听课、跟人聊天时也会去咬手指。几年来，他的左右手指尤其是两个大拇指，已经被自己咬得指甲颜色发青，露出鲜红的血肉，这显然是不正常、不健康的样子。他知道这是有害身心的不良行为，但就是不能自控。

为了帮助小张改掉这个不良行为，老师为他选择了一个必须用手完成的、与手指甲放到嘴里去被咬的对抗性"不两立行为"——简单健康、放松身心的手指操。就是让他在手闲置下来禁不住去咬指甲的时候，就马上做手指操。这个手指操分为十个步骤，根据时间可以整体动作全做，也可以只做部分动作；根据场合，可以大幅度动作来做，也可以小幅度动作来做。也就是说，只要他手空闲下来，只要有想啃咬手指的冲动，就做手指操。并且要求他每次做好手指操、成功对抗咬手指行为后，都要用鼓励性语言或鼓掌、握拳等方式给自己加油，即进行正强化。另外，他也可以邀请朋友或家人跟他一起来做手指操，共同对抗自己的不良行为，同样每次也通过相互击掌等方式进行鼓励性强化。

如此坚持了一个月后，效果非常不错，小张已经基本改变了自己的不良行为。然后继续巩固一段时间后，最终小张完全成功克服了自己咬手指的问题，成为一名快乐健康的大学生。

### （二）行为疗法及其技术

行为疗法（Behavior Therapy）是在行为主义心理学的理论基础上发展起来的、当今世界上最具影响力的心理治疗派别之一。它的基本治疗原理是采用经典条件反射理论、操作性条件反射理论、社会学习理论和认知行为理论，通过设计某些特殊的程序，逐步改变个体的不良行为，并建立起新的适应行为。

行为疗法改变行为的技术丰富多样，如系统脱敏法、厌恶疗法、冲击疗法、行为塑造法、消退疗法、思维阻断法、示范疗法、自信训练法、自我管理法、代币奖励法、生物反馈疗法等。为便于本书读者的理解和使用，我们只介绍较为常用的方法原理和技术操作。

### 1. 系统脱敏法 （Systematic Desensitization Therapy）

系统脱敏法是由南非精神病学家沃尔普（Wolpe）创建的。他通过对动物的实验研究得知，人和动物的肌肉放松状态与恐惧焦虑的情绪行为状态是相互对抗的，一种状态的出现必然对另一种状态起抑制作用，即"交互抑制"。在此基础上，他结合生理学家杰考博逊（Jacobson）的肌肉放松技术，创建了系统脱敏法。它多用于治疗各种恐惧症、焦虑症、强迫症及改变多种不良行为。

系统脱敏法的基本原理就是教给个体某种放松技术，让他们在自然安全、充分放松的情境下，从最轻的刺激强度开始，并逐级递增刺激强度，接近那个刺激事物。也就是说，一边指导个体放松，一边使个体对于惧怕事物的敏感性逐渐降低，最后完全消失，即"脱敏"。因为这种技术使用了脱敏程序的连续性反复累积，所以称系统脱敏法。

系统脱敏法包括放松训练、建立焦虑（恐惧）等级和实施脱敏三个步骤，具体如下：

（1）训练个体完全放松

目前，临床上进行放松训练的方法较多，如渐进式肌肉放松、深呼吸放松、冥想放松等训练。在行为疗法中最常用的是渐进式肌肉放松法。这种方法的原理就是把身体的某一部位肌肉先高度紧张，后彻底放松，两者结合进行，然后对身体其他部位也施以同样的方法。一般来说，可以按照从头到脚的顺序，把身体主要的大块肌肉依次进行放松，最后达到全身放松。

首先，使用放松技术，对环境有一定的要求，如房间要安静，周围没有任何噪音和干扰；要干净整洁、布置简单，而且光线要柔和。

其次，对于实施该技术的咨询师有一定的要求，如说话声音要低沉、轻柔；吐字要清晰，发音要准确；语气要温和愉快。

再次，要提前做好准备工作。如让来访者靠坐在沙发后背上，并提醒他们尽量让自己坐得舒服些，且轻轻地闭上眼睛（有眼镜的可以摘掉）。接下来，咨询师可以先让来访者体验由紧张到放松的基本练习，即教会来访者先体验紧张，然后再体验放松，最后学会如何使自己放松。如咨询师可以用手握住来访者的手腕，并让来访者用力弯曲前臂，并与咨询师的拉力形成对抗，用力回收前臂，以此来体验肌肉紧张的感觉，持续 10 秒钟。随后，咨询师指导来访者，不再用丝毫的力，尽量放松，体验跟刚才紧张的差别，停顿约 5 秒钟。之后，就可以指导来访者逐步进行主要肌肉群的紧张和放松练习了。具体操作方法可以参考本章"实验实训"部分的"渐进式肌肉放松技术"。

最后，对于放松训练技术，还需要注意三个方面：一是第一次进行放松训练时，咨询师可以进行动作示范，这样可以让来访者观察模仿，帮助其尽快掌握技术。二是尽量采用口头而不是录音的方式来进行引导，便于来访者接受和掌握。三是在放松过程中，要帮助来访者体验身体放松后的感受，并把每天一次的放松练习作为来访者回去后的行为作业。四是最终要求来访者对此技术能达到运用自如的程度，以便在日常生活中可以随意放松自己。

（2）建立焦虑事件等级量表

在教会来访者放松之后，咨询师应与来访者共同设计一个焦虑事件等级表。建立焦虑事件等级是系统脱敏法程序中较为复杂的一步，如果说放松训练是系统脱敏法的基础前提，那么建立焦虑等级则是根本保障。建立焦虑事件等级，就是通过观察、测量和记录来访者的不良行为，准确发现其在什么刺激下会出现焦虑、紧张和不良行为。然后把这些刺激因素按照对来访者影响的强弱分成若干等级，由弱到强依次排成一个序列。只有建立科学的焦虑等级，才能成功系统地实施脱敏。为设计出一个科学、合理的焦虑事件等级表，咨询师必须通过面谈、填写调查问卷、量表测试、向知情人（如父母、同事、朋友等）了解情况等多个途径来全面采集来访者的信息资料，目的就是要尽可能完整地找出使来访者感到焦虑的一系列事件或观念等。

我们可以先确定出一个最平静的情境或事件，给它指定焦虑程度（又称"主观干扰程度"，缩写为 SUD）的分值为 0。焦虑程度为零的事件称作控制事件，通常以"在散步""在运动""听音乐"等来作为控制事件，常在来访者出现紧张或不适时引用，以帮助放松。控制事件在等级表中一般不写出。接着，确定一个令他最为焦虑的情境或事件，指定分值为100，然后以这两个事件为基准，由治疗者指导来访者分别估计每一事件的焦虑程度值。最后，把各焦虑事件按主观感受程度由弱到强加以排列，即可建立起"焦虑事件层级表"。

在科学制订焦虑事件层级表时需要注意的重要细则有：第一，焦虑事件等级量表必须做到级差要均匀。如果层级间的级差太大，则会使来访者在脱敏过程中难以承受焦虑和恐惧，导致咨询无法顺利进行；而级差太小，则意味着焦虑事件太多，也将会延长脱敏时间。因此，等级表中的焦虑事件一般在10个左右，不能太少或太多。由此，以百分制为单位，两个相邻焦虑事件之间的层级差就是5~10分。第二，在实施脱敏过程中，每次的脱敏时间也不能过长，一般为30分钟左右。每次脱敏的事件更不能过多，一般不超过4个。第三，在脱敏过程中，一定要确认一个焦虑事件已经成功脱敏后，才能再进行下一焦虑事件的脱敏。第四，要给来访者布置一些相应的家庭作业，以巩固脱敏疗效。

下面来看一位恐惧体检尤其是害怕心电图，且会伴有惊恐发作的大学生的焦虑事件层级表（见表5-1）。

**表5-1 焦虑事件层级表**

| 编号 | 焦虑程度（SUD） | 事　件 |
|---|---|---|
| 1 | 10 | 同学们在讨论体检 |
| 2 | 20 | 通知下周进行本学期体检 |
| 3 | 30 | 离体检还有4天 |
| 4 | 40 | 离体检还有3天 |
| 5 | 50 | 后天进行体检 |
| 6 | 60 | 明天体检 |
| 7 | 70 | 早上起来洗漱，准备去医院体检 |
| 8 | 80 | 已经来到医院门口，看到了体检指示牌 |
| 9 | 90 | 在心电图室门口排队等待做心电图 |
| 10 | 100 | 躺在床上马上开始做心电图 |

（3）实施脱敏

在教会来访者学会放松技术，并一起建立了"焦虑事件层级表"后，即可进入脱敏阶段。在实施系统脱敏时，先从最轻一级的焦虑事件开始，然后由弱到强，逐级脱敏，直至最严重一级的焦虑事件脱敏成功。

系统脱敏一般分为想象系统脱敏和现实系统脱敏两种。现实系统脱敏顾名思义，就是让来访者直接接触或进入导致恐惧或焦虑的现实刺激或情境，反复多次体验焦虑和恐惧后，来访者便逐渐适应该情境，不再恐惧。然后，再将来访者引入下一焦虑层级的现实情境。如此逐级反复进行，直到每一层级的焦虑均被消除。

由于客观时空条件的限制，我们不可能让所有的来访者都能在真实的环境刺激中体验恐惧或焦虑情绪，所以临床上常常使用想象系统脱敏。想象系统脱敏就是让来访者通过想象进入引发其焦虑或恐惧的情境。一般是由咨询师向来访者口头描述其焦虑层级的某一事件，同时配合全身放松，由弱到强逐级抑制不同层级的焦虑，直到症状完全消除。如在上述焦虑事件层级表中，从同学们在讨论要体检开始想象。我们要提前告诉来访者在感到紧张时就举起食指示意。治疗者发现示意后就让来访者停止想象，并报告体验到的焦虑程度值。对一个事件是否完成了脱敏可以从两个指标判断，一个是来访者保持想象的时间，如果想象时间超过 30 秒而无示意，意味着来访者不太紧张，可让他停止想象，报告焦虑值。另一个指标是所报告的焦虑值。如果来访者连续三次报告想象焦虑程度下降，可以认为该事件已不再引起焦虑，可进入下一焦虑事件的脱敏。以此类推，多次重复这个步骤，直至所有的事件都能脱敏。

## 2. 厌恶疗法（Aversion Therapy）

厌恶疗法是一种抵制不良诱惑强化物如成瘾物质、刻板动作等不良行为的改变技术和方法，它是从经典条件反射原理发展出来的一种治疗方法，其做法是在来访者出现问题行为时，施加某种厌恶性的或惩罚性的刺激，使来访者产生一种厌恶的生理或心理反应，如疼痛、恶心、呕吐等。如此反复实施，就可使问题行为与厌恶反应建立起条件反射。当来访者再次进行这种问题行为时，厌恶体验即可产生。为避免厌恶体验，来访者不得不终止或放弃问题行为。

厌恶疗法的优点是用时短、效果好，而且不易反复。厌恶疗法其实源远流长。比如，中国民间用辣椒来给小孩断奶的办法。当妈妈乳头上抹上辣椒后，小孩子吃到辣椒就会大哭，连续几天都抹上辣椒后，他就知道不能再去吃奶了，因为他知道"奶是辣的"，他害怕躲避的行为就是对辣椒的厌恶感所产生的厌恶行为。于是，妈妈就成功给他断奶了。当然，厌恶疗法的临床应用范围很广泛，除了可以治疗精神病、贪食症、强迫症外，还可以用来消除许多不良行为习惯，比如，烟酒或药物成瘾、游戏成瘾、赌博、咬指甲、拔毛癖等问题行为。

厌恶疗法的基本原理其实就是条件反射原理：以一位咬手指甲的男生为例。（见图 5-1）

刺激————问题行为————愉快反应————趋进行为　　　　　（治疗前）
（手指甲）　（啃咬手指甲）　（快感）　　（反复啃噬手指甲）

厌恶刺激————————————厌恶反应————回避行为　　　　（治疗中）
（催吐剂或橡皮圈、辣椒）　（呕吐、疼痛、辣）（放弃咬指甲）

刺激————厌恶反应————回避行为　　　　　　　　　（治疗后）
（手指甲）（呕吐、疼痛）　（消除啃噬指甲行为）

**图 5-1　厌恶疗法原理示意图**

由此可以看出，厌恶疗法就是把厌恶刺激与要消除的问题行为结合起来，通过条件反射作用，使来访者最终因感到厌恶而戒除或减少问题行为。常用的厌恶刺激有两大类：一是物理性致痛刺激，如电击、弹橡皮圈等。二是生理性厌恶刺激，如催吐剂、恶臭、巨声等。此外，强烈的光线、尖锐的噪音及针刺等。这些刺激的共同作用就是使来访者做出较为强烈的退缩反应，进而使来访者较为迅速地抑制当时正表现出来的问题行为。

另外，也可以使用想象厌恶。就是治疗者让不良行为者通过想象，将某些厌恶情境与其愉快刺激联系在一起，从而产生厌恶反应。这种方法因为可以避免现实厌恶刺激可能造成的危险或危害性，所以临床应用也比较广泛。

不过即便如此，在使用厌恶疗法时，还是需要注意以下几个方面的事项：

（1）必须确保被改变行为的单一具体。

由于厌恶疗法具有极强的针对性，所以首先要确定来访者要求消除的问题行为是什么。当来访者有多个问题行为时，只能选择其一。例如，上述要求消除咬指甲行为的男生，如果同时他还有游戏成瘾等问题行为，那么每次厌恶治疗只能针对一种行为，不能同时进行。这种单一具体的行为才能更快更有效地建立条件反射，达到改变行为的目的。

（2）必须选择恰当合适的厌恶刺激物。

所选择的厌恶刺激物是否恰当、合适，直接关系到治疗的效果及成败。厌恶刺激物必须因人而异，而且具有有效、强烈和安全这三个特征。有效即为有用，能起到刺激和厌恶的效果。只有当刺激物对要矫正的问题行为起到惩罚作用的时候，所选的厌恶刺激物才是有效的。强烈就是能引起明显、激烈、显著的厌恶反应，即要使厌恶刺激产生的厌恶体验远远超过不良行为所产生的快感和满足。只有这样，才能削弱和消除、并替代问题行为。安全就是避免给不良行为者带来危险和伤害要恰当。如临床上常用的电刺激、拉弹橡皮圈、各种催吐剂、羞辱、憋气、针刺、噪音等厌恶刺激手段，都有一定的副作用和危险性，在使用前一定要征得来访者的同意，并对其进行严格的身体检查，选择一种最为安全且有效的刺激物。

（3）必须在时机恰当时实施厌恶刺激物。

要想尽快地形成条件反射，必须将厌恶体验与问题行为紧密联系起来。厌恶刺激物实施的最佳时机应是让厌恶体验与问题行为同步进行。否则，就不利于条件反射的建立。在使用厌恶刺激物时，需要特别注意把握时机，这样才能真正取得成效。

## （三）认知疗法及其技术

认知是指个体对周围事物的看法及观点，是人类心理世界中最为能动、最为活跃的因素。认知心理学认为，个体的认知是刺激与反应之间非常重要的中介因素，外部刺激通过个体认知因素的判断和评价才能引发个体的行为反应。任何行为的产生都有认知因素的参与，皆经由认知发动和维持。如某些拖延症患者正是由于其对自我和挫折等多方面的非理性认知导致的；而有些大学生的网络游戏成瘾行为也源于他们对自我，或者无聊空虚现象的认知失败体验。所以认知疗法认为，只有合理的认知才能产生良好的行为反应。而对于个体的不良行为要从其认知中探究原因，改变不良行为的关键就是要纠正个体的不合理认知。认知疗法最具代表性的包括理性情绪疗法、贝克认知疗法、自我指导训练法等诸多疗派。

### 1. 理性情绪疗法及其技术

理性情绪疗法（Rational-Emotive Therapy，RET），由美国临床心理学家艾里斯（Albert Ellis）在20世纪50年代创立的。其基本目标就是帮助人们更理性科学地认识和思考问题，从而采取良好的行动。理性情绪疗法适用于多种情绪和行为问题的治疗，对于解决生活中的许多问题皆具有一种广泛的效力，如焦虑症、抑郁症、婚姻和性问题行为、人格障碍、青少年身心疾病及各种学习和生活中的不良行为问题。

理性情绪疗法的理论核心即是著名的 A－B－C－D－E 理论。它既形象地说明了个体情绪和行为问题的产生过程，也表明了理性情绪疗法实施咨询的基本原理和特色。这里的"A"（Activating Events）指刺激性事件；"B"（Belief System）指个体的信念系统；"C"（Consequence）指个体产生的情绪和行为反应；"D"（Disputing）指对个体的不合理信念进行侦察、辩论；"E"（Effecting）指咨询的效果。

人们通常认为个体的情绪和行为反应 C 是由外界刺激性事件 A 引发的，但事实上 C 并不是 A 的直接结果，也就是说 A 并不能直接导致 C。比如，著名的秀才赶考的故事。一个认为棺材是好事物，于是兴奋不已，结果就一举高中。而另外一个就认为棺材是不祥之物，结果心情糟糕，名落孙山。所以与其说给人带来不良情绪和行为的是事情本身，还不如说是对事情的看法，困境总是自己制造出来的。① 正所谓，"世上本无物，庸人自扰之"。由此，艾里斯认为，解决来访者心理问题的关键就是要对其不合理的信念进行侦察和辩论（D）。通过成功的辩论，个体可以改变他们非理性的或非逻辑的信念，从而消除他们的情绪和行为问题，即产生有效的咨询效果（E）。

既然个体的不良情绪和行为是由非理性认知所导致的。为了有针对性、及时有效地改变人们的一些非理性想法，艾里斯于1962年概括了11种经常

---

① 马建青：《辅导人生——心理咨询学》，济南：山东教育出版社，1992年，第50页。

困扰人们的非逻辑思维和非理性信念和想法：

1. 一个人要有价值就必须在各方面都很有能力，并且很有成就；

2. 某某人是绝对坏的，所以他必须受到严厉的责备和惩罚；

3. 逃避生活中的困难和推掉自己的责任要比正视它们更容易；

4. 任何事情都应当与自己期待的一样，按自己的意愿发展，否则太糟糕了；

5. 人的不幸绝对是外界造成的，人无法控制自己的悲伤、忧愁和不安；

6. 一个人过去的历史对现在的行为起决定作用，并且无法消除；

7. 自己是无能的，必须找一个比自己强的靠山才能生活；自己是不能掌握情感的，必须由别人来安慰自己；

8. 其他人的不安也必然引起自己的不安，所以应对别人的问题予以关注和负责；

9. 与自己接触的人必须都喜欢和赞成自己；

10. 生活中有大量的事对自己不利，总有灾祸降临，所以必须终日花大量时间考虑对策；

11. 任何问题都应得到合理解决，都应有一个圆满的正确答案。① 这些想法具备绝对化、过分概括化、极端化以及极其糟糕化的特征。这些非理性信念及其特征，可以有效帮助我们寻找不良行为者存在哪些不合理认知，进而消除其不良情绪和行为。

理性情绪疗法在具体操作中，一般需包括诊断、领悟、疏通和再教育四个阶段。诊断就是确认不良行为者的问题行为是由其存在的不合理认知引发的。领悟就是帮助不良行为者通过 A－B－C－D－E 理论找出其具体存在的那些不良认知，并理清其因果关系。疏通就是通过艾里斯的质疑与夸张式的辩论技术引导其放弃那些非理性的认知，从而产生新的合理正确的认知和想法。再教育阶段就是巩固和扩大辅导改变的成果，引导其在更广泛的生活学习和交往中自己能够按照 A－B－C－D－E 理论及其辩论技术，能自我进行

---

① 张进上：《理性情绪治疗法的理论与实务》，台北：台湾省立台南师范专科学校实习辅导出版社，1985 年，第 210 页；李心天：《医学心理学》，北京：北京医科大学、中国协和医科大学联合出版，1998 年，第 209 页。

认知重构来减少或改变不良行为。艾里斯的辩论技术与苏格拉底哲学式的"助产婆术"有着异曲同工之处，通过深入的质疑及夸张式的提问，能够让不良行为者彻底改变以往存在多年的信念和判断。

### 2. 贝克认知疗法及其技术

贝克认知疗法是由美国临床心理学家 A. T. 贝克（A. T. Beck）在二十世纪六七十年代创立的。它是一种比较成熟、最为重要的认知疗法，贝克也因此被称为"认知疗法之父"[①]。它同理性情绪疗法一样，特别强调通过识别与改变消极不良的认知想法（贝克称为"认知歪曲和自动化思维"）来改变和消除不良行为。不过，贝克所概括的认知歪曲和自动化思维类型有所不同，它包括主观推测、选择性概括、过度概括、夸大和缩小、个性化、乱贴标签以及极端化思维七种。这七种在现实生活中存在的更为广泛和普遍，而且比较为个体所理解。认知疗法的步骤也主要包括问题评估、辨识认知歪曲和改变认知歪曲三个阶段。其主要技术就是如何识别自动化思维和认知歪曲及自动化思维和认知歪曲的真实性检验、去中心化和监察紧张与焦虑水平等五个方面。这些技术也被广发应用于抑郁、焦虑等神经症的治疗、成瘾行为、神经性贪食或厌食、拖延行为、婚姻家庭及儿童不良行为改变等各个方面。

## 三、终结拖延行为

拖延是一个普遍和复杂的现象，在现实生活中，我们每个人几乎都不同程度地存在着拖延行为，如不及时吃饭、拖延作息时间等。有调查发现25%的成年人承认拖延是他们生活中的一个严重问题，而40%的人认为拖延行为已经造成他们经济上的损失。在校学生的拖延行为更为普遍。曾有调查研究显示，近一半的学生有着长期的拖延行为障碍。研究表明，46%的学生在写学期论文的时候存在拖延，65%的学生表示期望在写论文时减少拖延。事实上，拖延的发生比例约占学生日常生活事件的三分之一，并且这种比例呈逐年上升的趋势。王国燕（2008）对600名初中生的调查发现，尽管拖延倾向不高，但却有80%的人表示要改变拖延状况。就大学生而言，Ellis 和 Knaus

① Judith S. Beck：《认知疗法：基础与应用》，翟书涛，等译，中国轻工业出版社，2001年，第8页。

（2005）曾估计有接近95%的大学生存在拖延行为。赵霞（2009）对我国七所大学调查发现，近一半的大学生存在学业拖延，一成的大学生存在严重的学业拖延。而在普通人群中也曾有52%的人报告称自己具有严重的拖延现象。严重的拖延行为不仅会阻碍工作、学习的顺利进行，而且还会引发焦虑、懊悔等负性情绪，进而影响身体健康，降低生活幸福指数。

那么，什么是拖延行为？这种行为形成的因素有哪些，我们该如何来改变拖延行为呢？

## （一）拖延行为及其特点

研究者们对于拖延行为的解释可谓见仁见智。如 Solomon 和 Rothblum（1984）指出，拖延是个体将任务不必要地一直拖到主观上感觉难受的行为。Sabini（2003）提出，拖延是非理性的延迟行为。早期的定义往往侧重于拖延行为的认知和情绪方面。后来的研究者们则更多地从拖延行为所导致的后果进行界定。Ferrari（2003）认为，拖延是对需要及时完成任务的推迟，它会造成自我管理的缺乏，甚至使个体丧失灵活处理生活中大小事情的能力。他认为拖延是个体以推迟的方式逃避执行任务的一种行为倾向，是一种自我妨碍行为、会导致不良的行为后果和消极的情绪体验。

研究认为，拖延"Procrastination"一词来源于拉丁文，意为推至明天（Putting Forward Until Tomorrow），其本来含义为"在明天之前把事情做好"。后来，拖延开始有了道德含义，它意味着个体没有履行自己应该履行的义务。当我们推迟开始或延迟完成已经计划好的行为方案时，就产生了拖延。但如果我们因为做一件更重要的事情而不得已推迟了很多其他事情的完成，这不叫拖延。拖延与推迟是有区别的，推迟很多时候是作为一种计划来执行的，它有可能是个体处理某些事情时所采取的一种有意义的、有价值的、必要的策略，往往由于主客观两方面的原因，如由于市场原因推迟新产品发布会、由于工作或身体等原因推迟婚礼。而拖延则不是计划中的事情，相反它往往是对个体原计划的一种延期或耽搁，而且主要是源于主观因素。一般而言，传统上将拖延视为以推迟的方式逃避执行任务或做决定的一种特质或行为倾向，是一种自我障碍和功能紊乱行为。研究者认为，个体拖延的结果会令自身感到沮丧，长期的拖延会阻碍各种目标的达成、降低学习或工作效率，影响成就等。因此，拖延行为被认为是一种非适应性的、会对个体产生有害结果的不良行为①。

事实上，拖延这种不良行为产生和存在的情况都非常复杂，故有不同的类别之分。按照拖延的性质，可以把拖延分为特质拖延和状态拖延。特质拖延（Trait‐Procrastination）也称长期（慢性）拖延（Chronic Procrastination），是一种人格特质。Lay（1994）研究发现，特质拖延者无论在何种情境中，都会表现出一贯的拖延倾向，并报告有更多的拖延行为。研究表明，这些个体的拖延倾向与完美主义和自我意识不良等人格特质有关联②。特质拖延者又分为三类：一类是唤醒型拖延者（Arousal Types）。他们往往是凡事都要等到最后一刻才进行冲刺的拖延者。如某大学生总是等到上交作业限期的前一天晚上才通宵达旦地"高效"完成；总是要等到飞机起飞或火车发车前才会手忙脚乱地赶往出发点，必须要跑着才能赶上飞机或火车的拖延者。第二类是回避型拖延者。他们往往是害怕失败、甚至害怕成功的回避者（Avoiders）。因为害怕事情的任何结果，所以干脆拖延不做，但事实上事情的结果只能以失败告终。第三类是无法做出决定的拖延者（Decisional‐Procrastinators）。他们往往是选择困难症患者，所以总是因为优柔寡断或瞻前顾后、无法取舍而拖延。状态拖延（State Procrastination）是指只有在某种具体情境下才发生的拖延行为，强调特殊情境对个体的影响。如某大学生只是在写论文或者复习考试时更容易产生学业性拖延行为，而其他生活事件中一般不会存在拖延行为③。

另有研究者认为拖延是个体对情绪反应的一种应对方式，因而把拖延分为焦虑型拖延和放松型拖延④。焦虑型拖延也称紧张恐惧型拖延（Tense-Afraid Type），这类拖延者害怕失败，也无法承受成功带来的压力，因此通过放松来暂时逃避压力，但享乐的同时也伴随着内疚和忧虑。放松型拖延也叫快乐寻求型拖延（Pleasure-Seeking），这类拖延者在大学生中较为普遍，其特征是贪图眼前的、一时的感官享乐，因而自我放纵、任意拖延学业发展等更重

---

① 杨雅颉：《关于拖延行为的心理学分析》，《延安职业技术学院学报》，2012 年第 3 期。

② 周荟：《舒伯特钢琴即兴曲演奏的人文诠释》，《音乐探索》，2011 年第 4 期。

③ 李晓东，关雪菁，薛玲玲：《拖延行为的心理学分析》，《高校教育管理》，2007 年第 3 期。

④ 同③。

要的事情。他们往往认为时间多的是，以后再努力也不晚，还是先玩个痛快再说，还擅长对自己的拖延行为找借口。

但无论是哪种拖延，它们往往都具有自愿、回避、非理性及纠结懊悔等特征。首先，拖延行为是个体的自主决定，既不受他人胁迫，也不是因为不可抗力的突发事件而导致。其次，拖延带有回避性，拖延者不愿意开始或完成已经计划好的事情，这种回避与简单的回避决定（Decision Avoidance）不同，后者的最初意图就是延迟①。再次，拖延是个体的非理性行为，即尽管没有适当的理由、尽管延迟会造成不利的后果，个体还是选择了拖延②。这种非理性往往源于习惯性，成为一种无意识的、难以用意志力控制的自动化行为。最后，拖延行为实施前后，除了不能完成计划外，还伴随着纠结矛盾及懊悔痛恨自己等各种负性情绪。不过拖延者最终仍然会陷入恶性循环而不能自拔的境地。

### （二）拖延行为的影响因素

对于拖延行为产生和持续存在的原因，研究者们也是众说纷纭。研究表明，拖延不是个体与生俱来的特质，没有天生就拖延，也没有无缘无故就拖延的人。概括地说，拖延的产生往往可能源于以下几个方面的原因：

#### 1. 懒散或贪图安逸

趋乐避苦往往是人的本性，而完成任何事情（任务）都需要消耗个体一定的心力体力，即付出努力。懒散或者贪图一时安逸的人，往往会将此努力视为"不愉快的刺激"，便产生任务厌恶（Task–Aversiveness）。对此，人们往往会倾向于回避，如果不能回避，就会尽量延迟去做。多个开放式问卷调查，以及拖延评价量表测查都表明，"不喜欢从事这项任务（即任务厌恶）是拖延的重要原因"。

#### 2. 功利主义倾向

研究表明，个体不喜欢某项计划或任务、进而拖延的原因，往往还与任务奖惩的时限（Timing of Rewards & Punishments）和大小有关，即注重眼前

---

① 李晓东，关雪菁，薛玲玲：《拖延行为的心理学分析》，《高校教育管理》，2007年第3期。
② 同①。

利益。奖惩的时间安排对个体的行为选择有重要影响，在价值较小但奖赏及时的任务与价值很大但奖赏延迟的任务之间，拖延者更愿意选择前者①。Mazur 的研究发现：给鸽子同样的奖励，鸽子会选择工作量大但奖励及时的工作，而推迟那些工作量虽小但奖励延迟的任务②。同时有研究指出，从某种意义上讲，人们对眼前利益的关注远远超过对未来幸福的关注③。

### 3. 缺乏意志力

缺乏意志力的人，往往不能很好地控制自我，过于随心所欲；遇到困难就容易产生畏难情绪而放弃，不能持之以恒，最终导致拖延。

拖延者容易被外在环境所吸引，被无关的事物所诱惑，缺乏自我控制的能力。他们时常以"有别的事情需要做"为借口来拖延必须按时完成的事情，并以事情繁多来自我掩饰或安慰行为控制失调所带来的焦虑感。

### 4. 缺乏时间管理和任务排列能力

哈佛大学的一项研究表明，拖延并非都是个体懒散的结果，而是缺乏对时间及事情的组织规划能力（Disorganization）。Blatt 等人以心理分析的观点研究有拖延习惯的个体与无拖延习惯的个体间差异时发现，两者对于时间知觉有显著不同：守时的个体能把时间的焦点延伸至未来，而拖延的个体则将时间的焦点锁定在现在④。大多数拖延者往往不能很好地统筹和管理好自己的时间，不能对自己需要完成的诸多事情进行轻重缓急的任务排列。他们做事没有条理性和计划性，不是按事件的轻重缓急来决定做事的顺序，而是采取"方便省力"的原则，先做容易、有趣的事情，结果本末倒置拖延了重要或紧急任务。

### 5. 缺乏内在动机感

有研究者认为，拖延是一个动机问题⑤。个体因为缺乏动机，就会倾向于把事情向后一拖再拖⑥。高成就动机的人，就会因为积极关注活动本身而

---

① 李晓东，关雪菁，薛玲玲：《拖延行为的心理学分析》，《高校教育管理》，2007 年第 3 期。
② 同①。
③ 同①。
④ 陈洪岩：《拖延行为的心理学分析》，《中国民康医学》，2009 年第 21 期。
⑤ 同①。
⑥ 同①。

高度投入。Deci & Ryan 也提出了动机的自我决定论观点，认为个体动机的自我决定程度影响了个体对于活动的参与和投入情况。动机的自我决定程度由高到低分为动机缺失、外在动机调节、内射的动机调节、认同的动机和内在动机五类。前三类属于外在动机，后两类属内在动机。人们所从事的许多活动都不是由最内在的动机（即完全自我决定的动机）所激发的。随着行为的不断强化，外在的调节动机会逐渐被内化，外控行为可以转化为内控行为。研究发现，对任务持外在动机的个体更倾向于出现拖延行为，因为他们不是对任务本身感兴趣，而是为了避免惩罚、获得奖励，或是为了对抗内心的焦虑和内疚，所以他们享受不到任务行为中的乐趣，不能从中获得较多的自尊和价值感。当面对较难的任务时，他们感受到更多的焦虑与畏惧，并会去放大这种不良体验，从而倾向于以拖延来缓解内心的不适感[①]。

　　如有些学生的学习行为是因为父母和老师的要求，是不想让父母失望，是为了讨老师喜欢。而有些学生的学习是源于自己的兴趣爱好、自己的理想追求，那么学习就成了完全内化的行为。内在动机的激发者，在行为中会更加主动，更能体会到积极情绪，在遇到困难时也更加能够坚持，也更善于处理消极情绪，积极解决问题。而只有外在动机的行为者则体会到更多的消极和冲突情绪，并且由此引发对自身能力的怀疑，从而容易出现拖延、逃避等不良行为。可见，个体的内在动机才是影响拖延的最重要的因素。在强烈的内在动机驱动下，任务带给个体的感觉是愉快的、而不是令人厌恶的，从而会降低拖延的可能性[②]。Lee 以韩国大学生为被试的研究发现，拖延与缺乏自我决定的动机有关。他指出外在动机对拖延的影响取决于任务是否是由自我决定的，如果是自我选择的任务，即使是外在动机也并不能引发拖延行为[③]。

### 6. 自我效能与自尊感低

　　有研究证明，拖延与自我效能存在负相关。自我效能反映的是人们对自己能否取得所期待结果的一种信念。班杜拉认为低的自我效能感会降低个体

①　陈洪岩：《拖延行为的心理学分析》，《中国民康医学》，2009 年第 21 期。
②　同①。
③　李晓东，关雪菁，薛玲玲：《拖延行为的心理学分析》，《高校教育管理》，2007 年第 3 期。

对成功的期望、损害动机，最终妨碍任务的启动及坚持性①。有学者认为有些拖延是由于低自我效能导致的一种自我妨碍行为②。Haycock 的研究表明，自我效能与拖延之间呈显著的负相关，自我效能的缺失是产生拖延的主要原因之一③。班杜拉提出，因为自我效能感低的个体会低估自己对任务的胜任力，从而产生强烈的畏难情绪，体会到焦虑和无助，因而会一再地推迟任务开始的时间。Wolters 的研究发现：自我效能感高的学生会不失时机地开始学习任务且有良好的坚持性，并更多地去选择富有挑战性的任务④。

另外，个体的自尊感与拖延也存在负相关。低自尊的个体对自己的能力缺乏信心，认为当前任务已经超出自己的能力范围，如果再投入努力就会进一步确认自己的无能。期望价值理论认为，如果个体认为完成某项任务的可能性较低或任务价值较小，那么拖延的可能性就会较大。因此，自尊感低的个体会回避所谓的困难任务以避免自尊感的挫败，表明自己的失败是因为努力不够而不是能力不足。

### 7. 情绪不良

拖延的人往往具有多种负性情绪困扰。这些负性情绪与拖延行为是互为因果的关系。焦虑、抑郁、恐惧、自卑等情绪往往会导致个体较低的自我效能与期望，从而会促使个体高估当前任务的难度，进而容易导致回避型拖延行为。不过，长期严重的拖延行为也会导致自我挫败感，进而引发各种负性情绪。所以负性情绪与拖延行为会陷入一个恶性循环的情境中。

研究表明，焦虑是导致个体产生拖延的原因之一。当个体过度强调通过外在表现评定自我价值时，就会因为焦虑等负性情绪而尽量回避影响自我效果的外在行为，因而就处处受限表现出拖延行为，以达到缓解焦虑的目的。如 Ferrari 等人研究发现，拖延者会选择简单任务，以回避具有诊断自我效果的复杂任务。他们做了一个有趣的研究，在进行数学测试之前，先界定被试是否属于拖延者，然后告知被试可以做数学测验题，也可以玩一些小游戏。结果发现，当告知被试他们将要进行的数学测验会作为评估他们认知能力的

---

① 李晓东，关雪菁，薛玲玲：《拖延行为的心理学分析》，《高校教育管理》，2007 年第 3 期。

② 同①。

③ 同①。

④ 陈洪岩：《拖延行为的心理学分析》，《中国民康医学》，2009 年第 21 期。

一种手段时，拖延者比非拖延者表现出了更多的拖延行为（玩游戏）。但是，当告知被试这项数学测验并不重要，与能力评估无关时，拖延者与非拖延者在时间分配上则没有显著差异。实验结果表明，个体通过拖延来进行自我设阻可以将失败归咎于时间仓促、准备不充分等外部原因而非他们的能力；同时，如果拖延者在较短时间内成功完成了任务，会被认为成功实属不易，以此来提高自尊①。

### 8. 非理性信念

拖延者的不良行为及负性情绪往往是由其存在的非理性信念导致的。如理性情绪治疗学派的 Ferrar 认为，拖延者都起因于自我贬损、低挫折承受力、强烈敌意等一些非理性观念。"自我贬损"的拖延者认为自己"应该"而且"必须"在每方面都有完美表现，当发现自己不可能达到目标时，为避免焦虑，便开始以自我贬损的方式来拖延完成任务。他们具体表现为两个方面：一是认为自己能力不够、肯定会失败。根据菲斯汀格（Festinger）的认知失调理论，由于认为自己肯定会失败，以致消极情绪或降低自尊，个体就会倾向于以没有努力为借口、以推迟完成任务的拖延策略来掩饰自己的自卑和担心，以维护自己的自尊。二是过于追求完美②。Walsh 等研究发现，完美主义倾向与拖延之间存在正相关，具有高完美主义认知的人表现出了更多的拖延行为。Eerde（2003）在对拖延的影响因素进行元分析时发现，完美主义对拖延有着重要的影响作用。Onwueghuzi 在对研究生学业拖延与完美主义倾向的关系研究中，使用学生拖延评定量表与多维完美主义量表（自我导向完美、他人导向完美、社会导向完美）来评定拖延与完美主义的关系。研究结果发现：所有的学业拖延都与社会取向完美相关，"害怕失败"与自我导向完美和社会导向完美相关，与他人导向完美不相关。可见，具有完美主义倾向的人由于给自己制订了过高的目标或是苛求完美，当不能完全把握成功完成某项任务的时候，不愿意轻易去行动，从而导致拖延行为的产生和持续。文献分析发现，在造成学业拖延的众多原因之中，完美主义、不懂得自我控制和缺乏成就动机是三个非常重要的因素。大学生完美主义、成就动机、自我控

---

① 杨雅颉：《关于拖延行为的心理学分析》，《延安职业技术学院学报》，2012 年第 3 期。
② 同①。

制和学业拖延四个变量两两相关显著。"低挫折承受力"即"害怕失败"的信念。拖延者用逃避来应对失败的恐惧，反而造成一种恶性循环。因为越逃避，失败的可能性就越大，一旦失败就会进一步强化个体对失败的恐惧，进而采取更多的拖延行为。"强烈敌意"主要针对那些具有强烈逆反心理、对抗情绪的个体。这些个体大都有控制型的父母或老师，他们越是管制严厉，拖延者就越表现出反抗行为，故意拖延，借此报复他们的控制欲和行为①。所以，拖延行为与家长的教养方式及学校的教育环境有一定的关系。

### 9. 人格特征

深层心理学研究表明，有些拖延是具有人格基础的。如基于大五人格模型的研究发现，严谨性（Conscientiousness）与拖延具有显著的负相关②。严谨性可以降低拖延的几率，其心理机制在于三个方面：一是严谨性会促使个体在任务上花费更多的时间，这势必会减少拖延；二是严谨性会促使个体执着于目标，这也会降低因诱惑或困难而导致的拖延；三是严谨性会促使个体回避那些无法达成的目标，可以避免那些因目标太高而导致的拖延行为。由此可见，缺乏严谨性或这种人格特质得分低的人，往往更容易出现拖延行为。

Watson 等对小学生的研究结果显示，拖延与责任感之间存在显著负相关③。Piers 等在对拖延的原分析中得出的结论也表明，拖延与责任感和自我效能感之间存在最高负相关；同时，拖延与自尊之间呈现出中度负相关；此外，神经质和特质焦虑与拖延中度相关，而悲观与拖延之间则呈现出较低的相关④。

McCoun 等人使用艾森克人格问卷和成人拖延问卷进行相关研究发现，神经质与拖延呈曲线相关，即拖延高分者在神经质上的分数或者较高，或者较低；内外向与拖延呈显著正相关⑤。究其原因，神经质分数高的人情绪稳定性差，面对任务和压力时容易过度焦虑，因害怕完成不好，会以尽量向后延

---

① 杨雅颉：《关于拖延行为的心理学分析》，《延安职业技术学院学报》，2012 年第 3 期。

② 李晓东，关雪菁，薛玲玲：《拖延行为的心理学分析》，《高校教育管理》，2007 年第 3 期。

③ 甘琴：《论高师钢琴教学模式的改革与探索》，《铜陵学院学报》，2011 年第 1 期。

④ 乌黎：《技巧和人文的结合：莫扎特钢琴奏鸣曲风格浅谈》，《内蒙古艺术》，2011 年第 1 期。

⑤ 陈洪岩：《拖延行为的心理学分析》，《中国民康医学》，2009 年第 21 期。

迟任务的方式缓解不良情绪。而神经质分数低的人情绪波动不大，但会缺乏时间紧迫感，也容易拖拖拉拉。外向的人喜欢交往，情绪易冲动，做事情往往求快，缺乏计划性和条理性，也会制约任务的按时完成。

### （三）改变拖延行为的策略

拖延行为会产生诸多不良的情绪和行为后果，影响到个体的学习、生活、工作和交往等多个方面的效率与发展。如研究表明（Fritzsc，2003），学生的拖延行为与学业成绩有显著的负相关[1]。拖延行为会对学生的学习和生活产生严重的负面影响。因此，我们应当高度重视拖延行为，针对上述导致拖延行为的影响因素，及时采取认知、情绪和行为的干预策略给予防治、矫正和改变。

#### 1. 认知策略

一是可以帮助拖延者树立自己的目标、信念。帮助他们培养对于学习、工作等任务的兴趣，从而提高其动机的自我决定程度，即激发其内在动机。二是可以帮助拖延者增强自我效能感，提升自信心和自尊感。帮助他们形成健康良好的自我意识，全面正视自身的能力，鼓励他们积极进行行动尝试。三是可以帮助拖延者纠正完美主义、害怕失败、强烈敌意等非理性信念。可以帮助他们客观理性地期望自我、制订合理目标、消除恐惧失败的情绪；引导他们能够与父母或老师进行心平气和地交流沟通等。对于一些严重的拖延者，我们可以推荐接受心理治疗，如可以采用专业的认知疗法给予咨询治疗（参见本章第二节），帮助拖延者与非理性观念进行对抗，进而树立起理性观念，消除拖延行为。另外，通过意象法，利用潜意识的作用，帮助拖延者通过联想体验任务完成后的成就感与愉悦感，也可以帮助其消除畏难情绪，以及害怕失败的信念。

#### 2. 行为技术

一是可以给予拖延者相应的培训，提高其时间管理、组织规划和任务排列能力，从而避免拖延行为的产生，提高行为效率。意大利经济学家帕累托所发现的著名的二八定律告诉我们：一个人的时间和精力都是非常有限的，

---

[1] 杨雅颉：《关于拖延行为的心理学分析》，《延安职业技术学院学报》，2012年第3期。

要想真正"做好每一件事情"几乎是不可能的，我们要学会合理地分配时间和精力；面面俱到还不如重点突破，要把80%的资源花在能出关键效益的20%的方面，这20%的方面又能带动其余80%的发展。所以我们要帮助拖延者每天安排时间计划日程和优先事项，按照轻重缓急进行任务排列：什么是最重要又紧迫的事情、什么是紧迫但不重要的事情、什么又是重要但不紧迫的事情、什么是不重要也不紧迫的事情等。这种任务排列既可以帮助拖延者统筹安排时间，又可以帮助他们循序渐进依次完成多个工作（学习）任务，提高行为效率，增强自我效能感，减轻压力，缓解焦虑情绪。

二是通过行为方法增强和磨炼拖延者的意志力。实践表明，长跑的确是培养意志力的一个非常有效的方法。对于需要提高意志力的人来说，不但要每天坚持长跑，而且要逐渐地增加长跑的强度。

我们可以给拖延者布置以长跑为内容的行为作业，帮助他们锻炼意志力。长跑行为作业一定要明确、具体、合理，并且循序渐进，以给拖延者执行的动力和耐力。我们要根据拖延者的身体健康条件制订合理目标，目标过高容易影响拖延者的自我效能感和自信心，更会加重拖延行为；而过低的目标因不具有挑战性也不利于培养意志力。明确具体的目标就是要定点、定时、定量。比如，起初可以要求拖延者"每天在下午5点至5点半，在东操场，慢跑半小时"；一个月后增强为"每天在下午5点至6点，在东操场，慢跑1小时"，之后，可以每两个月再逐步增加时间和强度。对于行为作业的目标的制订，必须与拖延者一起讨论，然后必须制订行为作业表，以记录作业完成情况，包括作业内容、要求、自我评价、导师评价、奖惩内容等项目。只有这样，才能有效督促拖延者严格执行目标，确保和增强作业执行的力度。一般来说，一个月为一个作业周期，如果拖延者能够坚持到三个周期强度的作业，其意志力的培养和提升就相当有效了。

### 3. 情绪方法

拖延者时常体验着焦虑、恐惧乃至抑郁等不良情绪，并且在情绪与拖延行为形成恶性循环的情形中，所以帮助拖延者有效地消除不良情绪对于改变拖延行为也非常重要。可以引导拖延者采用合理宣泄、运动释放或音乐调节、肌肉渐进式放松训练、正念冥想等各种科学的方法来缓解情绪。

## 四、克服成瘾行为

### （一）成瘾行为及其特点

随着社会发展的高速性和复杂性，成瘾（Addiction）越来越成为一个严重的社会问题，成瘾的种类也越来越繁多。有关成瘾的研究已经有上百年的历史，对于其性质的界定曾经有三种不同的观点：一是认为成瘾是一种罪行，认为成瘾是对某种伦理道德规范的违背；二是认为成瘾是一种疾病，认为药物滥用、过度饮酒等成瘾行为源于疾病；三是认为成瘾是一种适应不良的行为，认为成瘾是一种行为异常，成瘾和其他人类行为一样是各种复杂因素共同塑造的结果。因此，尽管成瘾的概念最初来自于药物依赖或者说药物成瘾，而现代意义上的成瘾包括物质（药物）成瘾和行为成瘾。

成瘾行为是某些易感人群明确知道自己的行为有害但却无法自控、沉迷其中不能自拔，进而出现明显的心理、社会和躯体功能的损害。常见的成瘾行为，如药物和酒精成瘾、网络游戏成瘾，赌博成瘾、购物成瘾、性成瘾、病理性拔毛、病理性偷窃、病理性纵火等。成瘾行为会导致个体的生理及心理依赖，乃至人格的变化，对其健康、生活、学习、工作和交往都会造成巨大的危害性影响。成瘾行为的特点是：对成瘾的行为有强烈的渴求或冲动感，且明知故犯、欲罢不能；减少或停止成瘾的行为时会出现周身不适、烦躁、易被激怒、注意力不集中、睡眠障碍等戒断反应综合征；戒断反应可通过使用其他类似的行为等来缓解。

### （二）成瘾行为的原因

研究认为，成瘾行为的产生与社会学、心理学、生物学因素均有密切关系，不能用某种单一的模式来解释。社会、心理、生物学因素相互交织，对于成瘾行为的发生都起着重要的作用。

一是社会因素。比如，家庭因素。包括家庭环境中的亲子关系不良、家庭教养方式的不科学、父母不良行为的耳濡目染等会促使青少年偷窃、游戏等某些不良成瘾行为的产生。另外，同伴和朋友等不良行为的影响、成瘾者的不良教育和文化背景、宏观及微观社会人文环境等因素都不同程度地影响成瘾行为。

二是心理因素。成瘾者往往有一些共同的个性心理特征，如自控能力低、明显人格缺陷包括被动、依赖、自我中心、反社会、缺乏自尊、对人疏远、情绪控制力差、易生闷气、易冲动、缺乏有效的防御机制及追求即刻满足等特点。

据此，有学者认为，性格是成瘾的基础，正是"成瘾人格"（Addictive Personality）促成了成瘾行为。尽管对此尚存在争议，但诸多研究发现了成瘾行为者的人格缺陷，如变态人格、孤独人格和依赖性人格等。这些人格缺陷所表现的共同特征是易产生焦虑、紧张、欲望不足、抑郁、情感易冲动、自制能力差、缺乏独立性、意志薄弱，并且外强中干、好奇、易被不良刺激诱惑及效仿别人。心理学家在研究中发现了成瘾行为者存在的一些人格弱点，即敌意性、进攻性、叛逆性、不负责任、嬉戏性、冲动性；认为成瘾行为也是一种自我伤害性疾病，伴有意志或道德缺陷。此外，成瘾者的情感承受能力也有缺陷，不善于言语表达。他们缺乏沟通，依赖性很强，但是又找不到合适人来倾诉，只有把自己的情感封闭起来，一旦承受不了失去控制，就破罐子破摔，做出各种离经叛道的事情。

三是生物学因素。研究发现，成瘾所导致的依赖包括生理和心理两个方面，致瘾物质会作用于人的大脑中枢系统——主要是奖赏回路，通过正性强化或与正性强化相联系的分化性刺激起作用。而之后的深入研究进一步发现，不只是真实存在的物质会对人大脑的奖赏回路起作用，让人产生依赖，某些特定的行为也可以起作用，这就是行为成瘾的机制与原理。事实上，成瘾行为其实就是一种习惯化的不良行为，与习惯形成的生理基础相同，符合巴甫洛夫的动力定型理论。即成瘾行为也是由于反复重演、逐渐在大脑皮质高级神经系统中建立的巩固的条件反射，即固定的刺激—反应模式。由此可见，成瘾行为是一种无意识的、自动化的行为，具有较大的稳定性、刻板性和强迫依赖性，所以要改变成瘾行为需要消耗较多的心理能量和时间。

### （三）游戏成瘾

众所周知，2019年5月25日，世界卫生组织（WHO）正式将"游戏成瘾（Gaming Disorder）"列为一种疾病。事实上，早在2017年底，世界卫生组织（WHO）就将"游戏成瘾"宣布设立为一种疾病，并归类为精神疾病。2018 年 6 月 18 日，在世界卫生组织发布的新版《国际疾病分类》中，游戏成瘾被确认为疾病，相关规定生效，世界卫生组织将通知世界各国政府，将游戏成瘾纳入医疗体系；并且专门为"游戏成瘾"设立条目，明确了 9 项诊断标准，以帮助精神科医生确定患者是否对游戏产生依赖。

世卫组织表示，相关症状持续至少 12 个月，才能确诊"游戏成瘾"疾病；如果症状严重，观察期方可缩短。现行标准一共列出了 9 种相关症状，一般要满足其中 5 项，才可考虑后续诊断：一是完全专注游戏；二是停止游戏时，出现痛苦、焦虑、易怒等症状；三是玩游戏时间逐渐增多；四是无法减少游戏时间，无法戒掉游戏；五是放弃其他活动，对之前的其他爱好失去兴趣；六是即使了解游戏对自己造成的影响，仍然专注游戏；七是向家人或他人隐瞒自己玩游戏时间；八是通过玩游戏缓解负面情绪，如罪恶感、绝望感等；九是因为游戏而丧失或可能丧失工作与社交[1]。研究发现，游戏成瘾有以下典型表现：游戏时精神亢奋并乐此不疲，长时间游戏可获得心理满足；游戏行为不能自制，或通过游戏来逃避现实，游戏时间常超过计划时间；不玩网络游戏时，情绪就会低落，精力不足，自我评价能力下降；思维迟缓，社会活动减少，愉快感或兴趣丧失等。

当前，随着网络、现代化自媒体的快速发展，大学生的网络游戏成瘾也已经成为高等教育阶段亟待解决的一个新的现实课题。沉迷网络游戏的成瘾行为，会引发大学生的认知失调、情绪失控、行为紊乱，乃至人格分裂等各种心理行为障碍，甚至出现恶劣的违法犯罪行为，严重阻碍大学生的学习、生活、交往和发展，给家庭、学校和社会带来种种不良影响。

大学生游戏成瘾也是心理、社会环境、家庭教育等多种因素复合影响的结果，具体影响分别如下：

一是心理因素，主要包括两大方面：一方面为是不良情绪。某些大学生因为缺乏有效调控情绪的能力，当产生无聊空虚、压力性焦虑担心，或挫折性抑郁痛苦等不良情绪时，往往会以寻求玩网络游戏的刺激体验来逃避现实、麻痹自己。有研究发现，大学生的无聊倾向、认知失败和网络游戏成瘾两两

---

[1] 林绚晖，阎巩固：《大学生上网行为及网络成瘾探讨》，《中国心理卫生杂志》，2001 年第 4 期。

呈显著正相关，并且均与主观幸福感呈显著负相关。无聊倾向对网络游戏成瘾有直接显著的正向预测作用，认知失败在无聊倾向与网络游戏成瘾之间存在中介效应。大学生的无聊倾向对其网络游戏成瘾不仅具有重要的直接作用，并且可以通过影响认知失败进而对网络游戏成瘾产生影响①。而抑郁、非适应性认知和网络游戏成瘾两两正相关，抑郁能够直接影响网络游戏成瘾，也可以通过非适应性认知的中介作用间接影响两者关系②。另一方面为人格不良因素。从心理学视角来看，成瘾行为往往源于不健全的个体人格。据卡内基梅隆大学以及皮兹堡大学的研究表明，游戏成瘾者一般都具有喜欢独处、敏感、倾向于抽象思维、警觉、不服从社会规范等人格特点。相关研究分析表明，乐群性、稳定性、兴奋性、有恒性、怀疑性、忧虑性、自律性和紧张性与游戏成瘾总分均呈显著相关。其中，乐群性、稳定性、兴奋性、有恒性和自律性与游戏成瘾呈显著负相关，怀疑性、忧虑性和紧张性与游戏成瘾呈显著正相关。研究发现，紧张性越高，越具有怀疑性的人越有可能游戏成瘾；游戏年龄越大的人越有可能游戏成瘾；而兴奋性差，缺乏毅力没有恒心的人也越有可能电脑游戏成瘾；同时分析型认知风格的人也容易游戏成瘾；且男性比女性更容易成瘾。因为在现实生活中容易紧张的人，更可能在游戏中寻求到乐趣和轻松，这也是一种对现实的逃避。而善于怀疑且具有较强好奇心的人也可能去尝试游戏的刺激而接触游戏从而成瘾。一旦开始沉迷于游戏，是否有决心和毅力去戒除取决于人格因素中的有恒性，有恒性越差的人越容易游戏成瘾。相反，越是具有有恒性的人越不容易游戏成瘾，即使这样的人玩游戏，他们也能够控制自己并坚持下来，所以不至于成瘾，而只是一般的游戏玩家。兴奋性的结果是值得重点关注的，结果显示兴奋性越低的人越容易游戏成瘾，这有悖于我们的常识。多项研究认为，由于具有低兴奋性人格因素的人在现实生活中很少能够兴奋起来，所以在游戏中能够体验到平时很

---

① 朱灏，等：《大学生无聊情绪、主观幸福感、认知失败体验与网络游戏成瘾的关系》，《大理大学学报》，2019 年第 3 期。

② 熊婕：《抑郁对大学生网络游戏成瘾的影响：非适应性认知的中介作用》，《华东师范大学研究生学报》，2018 年第 12 期。

少有的体验，为了寻求这种兴奋的感觉而持续玩游戏从而更可能成瘾①。另有研究也发现：游戏成瘾大学生在人格的有恒性、自律性，以及新环境成长能力方面与其他学生存在显著差异。在五大人格方面，游戏成瘾大学生的宜人性、公正性和智力开放性、情绪性与总体人群也存在显著性差异，并且在动机的几项指标上都低于总体人群。其中，在认知驱动力、自主性和自我效能感上与总体存在极其显著性差异。游戏成瘾者的认知驱动力与人格的宜人性显著负相关，与公正性显著正相关；人格中的有恒性与认知驱动力显著正相关，敏感性与认知驱动力、自我提高驱动力、自主意识都呈显著负相关②。

二是社会环境因素。心理学家勒温很早就提出，人的行为是环境因素与个人心理特征的函数关系的总和，即 $B = f(P \times E)$。同样，大学生的网络游戏成瘾行为也离不开个体心理特征与环境因素共同复合性的负面影响。一些学生沉迷网络游戏起源于周围环境的负面影响，如林立密集的网吧、过于便捷的电脑、手机与网络、沉溺游戏的室友或同学，甚至某些媒体的不良宣传与网络游戏开发者们的促销活动也起到了推波助澜的作用。而社会和学校缺乏健全的法律法规、纪律规定来约束学生过度沉溺网络游戏。再加上大学生自制力不强、容易冲动、易消极逃避等心理特点，于是，大学生便成了网络游戏成瘾的高危人群③。

三是家庭教育因素。研究发现，网络游戏成瘾者中，独生子女与非独生子女之间都存在显著性差异，独生子女多于非独生子女④。这种差异必定与独生子女与非独生子女的个性心理特征有关，而这又源于他们的家庭环境、家庭教养方式及父母的文化水平等因素。研究发现，家庭教育不良者容易导致成瘾行为。他们在成瘾行为之前大多都有某些品行障碍，如逃学、偷窃、斗殴和青少年犯罪等现象。他们往往学习成绩差，情绪不稳，与社会格格不

① 李洋：《大学生认知风格、人格因素与游戏成瘾的关系》，《中国健康心理学杂志》，2010 年第 4 期。
② 张宏如：《大学生网络游戏成瘾的心理学分析》，《中国青年研究》，2007 年第 12 期。
③ 梅松丽，张明，刘莉：《成瘾行为的心理学分析》，《医学与社会》，2006 年第 10 期。
④ 同②。

入，且常无法适应正常的社会生活①。

### （四）改变成瘾行为的策略

成瘾行为是家庭、学校、社会及个人等多方面因素共同影响的结果，所以要防治和改变成瘾行为需要多方联动、多管齐下方可有效。

#### 1. 注重家庭教育和关爱

父母要营造良好的家庭环境、采取科学的教养方式、构建和谐的亲子关系。大学生依然需要家长民主平和的情感交流、耐心陪伴与悉心教导。家长要多关注他们的情感世界、精神需要与心理状况，引导和帮助他们调控情绪、应对压力、培养兴趣、健康交际、养成健康良好的生活方式。

#### 2. 加强学校教育和引导

学校首先要营造健康良好的校风、学风、室风，净化学校周边环境，从而为学生的健康发展奠定基础。其次，要继续加强大学生的理想信念教育，帮助他们树立正确的世界观、人生观和价值观，提高其明辨是非善恶的能力。从而在网络游戏面前能够有正确理性的判断与选择，能够抵住诱惑、不跟风不从众。再次，要进一步加强大学生心理健康教育，提高他们的心理素质，帮助他们提高自制力、意志力和情绪调控能力，健全自我意识，完善性格，优化人际交往，应对压力和挫折等。最后，学校要通过开展主题明确的心理讲座、团体辅导等各种形式的活动，帮助和引导大学生合理有序地规划学习和课余生活、理性有度地安排上网游戏时间，培养健康的生活方式。同时要通过丰富多彩的社团活动引导和培养大学生广泛高雅的兴趣爱好，组织引导他们注重现实生活，养成积极进取的生活态度，加强培养他们的自律性和责任感。而对于网络游戏成瘾的学生，要加大帮助和督导力度。一是要了解网络成瘾者的早期经历，探究其根源，了解其心理现状或家庭致因；二是要帮助他们重建理性认知，引导他们寻找生活中新的兴趣点，扩大个体在现实社会中的交往面；三是要帮助他们正确处理好上网与课堂学习、课外活动的关系，重建规律有序的学习和生活；四是要引导他们不要将上网游戏作为逃避

---

① Crawford A. M. Parallel developmental trajectories of sensation seeking and regular substance use in adolescents，Psychological of Addictive Behaviors，2003，17（3）：179-192.

现实、问题的工具，控制上网游戏时间。

为避免网络游戏成瘾严重危害大学生的学业及身心健康，必须及时对其采取一定的专业干预措施，要安排专业的心理治疗、心理咨询或团体心理辅导，以解决游戏成瘾大学生存在的认知和行为问题。网络游戏成瘾是以认知和行为问题为主的，因此认知行为疗法和团体心理辅导被广泛认可。由大学生生活学习中长期的无聊感而引起的网络游戏成瘾存在着不合理的非适应性认知，所以需要通过认知行为疗法针对其无聊感与孤独感，实施有目的的"认知重建"进行干预。可以使用角色扮演的技术使其寻找到自己的非适应性认知，然后运用自我暗示、强化等认知构建的方法重建新的积极认知，通过纠正对无聊感的错误认知和成瘾的行为问题，进一步达到网络游戏成瘾的治疗效果。

对游戏成瘾学生的团体心理辅导可以使用常见的克服网络游戏成瘾的临床方法，如打破定势、外力制止、制订合理的改变目标、社会与群体支持等。具体过程包括确立辅导目标、建立团体互助小组、遵循平等互信激励的原则、科学认识网络游戏的制作过程；并通过情感宣泄、认知内省、放松训练、制定计划、热线支持、座右铭等方式，在认知疗法的基础上，辅以适当的行为强化方法、森田疗法等进行心理治疗。这可以帮助他们理解社会规范发展和社会角色的真正内涵，正确整合个体自我与社会自我，培养他们人际交往能力及角色适应能力，学会妥善处理网络游戏和现实的各种关系①。

### 3. 优化社会风气与环境

社会各级各部门要积极优化网络游戏环境，加强网络法制建设和宣传，减少社会及学校的网络游戏泛滥现象；要建立有效的监督监控体系，以有效地促进大学生正确利用好网络，引导他们遵守相应的网络游戏行为规范。社会环境的营造是一个复杂的大工程，需要全社会的齐力配合与协调工作②。

### 4. 大学生自身要努力充实自我、不断完善个性

自我是一切的出发点和中心。大学生要培养自我的积极性、主动性和自觉性，争做一个健康和谐快乐的自己：要树立和坚定理想信念、明确发展目

---

① 张宏如：《大学生网络游戏成瘾的心理学分析》，《中国青年研究》，2007 年第 12 期。
② 同①。

标、增强动机动力；要拓展生活时空、培养兴趣爱好、不断充盈自己、避免或调节无聊空虚情绪；要磨炼意志力、增强自控力；要解析自我人格、完善个性；要拓展人际关系、健康交往；要丰富业余生活、采取运动等科学健康的方式放松和解压自我；可以采用 21 天策略或者 NAC 技术改变不良行为和培养良好的习惯。

据调查，进入大学后，有一半以上的大学生会因不适应新环境而产生无聊空虚、抑郁失败的情绪感受。所以，大学生要学会以恰当的方式调控好这种正常的不良情绪。首先，必须认识到"无聊"本身并不是问题，如何认识并应对无聊才是问题。人人都可能会产生无聊感，但在无聊的时候该如何去做是关键。按照巴甫洛夫的动力定型理论，如果一感到无聊就上网玩游戏，久而久之重复性就会形成应对无聊的习惯性行为，最终导致网络成瘾。大学生处于人生价值观形成的关键时期，所以容易产生人生的困惑与疑虑。若不知道活着是为了什么，缺乏生命意义，就容易产生无聊感，感觉生活变得没有目标。这种因存在意义困顿所带来的无聊感也是大学生阶段的必然现象。因此，大学生要树立正确的人生观和生命观、客观理性地认识和规划人生是非常必要的。要寻找生命的意义与价值，并获得更加积极向上的生命意义观，以此解决因为迷茫而引起的无聊感。其次，大学生需要意识到"运用自己，开启资源"的重要性，积极参与到学校丰富多样的活动中去，并通过不断尝试寻找兴趣点，学会将注意资源分配到感兴趣的事情上。这样不但能使自己摆脱无聊感，还能有效提高资源管理能力和认知灵活性，进而避免无聊和失败感。

🔍 **实验实训**

### 渐进式肌肉放松训练①

该训练首先从双手开始，然后是双臂、脚、下肢，最后是头部和躯干。

第一步，"深深地吸进一口气，保持一会，再保持一会。"（约 10 秒）"好，请慢慢地把气呼出来，慢慢地把气呼出来。"（停一会）"现在我们再做

---

① 郑日昌：《大学生心理咨询》，济南：山东教育出版社，1996 年，第 140－143 页。

一次。请你深深地吸进一口气，保持一会，再保持一会。"（约10秒）"好，请慢慢地把气呼出来，慢慢地把气呼出来。"（停一会）

第二步，"现在，伸出你的前臂，握紧拳头，用力握紧，注意你手的紧张感觉。"（约10秒）"好，请放松，完全放松你的双手，体验放松后的感觉。你可能会感到轻松和舒适，这些都是放松的标志。请你注意这些感受。"（停一会）"现在我们再做一次。"（同上）

第三步，"现在，弯曲你的双臂，用力弯曲，绷紧双臂的肌肉，保持一会，感受双臂肌肉的紧张。"（约10秒）"好，放松，完全放松双臂，体会放松后的感受，注意这些感受。"（停一会）"我们再做一次。"（同上）

第四步，"现在，开始练习放松双脚。"（停5秒）"好，绷紧你的双脚，用脚趾抓紧地面，用力抓紧，用力，保持一会，再保持一会。"（约10秒）"好，放松，完全放松。"（停一会）"我们再做一次。"（同上）

第五步，"现在，放松小腿的肌肉。"（停5秒）"请你将脚尖用劲向上翘，脚跟向下，紧压地面，绷紧小腿的肌肉，保持一会，再保持一会。"（停一会）"我们再做一次。"（同上）

第六步，"现在，请注意大腿肌肉。"（停5秒）"请用脚跟向前向下压紧地面，绷紧大腿肌肉，保持一会，再保持一会。"（约10秒）"好，放松，完全放松。"（停一会）"我们再做一次。"（同上）

第七步，"现在，注意头部肌肉。"（停5秒）"请绷紧额头的肌肉，皱紧额头，皱紧额头，保持一会，再保持一会。"（约10秒）"好，放松，完全放松。"（停一会）"现在，请紧闭双眼，用力紧闭双眼，保持一会，再保持一会。"（约10秒）"好，放松，完全放松。"（停一会）"现在，转动你的眼球，从上，到左，到下，到右，加快速度；好，现在朝相反的方向转动眼球，加快速度；好，停下来，放松，完全放松。"（停一会）"现在，咬紧你的牙齿，用力咬紧，保持一会，再保持一会。"（约10秒）"好，放松，完全放松。"（停一会）"现在，用舌头顶住上腭，用劲上顶，保持一会，再保持一会。"（约10秒）"好，放松，完全放松。"（停一会）"现在，请用力把头向后靠紧沙发，用力压紧，用力，保持一会，再保持一会。"（约10秒）"好，放松，完全放松。"（停一会）"我们再做一遍。"（同上）

第八步，"现在，请注意躯干的肌肉群。"（停5秒）"好，请你往后扩展双肩，用力往后扩展，用力扩展，保持一会，再保持一会。"（约10秒）"好，放松，完全放松。"（停一会）"我们再做一次。"（同上）

第九步，"现在，向上提起你的双肩，尽量使双肩接近你的耳垂，用力上提双肩，保持一会，再保持一会。"（约10秒）"好，放松，完全放松。"（停一会）"我们再做一次。"（同上）

第十步，"现在，向内合紧你的双肩，用力合紧双肩，用力，保持一会，再保持一会。"（约10秒）"好，放松，完全放松。"（同上）

第十一步，"现在，请抬起你的双腿，向上抬起双腿，弯曲你的腰，用力弯曲腰部，用力，保持一会，再保持一会。"（约10秒）"好，放松，完全放松。"（停一会）"我们再做一次。"（同上）

第十二步，"现在，紧张臀部肌肉，上提会阴，用力上提，用力，保持一会，再保持一会。"（停一会）"我们再做一次。"（同上）

（休息2分钟，再从头做一遍）

结束语：

"以上就是整个放松过程。现在，你感觉到身上的肌肉，从下向上，每一组肌肉群都处于放松状态。首先（慢），你的脚趾、脚、小腿、大腿、臀部、腰部、胸部，你的双手、双臂、脖子、下巴，你的眼睛，最后，你的额头，全部处于放松状态。"（约10秒）"请注意放松时的温暖、愉快的感觉。请将这种状态保持1~2分钟。然后，我从1数到5。当我数到5时，请你睁开眼睛。这时可感到平静、安详、精神焕发。"（停1~2分钟）

"好，当我数到5时，请你睁开眼睛。（1）感到平静；（2）感到平静安详；（3）感到精神焕发；（4）感到非常精神焕发；（5）请睁开眼睛。"

# Aitken 拖延问卷 （API）

Aitken 拖延问卷（API）是 Aitken 在 1982 年编制的一个用于评估大学生长期持续拖延行为的自评量表。

请仔细阅读下面一些关于拖延行为的问题，根据您自身的实际情况从"完全不符合""基本不符合""不确定""基本符合""完全符合"中作出相应的选择，答案无对错之分，请不要有任何顾虑。

| 项目 | 完全<br>不符合 | 基本<br>不符合 | 不确定 | 基本<br>符合 | 完全<br>符合 |
|---|---|---|---|---|---|
| 1. 我总是等到最后一刻才开始做事情。 | | | | | |
| 2. 我很注意按时归还图书馆的书。 | | | | | |
| 3. 即便某件事情非做不可，我也不会立即开始去做。 | | | | | |
| 4. 我总是能按要求的进度完成每天的任务。 | | | | | |
| 5. 我很愿意去参加一个关于如何改变拖延行为的研修班。 | | | | | |
| 6. 约会和开会时，我常常迟到。 | | | | | |
| 7. 我会利用课间的空闲时间来完成晚上要做的事情。 | | | | | |
| 8. 做事情时我总是开始得太迟以至于不能按时完成。 | | | | | |
| 9. 我常常会在最后期限到来之前拼命地赶任务。 | | | | | |
| 10. 我开始做一件事情之前总是要磨蹭很久。 | | | | | |
| 11. 当我认为必须做某样工作时，我不会拖延。 | | | | | |
| 12. 如果有一个很重要的项目，我会尽可能快的开始。 | | | | | |
| 13. 当考试期限逼近时，我常发现自己在忙别的事情。 | | | | | |
| 14. 我总是能按时完成任务。 | | | | | |
| 15. 我总是要在最后期限即将来临时才会认真做这件事。 | | | | | |
| 16. 当有一个重要约会时，我会提前一天把要穿的衣服准备好。 | | | | | |
| 17. 我在参加学校活动时，一般都到的比较早。 | | | | | |
| 18. 我通常能按时上课。 | | | | | |
| 19. 我会过高估计自己在指定的时间内完成大量工作的能力。 | | | | | |

计分方法："完全不符合"记1分，"基本不符合"记2分，"不确定"记3分，"基本符合"记4分，"完全符合"记5分。其中，2、4、7、11、12、14、16、17、19等9个题目必须反向记分。得分越高，拖延行为越严重。

# 《大学生网络游戏 –认知成瘾量表》

下面是一些与您使用网络有关的问题，主要关注的是您使用网络的具体情况。每一个描述都有 5 个不同程度的选项，从完全不符合到到完全符合。请仔细阅读每一个描述，结合自己的实际情况，选择一个最能代表自己看法的选项，并在相应的选项上打"✓"。

性别：_____  年龄：_____  专业：_____  年级：_____

| 项目 | 完全不符合 | 基本不符合 | 基本符合 | 大部分符合 | 完全符合 |
|---|---|---|---|---|---|
| 题目 | 1 | 2 | 3 | 4 | 5 |
| 1. 我上网的大部分时间用来玩游戏 | 1 | 2 | 3 | 4 | 5 |
| 2. 我对网络游戏有难以控制的强烈渴望 | 1 | 2 | 3 | 4 | 5 |
| 3. 我曾分不清游戏的虚拟世界和现实世界 | 1 | 2 | 3 | 4 | 5 |
| 4. 我玩游戏时，输了再玩，直到赢为止 | 1 | 2 | 3 | 4 | 5 |
| 5. 在游戏中不断练习使用新的战术（技术）才能让我过瘾 | 1 | 2 | 3 | 4 | 5 |
| 6. 不上网时，我脑海里浮现网络游戏的场景 | 1 | 2 | 3 | 4 | 5 |
| 7. 玩网络游戏的时间超出我的计划 | 1 | 2 | 3 | 4 | 5 |
| 8. 向周围人隐瞒自己痴迷网络游戏的程度 | 1 | 2 | 3 | 4 | 5 |
| 9. 曾一度想不玩网络游戏但是失败了 | 1 | 2 | 3 | 4 | 5 |
| 10. 因为玩网络游戏而忘记吃饭或写作业 | 1 | 2 | 3 | 4 | 5 |
| 11. 我如果有几天不玩网络游戏就会坐立不安、心神不宁 | 1 | 2 | 3 | 4 | 5 |
| 12. 宁愿玩游戏也不愿和人出去玩 | 1 | 2 | 3 | 4 | 5 |
| 13. 因为要玩网络游戏向别人借钱 | 1 | 2 | 3 | 4 | 5 |
| 14. 玩游戏让我获得别处得不到的满足感 | 1 | 2 | 3 | 4 | 5 |
| 15. 在虚拟的游戏世界里感到安全 | 1 | 2 | 3 | 4 | 5 |
| 16. 游戏高手可以得到别人的尊重和羡慕 | 1 | 2 | 3 | 4 | 5 |

量表共 16 个题目，分为两个维度：一是游戏非适应性认知（主要表现为

对网络游戏过度正性的评价，能从游戏中虚拟获益，但现实人际关系和学业受损）；二是游戏成瘾行为（包括个体进行网络游戏时行为的冲动性、缺乏控制、戒断症状和相关品行问题）。

两个维度对应的题目：

游戏非适应性认知：1、4、5、7、10、12、14、15、16

游戏成瘾行为：2、3、6、8、9、11、13

计分方法：1~5分别表示完全不符合到完全符合，计分相应为1~5分，得分越高，越符合网络成瘾标准。量表可分为总分、游戏非适应性认知维度得分、游戏成瘾行为维度得分。

## 父母教养方式问卷

以下列出了父母可能存在的各种态度和行为。请回忆你16岁之前母亲或父亲的表现，在每一栏目最符合的数字上打"√"；0分：非常不符合；1分：比较不符合；2分：比较符合；3分：非常符合。

| 在我16岁前，我的母亲 | 非常<br>不符合 | 比较<br>不符合 | 比较<br>符合 | 非常<br>符合 |
|---|---|---|---|---|
| 1. 用温和友好的语气与我说话 | 0 | 1 | 2 | 3 |
| 2. 没有给我足够的帮助 | 0 | 1 | 2 | 3 |
| 3. 允许我做自己喜欢的事情 | 0 | 1 | 2 | 3 |
| 4. 情感上显得对我冷淡 | 0 | 1 | 2 | 3 |
| 5. 了解我的问题与担忧 | 0 | 1 | 2 | 3 |
| 6. 对我很疼爱 | 0 | 1 | 2 | 3 |
| 7. 喜欢让我自己拿主意 | 0 | 1 | 2 | 3 |
| 8. 不想我长大 | 0 | 1 | 2 | 3 |
| 9. 试图控制我做的每一件事 | 0 | 1 | 2 | 3 |
| 10. 侵犯我的隐私 | 0 | 1 | 2 | 3 |
| 11. 经常对我微笑 | 0 | 1 | 2 | 3 |
| 12. 似乎不明白我需要什么和想要什么 | 0 | 1 | 2 | 3 |
| 13. 让我决定自己的事情 | 0 | 1 | 2 | 3 |

续表

| 在我 16 岁前，我的母亲 | 非常<br>不符合 | 比较<br>不符合 | 比较<br>符合 | 非常<br>符合 |
|---|---|---|---|---|
| 14. 让我觉得自己是可有可无的 | 0 | 1 | 2 | 3 |
| 15. 在我心烦意乱的时候可以让我心情好起来 | 0 | 1 | 2 | 3 |
| 16. 不经常与我交谈 | 0 | 1 | 2 | 3 |
| 17. 试图让我觉得我离不开她 | 0 | 1 | 2 | 3 |
| 18. 觉得没有她在身边，我就不能照顾好自己 | 0 | 1 | 2 | 3 |
| 19. 给我足够自由 | 0 | 1 | 2 | 3 |
| 20. 允许我自由外出 | 0 | 1 | 2 | 3 |
| 21. 对我保护过度 | 0 | 1 | 2 | 3 |
| 22. 从不夸奖我 | 0 | 1 | 2 | 3 |
| 23. 允许我随心所欲地选择穿着 | 0 | 1 | 2 | 3 |
| **在我 16 岁前，我的父亲** | 非常<br>不符合 | 比较<br>不符合 | 比较<br>符合 | 非常<br>符合 |
| 1. 用温和友好的语气与我说话 | 0 | 1 | 2 | 3 |
| 2. 没有给我足够的帮助 | 0 | 1 | 2 | 3 |
| 3. 允许我做自己喜欢的事情 | 0 | 1 | 2 | 3 |
| 4. 情感上显得对我冷淡 | 0 | 1 | 2 | 3 |
| 5. 了解我的问题与担忧 | 0 | 1 | 2 | 3 |
| 6. 对我很疼爱 | 0 | 1 | 2 | 3 |
| 7. 喜欢让我自己拿主意 | 0 | 1 | 2 | 3 |
| 8. 不想我长大 | 0 | 1 | 2 | 3 |
| 9. 试图控制我做的每一件事 | 0 | 1 | 2 | 3 |
| 10. 侵犯我的隐私 | 0 | 1 | 2 | 3 |
| 11. 经常对我微笑 | 0 | 1 | 2 | 3 |
| 12. 似乎不明白我需要什么和想要什么 | 0 | 1 | 2 | 3 |
| 13. 让我决定自己的事情 | 0 | 1 | 2 | 3 |
| 14. 让我觉得自己是可有可无的 | 0 | 1 | 2 | 3 |
| 15. 在我心烦意乱的时候，可以让我的心情好起来 | 0 | 1 | 2 | 3 |

| 在我 16 岁前，我的父亲 | 非常<br>不符合 | 比较<br>不符合 | 比较<br>符合 | 非常<br>符合 |
|---|---|---|---|---|
| 16. 不经常与我交谈 | 0 | 1 | 2 | 3 |
| 17. 试图让我觉得我离不开他 | 0 | 1 | 2 | 3 |
| 18. 觉得没有他在身边，我就不能照顾好自己 | 0 | 1 | 2 | 3 |
| 19. 给我足够自由 | 0 | 1 | 2 | 3 |
| 20. 允许我自由外出 | 0 | 1 | 2 | 3 |
| 21. 对我保护过度 | 0 | 1 | 2 | 3 |
| 22. 从不夸奖我 | 0 | 1 | 2 | 3 |
| 23. 允许我随心所欲地选择穿着 | 0 | 1 | 2 | 3 |

 **体验感悟**

1. 请结合对于拖延行为的自我测试，反思自己拖延行为形成的原因同时，想出改变的策略。

2. 请结合对于网络游戏行为的自我测试，反思自己游戏成瘾行为形成的原因同时，想出改变的策略。

# 第六章　行为铸就成功　行为的控制方法

美好的人生建立在自我控制的基础上。

——亚里士多德（古希腊）

## 心路历程

### 一、　校园故事

我是一名大一的学生。其实，我在高中时成绩是很优秀的。因为高考没有发挥好，我才考到这个学校。我现在已经在准备考研了。高中成绩比我差的同学都考到比我好的大学去了，所以我必须通过考研来改变自己的命运。但是我发现，我又是一个眼高手低的人。我总是不能控制住自己的行为，我的自制力和意志力太差了。我觉得我高考没考好也是因为我不能控制自己的行为，我贪玩游戏还爱睡懒觉，如果我能勤奋点就不致于此。我有很多学习的计划，也有一些参加活动的想法，但是我就不能坚持。我到底该如何控制我自己的行为？当时我很焦虑和烦恼。后来，在辅导员的推荐下，我去接受了心理辅导，老师帮助我分析了不能控制行为的原因，并且帮助我一起找到了自我控制行为的方法和策略。我现在的学习效率很高，而且已经通过了注册会计师考试。

### 二、　人类具有自我控制行为的能力

人类社会发展的历史证明，人有能力控制自己的行为以适应所生存的复

杂环境。人类对行为的控制可分为自我控制和社会群体控制两个层面。著名的爱尔兰剧作家萧伯纳曾强调："自我控制是最强者的本能。"心理学实验研究也表明，但凡善于自我控制的人都可以成为成功的强者。

郭晓飞（2002）认为，自我控制行为是个体有意识、有目的监控或调整的行为活动过程，个体确认做出行为改变的潜在价值和达到行为改变的潜在能力后，做出新行为方式更为有利和有效的决定，通常可采取矫正型自控行为、改良型自控行为和成长型自控行为等形式。鞠红霞（2002）提出，自我监控性是一种相对稳定的人格特质，它反映个体在社会交往中表现出来的对环境线索及自我行为关注的心理倾向和对自我表现的调控能力①。由此可见，所谓自我控制，就是指我们自主调节行为，并使行为的自我价值和社会期望相匹配的过程。它可以引发积极行为，亦可以制止特定的不良行为，如抑制冲动行为、抵制诱惑、延迟满足、制订和完成行为计划、采取适应社会情境的行为方式，这需要个体具备一定的自我控制能力。自我控制能力就是我们在没有外界监督的情况下，适当地控制、调节自己的行为，抑制冲动、抵制诱惑、延迟满足、坚持不懈地保证目标实现的一种综合能力。自我控制能力是意志力的表现，也是我们自我意识的重要成分，更是一个人走向成功的重要心理素质。自我控制是个体强有力的内部力量，对个体的内在能力和外在行为的发展都具有十分重要的意义。我国多个心理实证研究发现，大学生的自我控制能力对学业拖延具有良好有效的调节中介效应。自我控制负向预测学业拖延，自我控制较高的个体学业拖延水平较低，提高自我控制能力可以有效减少大学生的学业拖延。

Wan 和 Sternthal（2008）的研究发现，提高对自己行为的监控水平能够有效降低自我损耗效应。还有研究发现，诱发被试的自我肯定（Self-Affirmation）或自我意识（Self-Awareness）都能够提高其对自身行为的监控能力，从而有效地增强自我控制力量。并且 Oaten 和 Cheng 完成的一系列研究表明，在某一特定领域的自我控制能力的提高，同样有助于提高其他领域的控制力量。他们让大学生被试完成 2～4 个月的自我控制训练后发现，那些完成某一训练项目（如健身、财务管理等）的被试在其他领域（如学习、压力应对和

---

① 刘继云、孙绍荣：《行为控制理论研究综述》，《科技管理研究》，2006 年第 5 期。

情绪调控等）的自我控制力量也得到了明显的改善。而 Muraven 的研究也发现，实验组被试在完成两周的自我控制训练后（如姿态端正、心境调节、饮食监控、语言管理等），在双任务实验中的表现要明显好于对照组被试。同样来自 Muraven 的另一项研究亦发现，两周的自我控制训练能够显著延长戒烟者坚持戒烟的时间。这些具有重要实践价值的研究说明：当我们在某一个擅长或相对容易的领域提高自我控制能力后，这种能力也可以迁移到其他领域。

那么，如何进行行为的自我控制呢？众所周知，我们的行为往往是外在环境因素与内在生理、心理因素共同影响、综合作用的结果。外在环境因素往往是客观的，大多是我们的个体能力所不能改变和控制的；而内在心理因素则不然，通过我们有意识的主观努力，是完全可以自我驾驭的。这些影响行为的内在心理因素包括动机与能力、需要与欲望、情绪与情感、兴趣与爱好等等。而这些心理因素又往往与个体对自我、他人和社会的认知及态度有关。由此，我们可以通过合理化需要、调控好情绪、并使认知理性化来实现行为的自我控制，以养成良好的行为，避免不良的行为。

 **心理视点**

## 一、 需要与行为控制

### （一）需要理论与行为控制

需要是个体在生存和发展过程中，感受到的生理和心理上对客观事物的某种要求。它往往以内部的缺乏或不平衡状态表现出其生存和发展对于客观条件的依赖性。需要是有机体生存和发展的重要条件，它反映了有机体对内部环境和外部生活条件的稳定要求。只有满足了这些需求，个体才可能得以健康成长[①]。这些需要包括物质和精神需要、自然和社会需要，如我们必须满足吃喝拉撒睡，阳光、水和空气等物质（自然）需要才能维持生存；必须满足关爱、情感、知识、文化、艺术、教育、交往等精神（社会）需要才能

---

① 郭德俊主编：《动机心理学：理论与实践》，北京：人民教育出版社，2005 年，第 51 页。

发展。

众所周知，美国心理学家马斯洛对需要的实质、结构及发生发展的规律进行了系统探讨，他提出五层次需要层次理论。该理论指出，人的需要包括不同的层次，即生理需要、安全需要、归属与爱的需要、尊重的需要和自我实现的需要。这些需要由低层次向高层次发展，层次越低的需要强度越大，人们优先满足较低层次的需要，再依次满足较高层次的需要。

马斯洛还强调了五层次需要的特性，我们从中可以得到许多启示。一是这些需要从低级到高级的层次，并不是绝对固定的。二是虽然需要的满足过程是逐级上升的，一般来说当较低级需要满足后，就向高层次发展。但是，这五个层次的需要不可能完全满足。层次越高，越难满足，满足的比例越少。这就意味着某个层次的需要对一些人来说是不可能完全实现的。所以当我们因为某种需要得不到满足而产生面性情绪、不良行为时，就要反思一下这种需要对于自己是否是合理的、适度的。或者分析一下，在当时主客观条件下的合理性如何。通过这种合理与否的反思，可以有效地帮助我们控制自己的情绪和行为。三是人的行为是由优势需要决定的。同一时期内，个体可存在多种需要，但只有一种占支配地位，而且优势需要是在不断变动的。所以，我们需要找到自己的优势需要来控制自己的行为。四是各层次需要互相依赖，彼此重叠。较高层次需要发展后，低层次的需要依然存在，只是对人行为影响的比重降低而已。五是不同层次需要的发展与个体年龄增长相适应，也与社会的经济与文化教育程度有关。所以我们在争取满足自己的某种需要时，也要考虑到这些客观影响因素，不能只顾主观要求而不顾客观条件；更不能因为不能满足这种需要而产生不适的情绪和行为。六是高级需要的满足比低级需要的满足愿望更强烈，同时，高级需要的满足比低级需要的满足要求更多的前提条件和外部条件。所以要想满足某种需要，创造和获得相应的条件很关键。但是当这种条件仅凭个人努力或者短时间不能获得时，我们也要理性地对待实际情况，而不能继续怨天尤人出现不良情绪和行为。七是人的需要满足程度与健康成正比。在其他因素不变的情况下，任何需要的真正满足都有助于健康发展。所以社会、家庭、学校和个体都要积极创造条件，尽力满足个体合理的各种需要，促进个体的健康发展。

马斯洛的五层次需要理论深入研究了需要对行为的影响。他甚至把需要直接当成了激发行为的动机。在促发行为的所有因素中，需要的确是激发动机的唯一因素，任何其他刺激因素要促发行为，就必须通过形成需要来激发动机，再促发行为。然而，我们也可以看到，个体从低级到高级的五层次需要并不能完全得到满足。当需要得到满足时，个体就会产生积极、肯定的情绪与行为；而当需要得不到满足时，个体就会产生消极、否定的情绪和行为。此时就要通过调节、反思、分析这种需要的复杂性来控制自己，以预防和改变不良情绪和行为。按照需要理论，"获得尊重的"高级需要是较为复杂的，它的满足要求更多的社会文化习俗、家庭婚姻观念、社会经济政治发展基础等外部的客观前提条件。就目前而言，因为我国特殊的社会历史和文化习俗背景，她的这种需要是不合理、不适度的。所以认识到这一点，使自己的需要合理化、适度化，是这位女生调节自己的抑郁情绪、控制自己消极行为的出发点。

另外，中国先贤荀子曾经从礼规的角度也谈及了需要与行为控制的理论。荀子曰："人生而有欲，欲而不得，则不能无求；求而无度量分界，则不能不争。争则乱，乱则穷。先王恶其乱也，故制礼以分之，以养人之欲，给人之求。使欲必不穷于物，物必不屈于欲，两者相持而长。"[①] 尽管荀子的这段话是来解释人类礼仪规则产生的社会历史原因，但是我们也可以看出它同样揭示了礼仪的目的和作用：通过引导人们约束规范自己的无度量分寸的需求，使之合理适度，以此来控制争和乱的行为。当今社会，有些人禁不住种种诱惑，导致了各种欲求膨胀的不良行为：要么见利忘义，以致产生损人利己的缺德违法行为；要么不能知足常乐，以致产生愤世嫉俗、怨天尤人的反社会行为。所以强调法治和德治的社会，鼓励人们崇德尚义，也就是通过礼规来引导人们限制自己各种无度量分寸的需求，让需要合理化、适度化。尤为重要的是，我们要树立正确的价值观，适度节制的物质需求，注重精神修养；适度合理的个人需求，注重社会需要。

## （二）延迟满足理论与行为控制

延迟满足就是我们平常所说的"忍耐"与"克制"，即为了追求更大的

---

① 方勇，李波译注：《荀子》，北京：中华书局，2015 年，第 115 页。

目标，获得更大的效益，我们应当克制自己的某些欲望和需求，放弃眼前的不良诱惑。它是个体为了更有价值的长远结果，或者更有意义的其他事情而放弃当前即时满足某种需要的一种自主行为取向；以及个体在等待过程中所展示的自我行为控制能力。延迟满足能力的发展是个体完成各种任务、协调人际关系、成功适应社会的必要条件。

延迟满足不仅是幼儿自我控制的核心成分和最重要的技能，更是伴随我们终生的一种基本的、积极的人格因素。20世纪60年代，美国斯坦福大学心理学教授沃尔特·米歇（Walter Mischel）尔著名的"延迟满足实验"（亦称棉花糖实验）及其后续研究，充分证明了自我控制能力对于获得成功的重要性。甚至米歇尔认为智商能否起作用，关键在于自我控制能力。延迟满足能力强的儿童，未来更容易发展出较强的社会竞争力、较高的工作和学习效率；具有较强的自信心，能更好地应付生活中的挫折、压力和困难；在追求自己的发展目标时，更能抵制住即刻满足的诱惑，从而能实现长远的、更有价值的目标。如某些人为了完成一项紧急重要的任务而放弃周末的聚会活动；为了取得理想的学业成绩而抵制住玩手机游戏、看剧等娱乐的诱惑；为了保障退休后的生活而将部分收入储蓄起来或用于投资理财；为了健康的身体而不抽烟、不酗酒、不暴饮暴食。这些都是具备延迟满足能力的行为控制。实证研究发现，大学生的延迟满足能力与学业拖延有十分密切的关系。延迟满足能力较低的个体往往自我控制能力低，更容易导致拖延行为；而延迟满足能力高的个体自我控制能力也较高，不会产生学业拖延。

因此，"延迟满足"不是单纯地让个体学会等待，也不是一味地压制他们的欲望和需求，它其实是一种克服当前的困难情境而力求获得长远利益的自我控制能力。按照米歇尔的话："我们通过棉花糖实验测试的实际是自我控制能力。"这个实验说明，"那些能够延迟满足的孩子自我控制能力更强，他们能够在没有外界监督的情况下适当地控制、调节自己的行为，抑制冲动，抵制诱惑，坚持不懈地保证目标的实现。"而不具备延迟满足能力的人，往往会因为贪图眼前的、短暂的、一时的快乐而产生厌学逃学等不良行为，最终导致因小失大、懒散拖延、好逸恶劳乃至虚度年华而一事无成。如延迟满足能力不强的青少年学生容易出现边做作业边看电视、上课时偷偷看课外书（玩手机游戏）、放学后贪玩不回家等不良行为。当家长或老师干预时，又容易急躁、过度对抗；甚至在交往中容易固执不化，遇到困难，容易心烦意乱、不知所措或退缩不前。

此外，心理学研究表明，延迟满足是一种人人都可以学习的自我控制的能力。而ABCD法已经被证明可以有效地帮助我们增强延迟满足的能力。其中，A代表不良行为，B代表现在的状况，C代表未来的结局，D代表控制与改变的策略。比如，你的不良行为是"做事拖延"（A）；但的确可以先做自己喜欢的事情（B）；不过未来的结局是一堆难题和麻烦等着你（C）；那么如何控制与改变这种情形呢（D）？米歇尔的"棉花糖"给了我们培养延迟满足策略的重要启示：一是与干扰我们的诱惑保持距离。比如，切断网络，甚至把手机特意放在宿舍里，来抵制电子游戏的诱惑而控制自己的行为。二是转移注意力，使我们不被即刻的诱惑所吸引。比如，离开宿舍到图书馆或者教室里去，控制自己睡懒觉、玩游戏、闲聊八卦等导致学业拖延的行为。三是把诱惑的短期满足所带来的长期恶果或者延迟满足带来的好处具体化。比如，多看一些被烟毒污染的病肺图片来控制吸烟行为；多了解一些游戏成瘾者危害性的学业及身心后果来控制玩游戏行为等。

### （三）实践应用

综合上述需要和延迟满足的理论，我们可以从分析和反思"需要"的角度来对行为进行自我控制。一是我们可以通过延迟满足某种需要，来控制和调节自己的行为；二是我们可以通过寻求其他途径来满足某种需要以调节和控制行为；三是我们可以使某种需要合理化、适度化，来控制和调节自己的行为。

### 1. 延迟满足实验

20世纪60年代，美国斯坦福大学心理学教授沃尔特·米歇尔（Walter Mischel）设计了一个著名的关于"延迟满足"的实验，这个实验是在斯坦福大学校园里的一所幼儿园开始的。研究人员找来数十名儿童，让他们每个人单独待在一个只有一张桌子和一把椅子的小房间里，桌子上的托盘里有这些儿童爱吃的东西——棉花糖、曲奇或是饼干棒。研究人员告诉他们可以马上吃掉棉花糖，或者等研究人员回来时再吃，还可以再得到一颗棉花糖作为奖励。他们还可以按响桌子上的铃，研究人员听到铃声会马上返回。对这些孩子们来说，实验的过程颇为难熬。有的孩子为了不去看那诱惑人的棉花糖而捂住眼睛或是背转身体，还有一些孩子开始做一些小动作——踢桌子，拉自己的辫子，有的甚至用手去打棉花糖。结果，大多数的孩子坚持不到三分钟就放弃了。一些孩子甚至没有按铃就直接把糖吃掉了，另一些则盯着桌上的棉花糖，半分钟后按了铃。大约三分之一的孩子成功延迟了自己对棉花糖的欲望，他们等到研究人员回来兑现了奖励，这差不多有 15 分钟的时间。

这个实验的最初目的是研究为什么有人可以"延迟满足"而有人却只能投降的心理过程。然而，米歇尔在偶然与同样参加上述实验的三个女儿谈到他们幼儿园伙伴的近况时，发现这些孩子的学习成绩与他们小时候"延迟满足"的能力存在某种联系。从 1981 年开始，米歇尔逐一联系当时已是高中生的 653 名参加者，给他们的父母、老师发去调查问卷，针对这些孩子的学习成绩、处理问题的能力及与同学的关系等方面进行提问。米歇尔在分析问卷的结果时发现，当年马上按铃的孩子，无论在家里还是在学校，都更容易出现行为上的问题，成绩分数也较低。他们通常难以面对压力、注意力不集中而且很难维持与他人的友谊。而那些可以等上 15 分钟再吃糖的孩子，在学习成绩上比那些马上吃糖的孩子平均高出 210 分。

实验并未就此结束。米歇尔和其他研究人员继续对当年的实验参加者进行研究，直到他们 35 岁以后。研究表明，当年不能等待的儿童，成年后有更高的体重指数并更容易有吸毒方面的问题。"但是这都是参加者说的，和他们实际生活中的行为难免有些出入"，米歇尔解释说。近年来，就职于哥伦比亚大学的米歇尔教授继续深化这项研究。他挑选出一些当年实验的参加者，用功能磁共振成像仪为他们的脑部进行扫描，希望通过对比扫描图，找出大脑对"延迟满足"能力起作用的特定区域。此外，研究人员还进行了不同的基因测试，以研究是否存在控制"延迟满足"能力的遗传因素。如果米歇尔和他的研究团队获得成功，那么就可以确定自我控制能力对获得成功的重要性。几十年来，心理学家一直认为智商高低是一个人能否成功的决定因素。米歇尔则认为智商能否起作用关键在于自我控制能力，就算是最聪明的孩子也要完成家庭作业。"我们通过棉花糖实验测试的实际是自我控制能力"，米歇尔说，"这项实验迫使孩子们去寻找对自己有利的解决问题的方法，他们都想得到第二颗棉花糖，但怎么做才能得到呢?"

对于当年的实验，有的心理学家认为孩子是否愿意等待取决于他们对棉花糖的渴望程度。但是，很快证明了所有孩子都急切想得到第二颗棉花糖。那么，究竟是什么决定了自我控制能力呢? 通过对孩子们行为的反复观察，米歇尔得出结论，秘诀就在于"转移注意力"。肯等待的孩子不会一直盯着棉花糖，他们捂住眼睛、玩捉迷藏或是唱歌，他们对棉花糖的渴望不是消失了而是暂时被忘记。在米歇尔看来，这个棉花糖实验对参加者的未来有很强的预测性。"如果有的孩子可以控制自己而得到更多的棉花糖，那么他们就可以去学习而不是看电视，"米歇尔说，"将来他们也会积攒更多的钱来养老。他们得到的不仅仅是棉花糖。"

此外，米歇尔和同事们还发现，甚至在 19 个月大的婴儿身上也可以看出"延迟满足"的能力差异。把婴儿从母亲身边抱走，观察不同婴儿的反应。结果，有些婴儿立刻哇哇大哭，另一些则可以通过转移注意力来克服母亲离开的焦虑情绪，比如，玩玩具。当等到这些婴儿 5 岁大时，研究人员给他们做了同样的棉花糖实验，实验显示，当初哇哇大哭的孩子，长大后依然无法抵挡棉花糖的诱惑。不难得出，"延迟满足"能力有基因因素的影响，但是米歇尔不愿轻易下这样的结论。他认为先天因素和后天的培养同样重要。比如，通过给不同阶层的孩子做同样的实验，他发现穷人家孩子的"延迟满足"能力低于平均水平。"生长在贫苦家庭的孩子处理'延迟满足'的机会相对少，而如果不实践就无法找出转移注意力的方法"，米歇尔说，"所以后天的培养很重要，就像我们学习如何使用电脑一样，要从错误中吸取经验。"然而，米歇尔找到了一个培养"延迟满足"能力的捷径。或许可以通过教孩子用不同方式看待棉花糖来培养着这种自制力，比如，把棉花糖看成一幅画。他说:"如果孩子们意识到学会转移注意力和思想就能实现自我控制，那么他们就成功了一大步。"

现在，米歇尔正在准备一项大规模实验，对象是费城、西雅图和纽约的 4～8 岁在校学生，旨在证明这种"延迟满足"的自我控制能力可以通过教育成功培养。尽管在之前的实验中，米歇尔通过让孩子把棉花糖想象成云朵而延长了他们等待的时间，但是这种方法的持久性还有待证明。换句话说，米歇尔想知道是不是这些小把戏只在实验时起作用，孩子们能否学会这些方法并运用在日常生活中，如选择看电视还是做家庭作业。研究人员在课堂上进行了初步实验，找出了从心理学角度教授孩子转移注意力的方法，即通过演示具有示范作用的录影带，让孩子们从录影带中的同龄人身上学习怎样提高自我控制能力。尽管这种教授的方式很有效果，但米歇尔依然有顾虑。因为当学生们回到家里，面对的是一个相对不受控制的环境，很可能这项实验会失败。米歇尔知道最重要的是让学生们把自我控制的方法变成习惯。"这就是为什么父母的作用很重要"，他说，"父母是否每天要求孩子'延迟满足'、是否鼓励孩子去等待、是否能够证明等待是值得的等都很重要。"米歇尔指出一些日常的小规定，如晚饭前不能吃零食、把零用钱省下来等都是对孩子认知上的锻炼，帮助他们养成自我控制能力。但米歇尔认为这些非正式的练习还很不够，实验仍在继续。

### 2. 实践练习

在以下情境中，你可能会产生怎样的不良行为反应？这种反应跟自己的哪种需要没有得到满足有关？如何通过需要和延迟满足理论来控制自己，以防止不良行为的发生？

情境一：被同学误解和嘲讽；

情境二：早上被室友吵醒；

情境三：失恋；

情境四：比赛失利。

例析情境一：（1）被同学误解和嘲讽后，有的人会产生伤心痛苦或气愤郁闷的情绪，可能引发对同学交往失望、厌恶乃至逃避的行为。（2）这种行为反应与"尊重的需要"没有得到满足有关，希望得到他人的理解和尊重，但是却被同学误解和嘲讽。（3）我们可以通过延迟满足能力，即有耐心地来等待这种需要的满足，这样就可以控制负性情绪和不良行为的程度。（4）我们可以积极地寻求其他途径，如与同学耐心解释和直接沟通来重新获得同学的理解和尊重。（5）沟通后问题可能圆满解决，但是若依然得不到同学的理解和尊重，我们就要反思。一是"尊重的需要"，是一种高级需要，它的满足是有主客观条件的，如自己的表现和同学的性格人品等；二是这种高级需要不可能完全得到满足，只能部分满足。即我们不可能时刻得到所有人的理解和尊重，不可能得到他人对自己所有方面的理解和尊重。所以，"此时我不能得到这位同学对自己某个方面的理解和尊重"是正常的，而如果我们再为了此事而耿耿于怀，那么我的需要是不合理、不适度的。通过这样的反思和分析，我们也可以有效控制自己可能的不良行为。

## 二、 情绪与行为控制

情绪是大脑与身体相互协调和推动所产生的心理现象，一个正常的人，必然是有情绪的。喜怒哀乐悲恐惧都是正常的情绪，缺少任何一种情绪，都不是健康的个体。科学家研究发现，每一个情绪都带着一个重要信息，而且情绪会将这些关乎生存的重要信息以最快的速度传递给身体，从而带动我们采取一个对应的行为。所以情绪总是促发行为的直接心理因素。我们的情绪变化时刻影响着我们的行为表现。一般来说，积极健康良好的情绪促发积极的行为，成为事业、学习和生活的内驱力。如快乐、热爱、兴奋等，能明显地提高人的活动积极性，驱使人行动，对人的行为产生"积极的增力"的作用。所谓"人逢喜事精神爽"，就是指积极的情感能使人精神焕发、干劲倍增。而消极不良的情绪则会导致不良行为，对身心健康、人际交往等产生破坏作用。如悲哀、郁闷，会削弱人的活动能力，对人的行为起着"消极的减力"作用，使人精神不振、心灰意懒。自信的人往往积极主动、勇于表现、活泼好动；而自卑者往往胆怯、害羞、被动消极；焦虑的人容易导致失眠、注意力分散、效率低下、紧张不安、害怕担心、逃避等不良行为；而抑郁更易引发懒散、拖延、消极退缩、厌食、孤僻、自伤自虐乃至自杀行为。临床上有一种情绪化进食障碍行为，研究表明，积极情绪和消极情绪都能对进食行为产生影响，但消极情绪与进食障碍倾向呈显著正相关，消极情绪进食更多地会导致进食障碍行为的发生，也会降低心理健康水平。而自我控制对于消极情绪进食个体起到抑制作用，可以预防进食障碍的发生①。由此，我们可以通过控制和调节自己情绪的科学策略与方法，来增强行为的自我控制。

例如，当个体由于压力等原因所导致的焦虑、恐惧或抑郁情绪，会引发

---

① 朱虹：《情绪化进食量表的修订及应用》，中南大学硕士学位论文，2012年。

种种适应不良行为，包括工作（学习）倦怠、效率下降，坐立不安、紧张烦躁，疲乏无力、动作迟缓，活动减少、人际冲突或逃避交往，甚至酗酒、吸毒等。此时，个体就需要通过有意识地调控情绪来缓解和控制这些不良行为。如可以采用倾诉释放法以及能量宣泄法来释放排解负性情绪，包括与人诉说、当哭则哭、想笑就笑、合理喊叫等。美国圣保罗雷姆塞医学中心的专家研究发现，人在哭泣后，负面情绪可降低40%，从而能够控制负面情绪所带来的不良行为。另外，运动可谓是缓解和释放情绪的最为有效的方法。医学研究发现，运动能使人身体发生一系列化学变化，使运动者血液中产生一种让人欢快的物质——内啡肽，这是一种令人欣喜、轻松和欢快的物质。美国医学研究人员通过对1799名男女18年的观察，证实长期坚持积极、适量的体育锻炼者患抑郁症的危险明显低于不运动者。所以养成运动的习惯是保持积极情绪的科学途径。而且运动又可以提升个体的意志力，这本身就是自我控制能力所需的重要心理品质。实验研究还表明，运动亦可以增强记忆力和反应能力，从而有助于提高学习和工作行为的效率。

当然，大家都深有感触的是，音乐与颜色在调节情绪控制行为方面也是不可或缺的好方法。据心理专家推荐，听莫扎特的催眠曲可以促进睡眠；而克服赖床行为可以试着听听柴可夫斯基的《天鹅湖》。而听莫扎特的"套曲"可以增进饮食等。许多音乐都可以有效地帮助我们缓解情绪和控制行为，而颜色也是如此。据说英国伦敦泰晤士河上有一座叫"波利菲尔大桥"的桥，它的著名不是因为独特的外观和设计，而是由于在这座桥上有很多人自杀，让伦敦市政当局十分头痛。后来，心理学家们研究提出，原因就是这座桥是黑色的。在心理学家们的建议下，黑色的桥改成了绿色，之后自杀者果然大大减少了。由此可见，颜色影响着人们的情绪感受。因为颜色对人的感官刺激最为直接，所以能够显著地影响到人的情绪和行为。如红色和黄色可以令人兴奋热烈，会鼓舞人的精神和思维；绿色、蓝色和白色可以使人镇静平和；而黑色会令人压抑和沮丧。所以日常生活中我们除了有意识地多欣赏音乐外，也要多变换服饰和室内布置的颜色来调节情绪和行为。

另外，研究表明，每天多次练习腹式呼吸，对于平和情绪控制行为来说也非常有效。腹式呼吸能够稳定脑波、释放压力，并能提高免疫力、改善睡眠，缓解和消除焦虑、忧郁等不良情绪。临床实践证明，腹式呼吸除了能增加肺活量外，还可以锻炼横膈肌，使胃、肝、脾、肠等内脏得到温和的按摩；并且能够使我们的思想集中于积极愉快的事物上，使我们保持积极向上的精神状态；从而使我们的生活、学习、工作和交往行为得到改进和提升。

此外，冥想放松（也称正念冥想）也已成为时下比较流行和广受欢迎的、用以缓解焦虑紧张情绪的一种有效的方法。美国《时代》周刊的封面故事曾经宣称，大约有3000万人把冥想作为经常性的或正式的例行放松活动。《商业周刊》也曾称，财富500强公司的一些CEO把冥想作为经常性情绪放松活动。研究发现，冥想的确可以降低心率和血压，缓解肌肉紧张，比小睡片刻的作用还大。而脑成像研究表明，冥想能够使大脑神经元建立新的连接，使个体产生内部平和的感觉，使得带来积极正向的情绪和行为。而美国阿拉巴马大学伯明翰职业治疗系的最新研究结果表明，无论运动锻炼与否，只要人们在公园里待20分钟左右就能变得快乐开心，从而让生活等各方面的行为变得积极。因为公园放松悠闲的环境以及人们谈笑风生、积极锻炼的氛围影响到了大家的情绪，使得大家感到快乐。所以当你需要通过调控情绪来改变和控制自身的不良行为时，一定要经常到美丽绿色的公园去。

### 三、 认知与行为控制

认知是指我们对客观事物的态度和看法，是人类最为能动、最为活跃的心理因素。认知心理学认为，个体的认知是外部刺激与个体行为反应之间重要的中介因素，任何行为的产生皆由认知发动和维持，都离不开认知因素的参与。认知行为理论也主张个体对环境刺激或社会事件的认知、判断与评价是导致其行为良好与否的关键。该理论认为一个人积极的认知促使其积极的行为，而不良消极的认知则会引发不良行为；要改变不良行为就应从改变认知入手；控制和改变了个体认知，就可以控制和改变行为。如自卑者的消极行为往往与其对不良的自我认知有关，而人际不良行为也离不开对他人及社会的片面评价与判断。

两个秀才进京赶考的故事，大家已经耳熟能详。这个故事就是告诉我们，在同样的客观事物面前，不同的想法导致不同的行为后果。而在美国华盛顿曾经有这样一个家庭：父亲叫库丁，是个重刑犯，他游手好闲、嗜酒如命，而且毒瘾很大。有一天，因对一个服务生看不顺眼，他就一刀将其杀死，结果被判终身监禁。库丁有两个儿子，年龄相差只有两岁，大儿子跟父亲一样，从小不务正业，学生时代就染上了毒瘾，靠偷窃和绑架勒索为生，后来也因杀人罪而锒铛入狱。小儿子却大不一样，他正直诚实、刻苦好学，大学毕业后，在一家著名的大企业里谋取了满意的职位。他工作勤奋，成绩显著，多次受到公司的嘉奖和提拔，后来做了那家公司的总经理。他不仅事业有成，家庭生活也相当美满，有一个善良的妻子和三个聪明可爱的孩子，一家人过着甜蜜幸福的生活。在完全相同的家庭环境里成长，为何两个儿子有完全不同的命运？为了弄清其中的奥妙，一位记者前去采访两兄弟。没想到兄弟二人的答案竟然是完全相同的："有这样的老子，我还能有什么办法？"大儿子认为"有其父必有其子，有这样的父亲，也只能跟他一样"。而小儿子认为"因为有这样的父亲，我只能依靠自己，我要自立自强才行"。所以我们说，有什么样的认识，就会有什么样的行为，就会有什么样的命运。

其实，我们在实践中也都深有体会，认知的确会影响我们的行为，它不但决定我们感受事情的方式，而且对我们的行为方式也产生着重要影响。积极正确的认知可以激励我们去做一些有意义的事情。例如，当你认为人际交往对于自己的健康发展意义重大时，你就会积极热情地去交际，会主动跟家人、朋友和同事保持联络。当然，消极片面的认知也会导致自我挫败的行为。例如，当你认为除了自己、任何朋友和家人都无足轻重时，你就会产生孤僻的行为，或把自己封闭起来，或沉浸于虚拟的世界。所以，认知既可以产生有益的行为，也可以产生有害的行为。

斯坦福大学的心理学教授 Carol Dweck 经过实验研究，深入了解了个体认知如何影响到学习行为的过程。她认为我们意识或没有意识到的信念强烈地影响着我们能否成功，尤其是对自己智力和能力的信念。她提出，正是学生的认知、信念和态度影响到了他们的学习行为与成绩。她认为成功并不取决于天赋，而是取决于个体的思维模式，即信念、态度或对自己的看法。Carol Dweck 认为，我们的思维模式导致了我们乐观或悲观的属性，塑造了我们的态度和认知，而这是决定成功和失败的最终因素。据此，Dweck 博士将个体思维模式分为成长型思维模式（Growth-Mindset）和固定化思维模式（Fixed-Mindset）两种。前者指的是个体认为自己的能力和才能是可以不断提高和发展的，而后者指的是个体相信自己的特质和能力是内在固定以及永恒不变的。那么两种思维模式下的行为及其结果如何呢？Carol Dweck 认为，具有成长型思维模式的个体，因为认为优秀的个人素质是可以习得、发展或培养的。所以，他们将失败看作是自我表现的暂时性反馈，而不是对自我人格、潜能或价值的绝对性评判。因此，成长型思维模式个体渴望提高自己的能力，享受探索、考验及挑战自己的过程，对一定程度的批评或挫折不敏感。所以具有成长型思维模式的学生能够不断追求进步和提高自己的能力，能够成功地提高学业水平。而具有固定化思维模式的个体，他们的目标就是验证自己不足的、固定不变的能力，因而对自己的错误高度敏感。日常的任何失败都会让他们自我怀疑和自我贬低。所以，固定化思维模式下的个体经常会因挫折或批评感受到焦虑情绪，引发进一步的自我否定等消极行为。

由此，我们可以通过反思和纠正自己的认知信念来进行自我的行为控制，这就是认知心理疗派的认知重构法。认知心理疗派主张，我们的不良情绪及行为并不是由客观事物所引起的，而是由自己对客观事物的认识及评价所引发。我们自己的认知解释系统，是导致不适应行为的根本原因。只有改变我们的认知模式，才能调节和控制我们的行为。所以认知重构就是将个体的消极认知转变为中性的或积极的认知，以达到改变情绪和行为的目的。认知重构就是许多事物可以重新思考和定义，认知的升级迭代可以帮助我们控制和改变不良的适应行为。

认知心理疗派认为，我们日常惯有的消极认知有共同的特点和模式。一是绝对化思维。这种思维往往会以"应该、必须"的模式认识和评价事物，如我应该考第一名的、他必须尊重我、这个社会应该都要支持我们同性恋者等。事实上，这种绝对化的要求是不合理的，要把此模式重构为"可以、可能、或许"。二是极端性思维。这种思维往往"非白即黑、非好即坏、非对即错"没有任何缓和的余地，如他完全是个坏人、这件事情没有任何好处等。而事实上，塞翁失马，焉知非福。客观事物都有矛盾对立的两面性，我们要把非此即彼重构为"一分为二"的模式。三是以偏概全的认知模型。这种思维往往以某个事情或某个方面全盘否定或肯定，如因为自己一次没有考好就认为自己无可救药、因为自己不善言辞就认为自己一无是处等。对此，我们需要重构为"就事论事、优劣整合"的认知模式，四是自以为是地推测和夸大后果的思维模式。如大家肯定都在背后讨论笑话我、这件事情肯定无可挽回了、我永远也不会有出息了、永远不会被人喜欢了等。对此，我们需要重构为"我不是大家生活的中心、事情往往都会有转机的，不可杞人忧天"的认知模式。

这些认知重构，既包括我们对他人、事物和社会的认知，更包括对自我的认知。当情绪和行为不良时，我们要学会换个角度去认识问题、换个立场去解释事物。如众所周知的"半杯水思维"，当你认为"只剩半杯水了呀"，就会产生抱怨和失落的行为；而当你认为"哇，还有半杯水哦"，就会产生愉快满意的行为。所以，不同的认知聚焦有不同的结果，我们的想法和态度就是一副眼镜，它决定了我们看到的世界万物的样子，影响和控制着我们的情绪和行为。

事实上，人类的认知、情绪和行为是相互渗透、相互作用、互为前提、共同发展的。正如心理学家所言："认知是情绪的源泉，以情绪为导向；情绪又是行为活动的源泉，以行为活动为导向；情绪最初是从认知中逐渐分离出来的，又反过来促进认知的发展；行为活动最初是从情绪中逐渐分离出来的，它又反过来促进情绪的发展。"一个身心健康、生活幸福的个体，他的认知、行为、情绪之间总是和谐统一的。如果三者不协调，就可能会出现问题。例如，一位大学生知道沉迷于网络游戏不对，但实际上却天天都玩得很久，结果每次玩过后，就产生深深的内疚和自责等负面情绪。所以行为的自我控制，一定要坚持知、情、意、行的统一，才能真正实现控制自我、优化行为。

🔍 **实验实训**

# 大学生自我控制量表 （SCS）①

请指出下列每条描述在多大程度上反映了您的情况，并尽量按第一反应选出相应选项，并在对应的框里打"√"，结果完全保密，请放心作答。请勿漏答或不答。

基本信息

1. 性别：　　　男　　　　　女

2. 年龄：

3. 学校和专业：

4. 年级

大一　　大二　　大三　　大四

研一　　研二　　研三　　其他

5. 联系电话：

| 1–完全不符合；2–不符合；3–不确定；<br>4–符合；5–非常符合 | 1 | 2 | 3 | 4 | 5 |
|---|---|---|---|---|---|
| 1. 我能很好地抵制诱惑。 | 1 | 2 | 3 | 4 | 5 |
| 2. 对我来说，改掉坏习惯是困难的。 | 1 | 2 | 3 | 4 | 5 |
| 3. 我是懒惰的。 | 1 | 2 | 3 | 4 | 5 |
| 4. 我会做一些能给自己带来快乐但对自己有害的事情。 | 1 | 2 | 3 | 4 | 5 |
| 5. 人们相信我能坚持行动计划。 | 1 | 2 | 3 | 4 | 5 |
| 6. 对我来说，早上起床是件困难的事。 | 1 | 2 | 3 | 4 | 5 |
| 7. 大家说我是冲动的。 | 1 | 2 | 3 | 4 | 5 |
| 8. 我太能花钱了。 | 1 | 2 | 3 | 4 | 5 |
| 9. 我会因为情感而激动得不能自持。 | 1 | 2 | 3 | 4 | 5 |

---

① 谭树华，郭永玉：《大学生自我控制量表的修订》，《中国临床心理学杂志》，2008 年第 16 期。

| 1－完全不符合；2－不符合；3－不确定；<br>4－符合；5－非常符合 | 1 | 2 | 3 | 4 | 5 |
|---|---|---|---|---|---|
| 10. 我做的很多事情是因为一时冲动。 | 1 | 2 | 3 | 4 | 5 |
| 11. 大家说我有钢铁般的自制力。 | 1 | 2 | 3 | 4 | 5 |
| 12. 有时我会被有乐趣的事情干扰而不能按时完成任务。 | 1 | 2 | 3 | 4 | 5 |
| 13. 我难以集中注意力。 | 1 | 2 | 3 | 4 | 5 |
| 14. 我能为了一个长远目标高效地工作。 | 1 | 2 | 3 | 4 | 5 |
| 15. 有时我会忍不住去做一些事情，即使我知道那样做是错误。 | 1 | 2 | 3 | 4 | 5 |
| 16. 我常常考虑不周就付诸行动。 | 1 | 2 | 3 | 4 | 5 |
| 17. 我太容易发脾气。 | 1 | 2 | 3 | 4 | 5 |
| 18. 我经常打扰别人。 | 1 | 2 | 3 | 4 | 5 |
| 19. 我有时会饮酒（或上网）过度。 | 1 | 2 | 3 | 4 | 5 |

## 认知重构法在日常生活中的应用例析

| 一、对自我常见的不良态度和想法 | 认知重构或者积极赋义 |
|---|---|
| 我个子好矮，别人瞧不起我。 | 拿破仑、邓小平等许多伟人都是矮个子。个子矮又不是我的错，是父母的遗传，我们行动灵活，节约能量。矮个子更符合生态和谐。 |
| 我长得不漂亮，肯定没人喜欢我。 | 长得不漂亮，但我性格温和。朴实大方，别人愿意与我交往。 |
| 我没有一点长处，真是没用。 | 长处短处是相对的，不要太绝对了。 |
| 我家境贫寒，根本找不到自信。 | 贫寒给我奋进的动力；从来纨绔少伟男。 |
| 我从来没当过班干部，说明我从没有这方面的能力。 | 能力是可以培养锻炼的，没试过怎么知道？ |
| 二、人际交往问题情境中常见的片面想法和态度。 | 认知重构，重新评价 |
| 我必须与周围每个人搞好关系。 | 只要热情大方，真诚开朗，与周围人的关系自然不会差。 |
| 只有顺从他人，才能保持友谊。 | 相互理解、尊重，友谊才能长久，开诚布公是做朋友的责任。 |

续表

| | |
|---|---|
| 我是善良的，别人都应该对我好。 | 我努力对别人好，别人对我怎么样，那只能由他们决定。 |
| 别人对我好，是想利用我或占我便宜。 | 所有对我好的人我都心存感激，当然我能区别真好还是假好。 |
| 朋友之间应该坦诚，所以不应有保密的事。 | 再好的朋友也有难以启齿的事。 |
| 三、常见的对挫折的不良想法和态度。 | 认知重构，重新解释 |
| 一旦犯了错误，受处分、失恋，那我就完了。 | 谁也免不了犯错误，区别在于能否从错误中获得智慧，不再犯同样的错误。 |
| 与其有失败的危险，还不如不干。 | 大胆尝试才会知道能不能成功。 |
| 别人的看法和评价是非常重要的，一旦不行，大家一定会议论纷纷。 | 失败未必都是坏事，重在参与，我曾努力，我会更成熟。 |
| 任何事情，只要去做，我应该做得彻底而完美。 | 事有轻重缓急，大小远近，追求完美，不可能是任何事情，世上没有绝对完美的东西。 |

 **体验感悟**

在以下情境中，你可能会产生怎样的不良行为反应？试从需要、认知和情绪的角度分析控制可能的不良行为的方法与策略。

情境1：被同学误解和嘲讽；

情境2：早上被室友吵醒；

情境3：失恋；

情境4：比赛失利。

# 第七章　行为决定作为　大学生行为的养成

内容充实的生命就是长久的生命，我们要以行为而不是以时间来衡量生命。

——小赛涅卡（古罗马）

 **心路历程**

## 一、校园故事

小青与小文是大学里的同学兼室友。大学毕业后，两人一个进入了某地比较大的合资企业成为 HR 助理，一个却还在家啃老待业。同是室友，为何境地却如此不同？原来小青本身家境优越，而且自己也貌美如花。她总是信奉和倡导某些女性流行的爱情价值观——"干得好不如嫁得好""宁愿在宝马里哭，也不愿在自行车上笑"这样的观念。加上自己家的经济实力本身就不错，她在大学里每天把大量的时间和精力花在了梳妆打扮、逛街游玩和谈情说爱方面，至于学习、课外活动、同学交往之类的事情，都不在她的大学计划表上。遗憾的是，尽管四年下来，她谈了三个男朋友，但最终没有找到心中的高富帅，也没有把自己好好地嫁出去。由于她在校期间荒废了学业、忽视了实践，导致学习成绩和活动表现都很一般，所以大四毕业时也没有找到合适的工作。因为她大学基础差，所以考研、考公务员之类的更加不可能。而小文就截然不同，虽然她的家庭经济状况比不上小青，但也算还好。不同的是，她一直追求"嫁得好不如干得好""干得好后才谈婚论嫁"的价值观，她决定要靠自己的努力获得真正的爱情与幸福。所以大学期间，小文非常用功和努力，不仅学习自主自觉、积极进取，而且生活方式上严谨自律，跟同学们的交往也热情主动，还踊跃参加了几个社团的活动，成了校外联部的主要负责人。尤为可喜的是，正是外联部的工作让她获得了一个非常重要的企业实习机会。实习期间，由于她尽职尽责、踏实肯干，所以大学毕业时，学业成绩优异的她就直接被这个大企业录为正式员工了。

## 二、 行为决定作为

英国作家萨克雷曾言："播种行为，可以收获习惯；播种习惯，可以收获性格；播种性格，可以收获命运。"一个人的行为方式和习惯决定和影响着他的前途和命运。而这种行为习惯的养成是有一个过程的，如果在这个过程中我们能够及时觉察和反思自己的行为方式，就能够主宰习惯和命运。而假如我们对于自己的行为不假思索、不管不顾，随心所欲任由其发展，最终就会成为习惯的奴隶，被习惯控制和左右。意大利著名诗人和小说家切萨雷·帕韦泽曾言："以为一个曾以某种方式完成某种行为的人不会再做出相同的举动，这在任何情况下都是一种误解。只要干过，就一定会再干，实际上他早已干过了。"我们在社会生活中的很多行为模式，总会不自觉地去重复、去强化，久而久之便会逐步固定下来，并最终成为一种一贯的、稳定的、自动化行为方式，即习惯。习惯化的行为方式无须努力就能实现和完成，而且有好坏之分。恰如英国教育家洛克所言："行为习惯一旦养成之后，便用不着借助记忆，用不着思考，很容易很自然地就能发生作用了。"习惯行为犹如我们身上的指南针，指引着我们的行动。这种习惯化的行为方式更是一种顽强而巨大的力量，它可以主宰我们的人生命运。诸如英国作家查·艾霍尔所言："有什么样的思想，就有什么样的行为；有什么样的行为，就有什么样的习惯；有什么样的习惯，就有什么样的性格；有什么样的性格，就有什么样的命运。"良好的行为方式对我们的人生成长和命运结局起着巨大的作用。所以作为大学生，要想成就自己的学业、事业，要拥有美好人生，就必须经常反思和觉察自己的行为、及时调控自己的行为模式，从而自觉地养成良好的学习、生活和交往行为习惯。

 **心理视点**

## 一、 大学生行为现状调查

为了了解在校大学生的学习、生活和交往等行为状况，我们组成了三人调查小组，对浙江、山东、天津和陕西等在校的本科生、硕士和博士研究生进行了随机抽样调查。调查采用自编调查问卷，包括生活、学习和交往三大部分内容，并通过网络和校园、课堂三大平台同时进行。调查最终收回有效问卷330份，男生85人，占调查总人数的25.76%；女生245人，占调查总人数的74.24%。大一学生201人，占调查总人数的60.91%；大二学生71人，占调查总人数的21.52%；大三学生38人，占调查总人数的11.52%；大四学生6人，占调查总人数的1.82%；硕士研究生10人，占调查总人数的3.03%；博士研究生4人，占调查总人数的1.21%。而且参与调查的学生来自文、理、工、艺等不同专业，其中文科学生154人，占调查总人数的46.67%；理工科学生75人，占调查总人数的22.73%；艺术类学生43人，占调查总人数的13.03%；其他专业学生58人，占调查总人数的17.58%。具体调查结果及分析如下：

### （一）大学生生活调研

#### 1. 就寝时间太晚， 睡眠不充足。

调查发现，大学生的就寝时间较晚，大部分集中于23：00至24：00，甚至有超过20%的同学在十二点之后就寝，仅有一小部分的同学在23：00之前入睡。而调查又显示绝大部分学生是在6：00到8：00间起床，这就造成了接近半数的人睡眠时间不足8小时，还有一小部分的同学睡眠时间甚至不足6小时。

后来，我们了解到，其实很多同学并不是因为太忙才晚睡，其实他们也意识自己应该睡觉了，但就是不想睡，身体不由自主地拖到一个时间点才劳累地入睡。这其实是"晚睡强迫症"，是对睡眠时间的认识形成的习惯性误区，在心理学上是"拖延症的"一种。而早课却又让他们不得不起床，这就导致了他们睡眠不足。长时间的晚睡早起会摧毁身体正常的新陈代谢机能，黑眼圈、偏头痛、憔悴、总是萎靡不振就是它带来的后果。

### 2. 在电子产品上花费过多的时间。

调查显示，同学们每天在手机上花费了大量时间，超过40%的同学每天使用手机3至5小时，甚至有将近半数的同学每天使用手机超过5小时。而在使用手机和电脑等电子产品的时候，大部分人会刷微博/微信/QQ等社交软件或搜索信息完成任务，刷购物App和看剧/电影紧居其后。课余时间同学们最常做的事是看影视剧，其次是学习和参加社团活动。

不可否认，手机和电脑对大学生来说的确十分重要，学习、工作、娱乐都离不开它们，但是在这些电子产品上花费过多的时间实在不是明智之举。调研中也显示，同学们大多数时间是在刷聊天软件而不是用来学习和工作。许多自制力不够强的同学在用手机娱乐时就会沉溺其中，无端浪费时间。因此，我们应该控制玩手机和玩电脑的时间，适当的放松和娱乐是合理的，但不要沉溺在网络中，碎片化的信息提供不了什么深刻的知识，且长时间盯着电子屏幕对视力的损伤极大。

### 3. 早餐匆匆应付。

调查显示，虽然仅有少部分人经常不吃早饭，但是接近半数的同学选择用面包、饼干等应付一下。我们采访了几位同学，他们大多是因为早上起不来只好匆匆忙忙在路上买面包或者饼干来应付。对此，他们认为早课的时候不饿就好。其实，早餐是一天中最重要的一顿饭。早餐之后，通常都有许多工作要进行，需要充沛的体力和敏捷的脑力。一顿丰盛并且营养均衡的早餐才能真正满足身体健康的需要。

### （二）大学生交往调研

根据调研结果显示，大学生在交往方面大多有着自己健康、积极的见解，但也存在人际关系比较紧张的问题。

### 1. 私心较重，不与人分享。

现在校大学生，独生子女较多，有些学生在家养成的"衣来伸手，饭来张口"等不良习惯也带到了大学里，在面对一个宿舍三人或四人的生活空间总是感觉不自在，而且自己精神上和物质上的很多东西也不愿与人分享。如让人快乐的事情、少见的物品、零食等也不与人分享，在争取荣誉或其他事情上总是与人斤斤计较，显得不够大度和平易近人。

2. 部分同学性格孤僻，难以融入集体。

由于种种原因，大学校园里存在一个特殊的群体——"抑郁者"。这部分人因为缺乏自信、家庭环境、世界观和价值观不同或其他创伤经历等给其性格造成了一定的影响，很难融入其他同学中。他们往往比较被动、冷漠，缺乏人际信任，较少与人交往，比较孤僻。

（三）大学生学习调研

据调查，75%左右的学生自主学习能力一般，10%左右的学生自主学习能力极差；不少学生没有自己的时间安排或日常计划表。对于大学的考试，"每次课前课后都认真学习和复习，平时基础很扎实"的学生和"平时不努力，临时抱佛脚"的学生几乎五五开，后者比前者高出了近10%。近95%的大学生学习效率一般。在逃课方面，绝大多数学生都不逃课，但偶尔逃课频率在每周1~2节的学生仍占20%，可以说是相当高了，而他们逃课的理由大多是这门课太无聊、对这门课不感兴趣及天气或身体等客观原因。4/5以上的大学生具有或轻微或严重的拖延症，一些事情总是会拖到最后期限之前才会着手去完成。课堂学习状态方面，近七成的大学生大多时候在抬头看黑板/认真听讲，仍有超过20%的由于对手机的依赖性或者对课堂不感兴趣及其他原因总是低头玩手机。在完成学习计划方面，只有11.5%的大学生会按时完成学习计划，而其他总会因为偷懒等主客观原因导致计划泡汤。

由调查可以看出，大学生总体上行为良好，但在学习、生活和交往方面，的确也存在着不同程度的问题行为。对此，我们需要及时引导，以促进大学生的健康发展。

## 二、 大学生良好行为的养成

### （一）大学生良好的学习行为

我们可以把大学生良好的学习行为，概括为能够自主学习、具备成长思维、目标规划合理、高效利用时间和善用图书馆等五个方面。

　　大学生需要不断成熟成长、自立自强、逐渐走向社会。所以大学的学习也应该是自主自觉、享受型的快乐学习过程。对此，有人提出了一个 E 型大学生的概念，即 Enjoy，享受学习、主动快乐地学习；Emotional，情商较高，能够在学习中驾驭和调控情绪，使情绪处于平和稳定状态有助于提高学习效率的状态；Excellent，即为优秀和卓越。享受学习的人，必定是快乐学习的人，也必定是自觉自主、高效学习的人。自主型学习，除了享受性的快乐主观感受之外，就学习的动机程度、学习的内容和方法、学习的广度和深度、学习的场所和地点等方面，也都由学生自主掌控。

　　自主型学习的学生，注重的不是学习的成绩等结果，而更为注重的是学习的过程，所以他们往往也是具有成长型思维模式的人。斯坦福大学的心理学教授 Carol Dweck 认为，个体的思维模式分为两种，即成长型思维模式（Growth-Mindset）和固定化思维模式（Fixed-Mindset）。前者是指个体认为自己的能力和才能可以不断提高和发展，所以非常注重学习的过程和发展、追求和注重过程的感受；而后者则指个体相信自己的特质和能力是内在固定及永恒不变的，所以比较在意结果而不是快乐地追求过程。

　　成长思维的学生也是能够进行目标管理的人。他们往往具有合理可行的目标规划，具有较好的自制力和意志力。他们不仅能够制定目标，而且能够进行时间管理，是有时间表的学习行为。所以他们同时能够高效地规划和利用时间，学习的效率较高。

　　目标规划合理的学生通常也能高效利用时间，他们会按照轻重缓急进行学习等任务排列，所以能循序渐进地完成各项目标和任务。有研究表明，学业拖延的学生并非都是懒散所致，往往是由于他们缺乏时间观念，并且不能对多项任务进行合理规划。所以时间管理高效的学生往往不会出现学业拖延行为，因为他们能够有效地督促自己按照既定的目标顺序完成任务。

　　另外，大学生的良好学习行为还包括善于充分运用图书馆，图书馆具备安静的学习环境、积极的学习氛围及丰富的图书研究资料。大学的学习是研究性的学习，所以学习和了解最新的研究文献资料及前沿学术观点非常重要，这就需要充分利用好图书馆的文字和网络信息资料。

　　上述的良好行为，实际上是从大学生学习的态度、时间与空间等多个方面来塑造的。众所周知，人的行为在很大程度上受情境因素的影响。在良好行为的形成过程中，在自己的自制力还不够强的情况下，应从控制自己的活动时间和活动空间两个方面来约束自己的行为。时间上，从早上起床一直到晚上就寝，都需要安排有意义的学习内容和活动内容，不让一日虚度，不让一刻空耗。空间上，严格控制自己的活动范围，KTV、网吧、商场等休闲娱乐场所，要抵制住好奇和诱惑不去。而宿舍这个休息场所，对于一些自控力较差的同学来说，除了中午和晚上休息之外，尽量也不要多待，因为宿舍里的环境不太适合学习。

另外，良好学习行为的培养，还需要培养耐心和毅力。要增强自制力，要说到做到，对自己计划要做的事情不打折扣地完成，要改进的方面就付出行动、持之以恒，做到有始有终。要科学有效地克服和改变拖拉、敷衍、放任等不良习惯，要严格监督自己，坚持和巩固良好行为。

### （二）大学生良好的生活行为

只有科学良好的生活行为，才能拥有良好的身心健康状态；而能规律健康生活的人，才能有效学习和健康交往。所以，大学生的健康发展必须养成良好的生活行为方式。

我们可以把大学生良好的生活行为概括为以下五大方面：

一是干净整洁、讲究仪表、注重形象。"博学于文，约之以礼"，大学生的仪表形象管理也是礼貌修养的一个重要方面。无论是在日常人际交往、还是在未来的求职面试、工作交际中，外表形象向来是个体综合素质考核的重要部分。曾经有位大专毕业生，学习成绩一般，但她在生活中具有干净清洁、井井有条的行为习惯。正是这种生活习惯帮助她赢得了毕业后的第一份工作。那天，在她前面的求职者们面试结束后，将手中的稿纸之类随手丢在公司走廊的垃圾桶外的地上。而她在面试完后就随手清理了那些垃圾。她的行为被公司老板看在了眼里，并问她为什么这样做。她说："这是我的习惯，我就是一个在生活起居上爱干净整洁的人。"就这样，公司聘用了她，在一年后，她还得到了升职加薪。

所以，大学生在生活中要把得体恰当的容貌修饰、穿着打扮作为良好生活方式的一个重要内容。要注重规范自身的行为举止，要有意识地学习文明得体、符合礼仪要求的体姿动作、交往礼节和言谈规范等。

二是要规律作息、科学饮食、保证营养。健康的生活行为方式离不开有规律的作息时间和饮食习惯的养成。有规律的生活能使大脑和神经系统的交替兴奋和抑制，能在大脑皮层上形成动力定型，对促进身心健康非常有利。因此，大学生要科学合理地安排作息时间，尽量早睡早起。有调查表明，现在，大学生脱发比例有所增高和他们的作息不规律和过度熬夜有关。而睡眠不足不仅会严重影响学习效率，而且还会严重危害到大脑、胃肠等机体健康，甚至会引发抑郁焦虑等不良情绪，同时睡眠不足会增加患阿尔茨海默病的风险。另有研究显示，因为睡眠不足，减少的工作效率和创造力多达25% ~ 50%，所犯错误多达 25% ~50%，增加的厌烦感至少在30%。而能否科学饮食和保证营养也同样影响学习效率和抗压能力。大学生在日常生活中要多注意补充富含蛋白质和维生素等健康食品，少吃高油高糖的垃圾食品，确保身心健康的物质所需。大学生要洁身自好，自尊、自强、自立和自爱，养成良好的生活作风，远离烟酒、毒品等有害事物，避免养成吸烟、酗酒、沉溺于电子游戏等不良的生活习惯。

三是善用课余时间，丰富课余生活。大学生课余时间的规划和使用行为也影响着他们的生活健康及学业发展。哈佛有一个著名的理论：人的差别在于课余时间，而一个人的命运决定于晚上 8 点到 10 点之间。课余时间里的生活内容直接影响着个体的身心健康与学业发展。有研究显示，如果一名学生的课余时间是用来阅读、进修、思考或参加有意义的演讲、讨论，那么坚持数年之后就会改变自己。而如果他的课余时间里总是抱着电子设备、刷着各种交际平台媒体或者无聊的影视剧，那么他的人生只有"失败"二字了。

四是热爱运动、放松身心、磨炼意志。有规律的日常体育运动可以帮助调节情绪、放松身心、减缓压力，并且可以提升意志力。所以大学生要至少爱上一个运动项目，而且要持之以恒、坚持不懈。

五是限制上网时间，不要随时在线。美国心理协会曾经发布了一项研究成果称，因为社交媒体的兴起及缺少睡眠，互联网时代的青少年更易患上精神疾病、出现现实交际学习障碍，乃至出现重度抑郁、自杀倾向等症状。所以大学生要自觉限制社交媒体的过度使用，要多增加一些现实空间的交际和体育运动活动，有效防止沉迷网络、游戏成瘾等不良行为的产生。

六是勤俭节约、理性消费。静以修身，俭以养德。勤俭节约是我们的优良传统，也是大学生应具有的良好品德。大学生要珍惜劳动成果和社会资源，要量入为出，养成健康良好的消费行为。要养成理性消费的习惯行为，不攀比、不浪费，提倡合理适度的物质消费，追求丰富的精神修养。

### （三）大学生良好的交往行为

良好的人际关系是大学生健康发展的重要心理品质，大学生要养成以下良好的交往行为：

一是要微笑示人、礼貌待人，尊重同学和师长之中。微笑是通行的世界语言，意味着友好和尊重。微笑是个体和他人和谐相处的法宝。

二是要善于赞美、乐于欣赏，自信真诚地对待同学和师长之中。有意识地用欣赏与赞美的态度对待周围的人，也会赢得他人的欣赏与认可。

三是要增强自信、积极主动、热情乐群，大方友好地对待同学和师长。要想交到朋友，首先自己要主动成为别人的朋友。所以要主动大胆地参与社交活动，热情友好地与人沟通互动。性格内向孤僻、害羞胆怯是部分大学生人际交往的一大障碍，要克服和消除它，需要正确地认识自己、自信愉快地认同和接纳自己，优化自我意识。培养自信乐观的性格，锻炼自己的胆量，从而克服胆小、害羞所带来的交往障碍。

五是要善于表达、展示自我，自信勇敢地融入同学和师长之中。敢于表达和表现自己是参与当今社会竞争与合作的必备素质，也是获得他人的认可与接纳的重要途径。大学生要积极地参与校园活动，在各种集体场合中提高展示自我的信心和能力。

六是注重礼仪、讲究谈吐，礼貌得体地地对待同学和师长。良好的交际形象也是人际关系和谐的重要方面，所以要想得到他人的接纳与认可，不能忽视个人礼仪形象的塑造。

七是要以诚相待、增强信任，与人为善、乐于助人。与人交往，必须要以诚相待、热情待人。"以诚待人者，人亦以诚相应"，如果能做到以真诚去对待他人，他人也会以真诚回报。人之相交贵在知心，但要做到知心，每个人都要自己能够率先以真心诚意的态度来结交对方，不能以怀疑的眼光来看待对方。"自疑者不信人，人亦疑之"，假如交往双方相互怀疑，不但彼此交往困难，而且还会导致彼此产生误解，甚至产生冲突。

八是要包容大度、善于原谅，宽以待人、严于律己。在人际交往中，要"修己而不责人"，要对照别人，优化自己。大学生要通过多参加交往活动，在活动中有意识有目的地逐步培养自己开朗活泼的性格。要尊重他人，做到与人平等相处。在注重修身立己的同时，还要"宽以待人"。在与人交往时，不能过分苛求别人，要善于求同存异。

九是要自尊自重、爱己爱人，平等尊重地待人接物。"敬人者，人恒敬之""你敬我一尺，我敬你一丈"。我们要与人为善、乐于助人。要以友爱、平等、敬重的态度待人接物，为人处事。

## 🔍 实验实训

## 大学生日常行为调查问卷

您好！非常感谢您参与"关于大学生日常行为的调查"。请您按照自己的实际情况作答以下题目，调查结果只限于数据分析，我们会对您的个人信息保密。再次感谢您的配合。

Part Ⅰ　基本信息

1. 您的性别是_____

A. 男　　　　　　　　　　　B. 女

2. 您的年级是_____

A. 大一　　　　B. 大二　　　　C. 大三　　　　D. 大四

E. 其他

3. 您的专业_____

A. 文科　　　　B. 理工科　　　　C. 艺术类　　　　D. 其他

Part Ⅱ　生活行为

1. 您一般在晚上几点上床睡觉

A. 21∶00～22∶00　　　　　　B. 22∶00～23∶00

C. 23∶00～0∶00　　　　　　　D. 00∶00～1∶00

2. 您一般在早上几点起床

A. 6：00～7：00　　　　　　　B. 7：00～8：00

C. 8：00～9：00　　　　　　　D. 9：00～10：00

E. 自然醒

3. 您平均每天的睡眠时长为

A. 9 小时以上　　　　　　　B. 7～9 小时

C. 6～7 小时　　　　　　　D. 6 小时以下

4. 您一个月的生活费用支出是

A. 1000 元以下　　　　　　B. 1000～1500 元

C. 1500～2000 元　　　　　D. 2000 元以上

5. 您每月的生活费用中，支出最多的是

A. 餐饮伙食费　　　　　　B. 书籍等学习用品

C. 基本生活用品　　　　　D. 跟朋友聚餐、消遣娱乐

E. 衣服、化妆品

6. 您是否经常不吃早饭

A. 是　　　　　　　　　　B. 否

7. 早饭时，您是否经常用面包、饼干或包子等应付一下

A. 是　　　　　　　　　　B. 否

8. 您在课余时间最经常做的事情是

A. 睡觉　　　　　　　　　B. 看影视剧

C. 玩游戏　　　　　　　　D. 看小说

F. 逛街购物　　　　　　　G. 参加社团等集体活动

H. 图书馆看书做作业

9. 您每天使用手机的时间大约是

A. 3 小时以下　　　　　　B. 3～5 小时

C. 5～8 小时　　　　　　　D. 8 小时以上

10. 您的手机或电脑最主要用来做哪些事情？

A. 搜索信息、完成作业/工作/任务

B. 刷微博/微信/QQ 等社交聊天软件

C. 刷淘宝/京东等购物 App

D. 看剧/看电影

E. 其他

Part Ⅲ　交往行为

1. 您跟宿舍室友的关系是

A. 矛盾很深，基本不说话

B. 有矛盾，但表面还过得去

C. 有矛盾，但不严重，可以化解

D. 矛盾很少/基本无矛盾

E. 和谐融洽

2. 您觉得自己目前的人际交往状况是

A. 非常好，朋友很多，很享受目前的人际环境

B. 还可以，但仍觉得有一些需要改善的地方

C. 一般般，身边有几个知心朋友但圈子比较小

D. 不理想，偶尔会感到苦闷，但不影响日常学习生活

E. 很不好，感到孤独，明显影响到了自己的日常学习生活

3. 您是否有较好的异性知己

A. 是　　　　　　　　　　B. 否

4. 与异性交往，您感觉

A. 自然轻松　　　　　　　B. 开始拘束，熟悉后会很自然

C. 害羞拘谨　　　　　　　D. 从不与异性交往

5. 您一般多久与家人视频/通话一次

A. 一天一次　　　　　　　B. 两三天一次

C. 一周一次　　　　　　　D. 一月一次

E. 每学期都很少联系或不联系

6. 当您不想做别人拜托的某些事情时，您会

A. 直接果断拒绝　　　　　B. 委婉拒绝

C. 想拒绝，但不好意思　　D. 从来都不敢拒绝别人

7. 在与他人交往时，您通常是

A. 主动热情　　　　　　　B. 被动等待

C. 冷漠不屑　　　　　　　D. 温和随意

8. 对于大学室友或同学的信任感，您的态度是

A. 完全信任　　　　　　　　B. 完全不信任

C. 一般般，因人而异　　　　D. 大学生都很功利，没有纯粹的友谊

9. 您对于自己大学老师的态度是

A. 主动接近　　　　　　　　B. 敬而远之

C. 视为朋友

10. 您对大学期间人际交往的态度是（多选）

A. 非常重要，会尽力维持好与周围所有人的关系

B. 为日后的工作和发展积累人脉

C. 更喜欢深交，渴望真挚的友谊

D. 顺其自然，和值得相处的人认真相处

E. 习惯于独处，漠不关心，可有可无

Part Ⅳ　学习行为

1. 您目前的自主学习能力

A. 很好　　　　　　　　　　B. 一般　　　　　　　　C. 极差

2. 进入大学后，您是否有自己的时间安排或日常计划表

A. 是　　　　　　　　　　　B. 否

3. 对于大学的考试，您的态度是

A. 每次课前课后都认真学习和复习，平时基础很扎实

B. 平时不努力，临时抱佛脚

C. 不复习，随它去，60 分万岁

D. 抱有侥幸心理，伺机考试作弊

E. 已经挂科一次或多次

4. 进入大学后，您是否有考前焦虑

A. 是　　　　　　　　　　　B. 否

5. 您在大学的学习效率

A. 很高　　　　　　　　　　B. 一般

C. 很低　　　　　　　　　　D. 极低

6. 对于大学逃课，您的态度是

A. 热爱学习，从不逃课　　　　B. 偶尔，一周一到两节课

C. 经常，一周三到五节课        D. 频繁，一周五节课以上

7. 您在大学逃课的原因是

A. 从不逃课

B. 我不喜欢这个老师

C. 早上赖床不起来

D. 这门课太无聊/我对这门课不感兴趣

E. 天气或身体等客观原因

8. 对于作业、论文等其他任务，您是否会有拖到最后一刻才完成的习惯

A. 是的，我有严重拖延症

B. 从不拖延，我总是能提前完成

C. 偶尔会拖延

9. 您在大学课堂上的状态是

A. 大多时候在抬头看黑板/认真听讲    B. 总是低头玩手机

C. 习惯上课看其他书          D. 趴着睡觉

10. 您是否会因为懒散而完成不了自己的学习计划

A. 是的，计划总是泡汤

B. 偶尔会偷个懒

C. 从不，一直按时完成

## 大学生学业状况调查问卷

您好！这是一些有关学习与生活方面的调查，不会记入您的学习成绩，不需填写姓名，请您如实地填写。由于人各有差异，每个同学的回答自然是不同的，因而对问题的回答没有对与不对之分。请在相应的方框内打"√"，谢谢您的合作。本调查只做研究之用，涉及个人的隐私问题，我们会绝对加以保密。

专业_____    年级_____    性别_____

上一年度综合测评分数：_____

| 编号 | 题　目 | 完全不符合 | 基本不符合 | 一般 | 基本符合 | 完全符合 |
|---|---|---|---|---|---|---|
| 1 | 我经常发现自己做的事，几天前就该做了。 | | | | | |
| 2 | 我总是在作业要交的时候，才开始写作业。 | | | | | |
| 3 | 当我把从图书馆借来的书看完后，会立即归还而不管是否到期。 | | | | | |
| 4 | 到了早上起床的时间，我会马上起床。 | | | | | |
| 5 | 我写完一封信后，总是过几天才寄出去。（我收到邮件，总是过几天才回复。） | | | | | |
| 6 | 当有电话打来时，我一般会立即接听。 | | | | | |
| 7 | 即使任务不需要花很多精力去完成，但我还是很少在几天内完成。 | | | | | |
| 8 | 遇到问题时，我通常会立刻做出决定。 | | | | | |
| 9 | 我经常拖延一会，才真正开始工作。 | | | | | |
| 10 | 为了按时完成作业，我经常临时加班加点。 | | | | | |
| 11 | 准备出门时，我很少还有什么事必须马上做。 | | | | | |
| 12 | 在完成作业的最后几天里，我还经常浪费时间。 | | | | | |
| 13 | 我喜欢约会时提前到。 | | | | | |
| 14 | 我经常在任务布置下来很短一段时间内，就开始进行这项工作。 | | | | | |
| 15 | 我经常能在规定时间内提前完成任务。 | | | | | |
| 16 | 我总是在节假日的最后几天去买节日礼物。 | | | | | |
| 17 | 我通常在最后时刻，才去买对我很重要的东西。 | | | | | |
| 18 | 我通常在一天之内完成所有计划的任务。 | | | | | |

续表

| 编号 | 题　　目 | 完全不符合 | 基本不符合 | 一般 | 基本符合 | 完全符合 |
|---|---|---|---|---|---|---|
| 19 | 我经常对自己说"这件事，我明天会做的。" | | | | | |
| 20 | 我通常只有完成当天所有任务后，晚上才会睡觉。 | | | | | |
| 21 | 我认为"一寸光阴一寸金"这句话是正确的。 | | | | | |
| 22 | 我通常把每天的活动安排成一个日程表。 | | | | | |
| 23 | "时间就是效益"这句话是正确的。 | | | | | |
| 24 | 我每天都给自己指定一个学习目标。 | | | | | |
| 25 | 无论做什么事情，我首先要考虑的是时间因素。 | | | | | |
| 26 | 我以为将来比现在和过去更重要。 | | | | | |
| 27 | 我总是把最重要的工作安排在活动效率最高的时间里去做。 | | | | | |
| 28 | 无论做什么事情，我总是既有短期安排又有长期计划。 | | | | | |
| 29 | 目前，我尚年轻，浪费一些时间无所谓。 | | | | | |
| 30 | 在每周开始之前，我都制订了目标。 | | | | | |
| 31 | 对每个人来说，时间就是一切。 | | | | | |
| 32 | 在每个学期我都要制订自己的学习计划。 | | | | | |
| 33 | 我认为我在学习和课外活动上的时间分配是合理的。 | | | | | |
| 34 | 我总是把大量的时间花在做重要的工作上。 | | | | | |
| 35 | 在新年开始的时候，我通常都要制订这一年中自己的奋斗目标。 | | | | | |
| 36 | 我相信时间就是生命。 | | | | | |
| 37 | 我课后复习功课的时间是由老师布置的作业量来决定的。 | | | | | |
| 38 | 我认为时间是可以有效地加以管理的。 | | | | | |

| 编号 | 题　目 | 完全<br>不符合 | 基本<br>不符合 | 一般 | 基本<br>符合 | 完全<br>符合 |
|---|---|---|---|---|---|---|
| 39 | 我通常把重要的任务安排在计划表的重要位置上。 | | | | | |
| 40 | 我能够有效地利用自己的时间。 | | | | | |
| 41 | 我经常根据实际情况对计划进行调整。 | | | | | |
| 42 | 如果有几件事要同时做，我经常要衡量它们的重要性来安排时间。 | | | | | |
| 43 | 我能够很好地利用课堂上的学习时间。 | | | | | |
| 44 | 我对自己设定的目标充满信心。 | | | | | |
| 45 | 我对每个星期要做的事情都有一个计划安排。 | | | | | |
| 46 | 我经常对自己利用时间的情况进行总结。 | | | | | |
| 47 | 在处理好几件事情的时候，我认为最好是每件事情都做一些。 | | | | | |
| 48 | 利用好时间对我具有重要的意义。 | | | | | |
| 49 | 我对自己浪费掉的时间深感懊悔。 | | | | | |
| 50 | 我确定的目标通常都难以实现。 | | | | | |
| 51 | 世上最宝贵的是时间。 | | | | | |
| 52 | 我的时间大部分都掌握在自己手中。 | | | | | |
| 53 | 我通常根据学习任务的重要性来安排学习的先后次序。 | | | | | |
| 54 | 只要是重要的工作，我一定要挤时间去做。 | | | | | |
| 55 | 我相信我的计划安排通常是合理的。 | | | | | |
| 56 | 我认为我对事情重要性的顺序安排是合理的。 | | | | | |
| 57 | 要做的事情很多，我却能处理好这些事。 | | | | | |
| 58 | 我常常与同学交流合理利用时间的经验。 | | | | | |
| 59 | 我认为时间就是力量。 | | | | | |

第七章　行为决定作为　大学生行为的养成

续表

| 编号 | 题 目 | 完全不符合 | 基本不符合 | 一般 | 基本符合 | 完全符合 |
|---|---|---|---|---|---|---|
| 60 | 我通常都能按时完成老师布置的作业。 | | | | | |
| 61 | 我常常对自己的工作在什么时候完成没有一个期限。 | | | | | |
| 62 | 我每天什么时候学习、什么时候玩都有一个清楚的想法。 | | | | | |
| 63 | 为了提高时间利用效率，我经常学习有关如何有效利用时间的知识。 | | | | | |
| 64 | 我总是根据目标的完成情况来检验自己的计划。 | | | | | |

再次感谢您的参与。

1. 各条目的意义：

时间价值感：5、28、6、16、9

个体取向：11、39、1、3、31

社会取向：60

时间监控观：10、4、15、17、40

设置目标：12、25、41、8、2

计划：33、7、19、22、27、50、55、64

优先级：21、44、38、26、43

反馈性：42、14、34、37

时间分配：47、53、54、56、57、58、62

时间效能感：24、13、36、35、30

时间管理行为效能：18、29、20、23、32

时间管理效能：45、46、48、49、51、52、59、61、63

2. 计分方法：

完全符合1分，基本不符合2分，一般3分，基本符合4分，完全符合5分。累计积分越高，状况越好。其中，条目1、2、5、7、9、10、12、16、17、19、26、29、37、47、50、61为反向计分。

**体验感悟**

　　思考自己在学习、生活和交往等方面的行为模式和特点，及时调整和改变不良的行为习惯，促进自己良好行为的养成。

# 第八章　赢取美好人生　大学生的行为辅导与训练

性情的第二替代物是训练，它是形成习惯与常规的力量。

——爱默生（美国）

 **心路历程**

## 一、　校园故事

我觉得我是一个很虚伪很假的人，就是那种外在表现和内心感受很矛盾、很不一致的人。尤其是与人交往这方面。比如，跟室友的关系上。我明明不赞同某个室友的提议，但偏偏又答应了，而且总是这样。比如，我已经打算好了去图书馆，然后她提议我们去教室，我就跟她一起去了；比如，我很想去食堂吃饭，但她提议我们去门口小店吃，我又答应她了……反正总是这样。这似乎看起来也不是什么了不起的事情，但关键是我心里很不乐意答应她的，很不高兴那样做，但我却没有反驳她。"对，就是不会拒绝她。"我是不是很虚伪，内外很不一致呀？不仅是这个方面，还有就是三个室友经常要我帮忙做事情，比如，取快递、帮忙从食堂带饭等。我非常反感，但每次还是去帮她们，而且我还装作很乐意的样子。我也知道帮助别人是应该的，我应该乐于助人、与人为善，而且我也的确如此。但是帮忙前后，我非常不开心，因为十二分不愿意。但是我又表面上不说，就是我不会拒绝她们。我觉得拒绝别人的意见和请求很不礼貌，而且会影响我们的关系。况且有时候的确是顺路可以帮她们取快递、带饭。但是我心里的确又很不舒服、很讨厌。我是不是人格分裂呀?! 不过, 有的时候, 即便不顺路, 我也会去帮她们取快递的。我也拒绝过呀, 但是她们总是说, 我是不是太小气呀, 稍微绕个路而已。所以后来, 尽管那天下着雨, 我还是又绕了很远的路帮她们取了快递。这种情况已经很久了, 我总是处于纠结、矛盾和苦恼之中, 我觉得我真不是一个好人, 是一个很会装的人。我不知道该怎么办, 我如何才能活得跟自己的内心一致呢?

## 二、 懂得拒绝, 学会说 "不", 是个体必备的心理健康品质

当别人的请求是不合理的, 或者与自己的正当利益完全相悖时要懂得拒绝, 学会说"不"是个体心理健康的表现。在现实生活中, 对于同事、同学或朋友的过多过分的要求, 往往有些人总是有不会说"不"不敢说"不"不能说"不"的心理和行为。这种"好好先生"的人往往宁愿让自己吃亏也不想影响面子或者所谓的人际关系, 但是心里的委屈和不满只有自己知道。长期无条件地接受别人的请求, 最终会让个体的自尊受损, 并影响到情绪健康、甚至影响到他们的社会发展和自我提升。

懂得拒绝, 学会说"不"是个体自我肯定与自我接纳的表现。一个心理健康的人必然是一个自我肯定与自我接纳的人。能够自我肯定与接纳的人就会很自信, 她们相信自己在别人心中的社会角色、地位和影响, 所以在面对别人的不合理请求时会拒绝、有说不的能力, 并且不会不好意思或者产生罪恶感;他们能够顾及自己的需要、自己内心的感受, 从而维护自己正当合理的尊严和利益。不过, 学会自我肯定与接纳、提升自信, 可以通过优化自我意识、通过科学的团体行为辅导和训练获得。

尽管人类行为的发生发展与改变有着复杂的机制与过程, 并受到种种因素的决定或影响, 但研究发现, 积极的行为是完全可以训练出来的。如《大脑与个性》的作者威廉·汤姆森经过大量研究发现, 人类大脑具有很强的可塑性, 我们大脑的能力并非完全由先天决定, 而是可以通过后天的训练进行强化的。管理培训专家余世维也提出: "行为要不停地规范, 不停地塑造, 才能形成。"而实践表明, 团体辅导与训练是帮助个体学习新的行为及态度、增强行为、改变动机、发展良好行为习惯及能力的有效途径和方式。针对大

学生存在的拖延、游戏成瘾、自卑等不良行为的个体人格原因，我们着重探讨有关大学生意志力行为、自我肯定与接纳行为，以及时间管理行为的团体训练与辅导策略，以促进大学生的健康发展，赢取成功美好的人生。

 **心理视点**

## 一、 意志力行为训练与辅导

### （一）意志力及其意义

意志力是指一个人自觉确定目标，并根据目标来支配、调节自己的行为，克服各种困难，从而实现目标的重要心理品质与心理过程。长期以来坚强的意志力似乎是超凡人物才具有的美德，但世界顶尖心理学家告诉我们：意志力既不是魔法，也不是空洞的励志口号，而是让人生更美好的能力。它是引导我们行为的重要精神力量，是我们的决心、恒心与毅力的精神前提和基础。

意志力是人们为达到既定目的而自觉努力的程度和坚持的品质。所以，在决定一个人能否成功的后天因素中，意志力排在第一位，它比才智更为重要。美国作家罗伯特·詹姆斯·沃勒提出："我们习惯于用判断力思考问题，但最终你会发现，解决问题的还是意志，而不是你的才智。"另一位近代作家也曾以强有力的语言指出："相对于其他的一些因素而言，对一个人的成功来说，意志力的训练与提升是最为重要的。在意志力的强弱和成就的大小之间存在着一种密切的关系，没有人能真正估量出意志力究竟有多大的力量。意志是这个神圣世界中不可缺少的一个部分，它让这个世界充满了创造力——历史上涌现出来的成就皆是人类意志的选择、决心和创造。不管他们是"温和还是好斗，是宽仁还是残酷，只有强有力的意志才能使威尔伯福斯和加里森、古德伊尔和赛勒斯·菲尔德、俾斯麦和格兰特这样的人不屈不挠、永不服输。他们只要做出了计划就会付之以行动。就像太阳或潮汐，没有什么可以阻止这些人前进的脚步。大多人遭受失败，原因不在于他们缺乏教育或良好的个人品质，而在于他们缺乏顽强和无畏的意志。"所以意志力的强弱差异往往是成功与失败的分水岭。成功者常常是意志力坚强的人；而失败者常常是意志力薄弱的人。

威廉·汤姆森也说："意志力为思考能力创造了能够发挥作用的空间，意志力高于思考能力，并因此而拥有控制和指挥思想的权利……意志力是人体和人行为本身的最高指挥官，掌握人生的统帅权。一个人如果总是能跟随意志力的指引进行思考、总是能及时醒悟，而不是根据简单的条件反射来随意进行判断，那么他的人生目标将是非常明确的。一个已养成良好习惯并能按照目标的要求进行思考和行为的人，其言行必然是与目标一致的。这样的人，无与争锋。"① 当今世界，诱惑无处不在，人类的意志力时时刻刻在接受考验。意志力薄弱的人，往往自控力缺乏，就会难以抵挡住不良诱惑，从而产生拖延、成瘾等种种不良行为，导致人生的失败。

然而意志力不是与生俱来的，是在社会实践活动中逐渐培养锻炼出来的，而且是可以后天训练和培养的。意志力像肌肉一样，经常锻炼就会增强。实验研究已表明，心理行为训练能够有效提高大学生意志品质水平，并可广泛应用于高校大学生意志品质教育和心理健康教育②。意志力不仅能够通过学校里各种各样的规范、鼓励和教育而得以锻炼和加强，而且还可以通过完成每个具体行为目标来达到培养的目的。意志力是重要的人格因素，对人的一生有着重大影响。训练和提升意志力，可以挖掘我们的潜力，可以造就我们的第二天性，从而使我们获得人生成功的强大动力和保障。

对于大学生来说，他们既面临着学业、生活、交往等各方面的压力，又面临着各种困难挫折的挑战，如若意志力薄弱，就容易改变行为的方向，容易回避现实，采取消极的应对方式，结果不仅严重影响既定目标的实现，而且还会进一步降低自信心，影响未来发展。所以培养和提升大学生的意志力是高校教育的重要任务和内容。大学生只有具备坚强的意志力，才能够承受各种挫折、征服种种困难、最终成功实现自己的目标，成就自己的人生。

## （二）大学生意志力团体辅导——方案设计及操作

团体心理辅导是指将一个团体作为辅导对象，采用适当的辅导策略，通过加强成员之间的互动交流，使得个体在整体中学习，推动整体来带动个体

---

① 弗兰克·C. 哈德克：《意志的力量》，朱天晶译，北京：现代出版社，2014年，第78页。
② 邓嘉超，等：《心理行为训练对提高大学生意志品质水平的实验研究》，《江西教育学院学报》，2014年第2期。

发展，从而激发出新的学习态度和方法。20 世纪 90 年代，团体心理辅导开始出现，因其感染力强、效率高、辅导效果易巩固等诸多特征被广泛应用于各大高校。团体心理辅导主要包括人际交往辅导、情绪调节辅导、学习改善辅导、生涯规划辅导等多个方面。通过头脑风暴、角色扮演行为训练等技能来帮助团体中的成员交流学习、共享经验。旨在培养学生意志力的团体心理辅导，目的是为了让学生无论在学习中还是生活中，面对问题能够增强抗挫折能力、自我控制力和约束力。

### 1. 团体名称

自控、自律、自强——意志力成长小组。

### 2. 团体性质

封闭式、结构式、发展性。

### 3. 团体目标

（1）认识意志力及其对个体健康发展与人生成功的重要意义；

（2）了解自己的意志力水平，觉察自己意志力存在的问题；

（3）系统开发和培养自己意志力的内容及方法；

（4）培养正确和谐的生活、学习、交往等行为习惯、克服懒散、拖延、沉迷网络游戏等问题行为；

（5）学会自己设计具体明确的发展目标与日常计划；

（6）加强自控力、坚持力、耐挫力。

### 4. 团体成员

12 名大学生（校内公开招募、自主报名、面谈筛选，按照团体心理辅导理论，为保证活动效果，成长性团体以 8～12 人为宜。）

### 5. 辅导与训练场地

学校心理健康中心之团体辅导室。

### 6. 辅导与训练时间

9 单元，每周 1 次，每次 60 分钟左右。

### 7. 设计依据

意志力是决定和影响大学生健康发展与人生成功的核心人格因素和关键

精神动力，任何良好行为的养成与不良行为的改变都离不开意志力的参与。而在现实生活中，一些大学生存在着不同程度的意志力问题，导致了种种不良行为的产生。然而，意志力并非与生俱来、也非一朝一夕就可以练就的，而是在日常生活中不断培养锻炼出来的。科学专业的辅导训练可以培养提升意志力。而这种培养不能采取随意放任的方式，而应该遵循心理发展规律，采取适当的方式科学有序地进行。

科学研究发现，所有的神经官能都是相互作用的，任何机能的开发都彼此影响和促进。所以，意志力的培养可以通过大脑整体机能的改进和提升得以实现，包括感受力、专注力、注意力等综合训练。结合大学生的实际情况，我们可以从以下几个方面进行训练：一是感受力训练；二是注意力训练；三是专注力训练；四是树立个人目标；五是改变坏习惯；六是学会坚持、培养耐挫力。

8. 活动方案设计及操作

### 第一单元　共同成长，一起努力——我们都是好伙伴

活动1. 破冰之旅。

目的：让成员尽快融入团体。

时间：约20分钟。

准备：10把椅子。

操作：热身活动——抢椅子；桃花朵朵开。

活动2. 循环沟通。

目的：沟通练习，使成员尽快认识并熟悉。

时间：约30分钟。

准备：每人一把椅子。

操作：

（1）成员1、2报数，分成两组，里一圈外一圈，里圈朝外，外圈朝内，一一对应，面对面地坐下。每次进行2~3分钟的交流，相互作自我介绍。

（2）指导者叫停，里圈不动，外圈站起来，向右挪一位，坐下继续与新的朋友交流，相互自我介绍。（如此循环往复，一圈下来，就会认识不

少人。）

（3）姓名滚雪球

活动3. 姓名滚雪球（用强制记忆的方式增进成员间的了解和认识，训练成员参与团体活动的专注力和投入程度）。

大家在活动场所随意走动，与尽量多的人握手、寒暄。由一名团体成员开始向大家介绍自己的姓名、班级、爱好和性格等特征；然后按顺时针（或逆时针）方向轮流介绍，但每个介绍者一定要重复说出之前所有作了自我介绍的成员们的信息。如第一个人说我是来自×××的某某某，第二个人说，我是来自×××的某某某旁边的来自×××的某某某，……依次类推，滚雪球。

活动4. 再次宣布强调招募公告中的团体规则，要求参与成员能遵守以下规则：

（1）全程参加9次活动，不迟到，不早退；

（2）要在团体中，开放、真诚地讲述自己的经历，分享自己的体会；

（3）用言语而非行动表达情绪感受；

（4）以尊重和接纳的心态，聆听其他团体成员的分享和体会；

（5）愿意为团队伙伴积极提供反馈与情感支持，不使用语言攻击；

（6）为其他成员的隐私保守秘密。

## 第二单元　我并不完美——我的意志力优势与问题

活动1. 名字的趣事。

目的：让成员之间互相了解，互相接纳。

时间：约20分钟。

操作：

（1）在团队中寻找一个伙伴（最好是不太熟悉的），两人碰碰食指，互相讲自己名字的来历。

（2）指导者喊停，再换一个新伙伴，两人碰碰膝盖、互相讲2~3个和自己名字有关的趣事或印象深刻的故事。

（3）指导者喊停，再换一个新伙伴，拍拍对方的肩，说"认识我，你很幸运，因为……"，讲述自己的三种优秀品质；互换角色。

（4）每人取一个最容易让别人记住自己的有个性的名字。

活动2. 我的意志力故事。

目的：了解自己的意志力。

时间：约20分钟。

操作：

（1）团队中不相识的两人迅速组成搭档，分A、B角色，A先向B讲述一件凭借自己的意志力完成的事情，角色互换。

（2）A再向B讲述由于自己意志不坚强而放弃的而且事后看来是很遗憾的一件事；角色互换。（以上每次讲述3分钟。）

讨论：

（1）曾经仔细体会过自己的意志力吗？自己是个意志力坚强的人吗？

（2）当凭借意志力完成某种挑战时，心情是怎样的？

（3）在困难面前选择放弃的时候，心情是怎样的？

活动3. 我眼中的自己。

目的：深入了解自己的意志力状况。

时间：约20分钟。

准备：纸、笔。

操作：每人经过认真思考，在纸上写出：

当＿＿＿＿＿＿＿＿＿＿＿＿＿的时候，我会坚持下去。（10句）

当＿＿＿＿＿＿＿＿＿＿＿＿＿的时候，我选择放弃。（10句）

讨论：以小组为单位分享活动中的感受。

## 第三单元　我很了不起——感受力训练①

目的：通过意志力，能将全身的能量集中于身体某个指定的部位。

时间：约60分钟。

准备：纸、笔、秒表、手表、PTT课件。

操作：

———————————

① 弗兰克·C. 哈德克：《意志的力量》，朱天晶译，北京：现代出版社，2014年，第158页。

（1）呼吸加冥想放松练习。

（2）视觉观察练习。在舒适的前提下尽量睁大眼睛，注视正前方的 PPT 画面。此时注意力要完全集中，观察你视野中的所有物体，但眼珠不可以转动。坚持 10 秒钟后，不再看前方，而是将所能想起来的物体的名字写下来。凭借你的记忆，不要凭借你之前就知道的信息来做记录。

（3）听觉练习。右手拿一只手表并张开手臂，使手表距离右耳一臂之远。慢慢地将手表移近你的耳朵，直到你听见为止。注意你开始听到滴答声的距离。记下结果，并与其他人对比。（同时作为回家练习作业。）

（4）普遍感觉练习。（"普遍感觉"即神经系统所有的体验都可以被觉察得到，你可以感觉到心脏的跳动，听到自己的呼吸，甚至耳边还能注意到沙沙的声响。全身可觉察到温暖或是寒冷的感觉。你感到生命的脉搏在跳动，你清楚自己正处于一种实实在在的感觉中。毫无疑问，你在任何一个部位上都是有知觉的，而这种知觉同样也几乎是覆盖全身的。）要求练习者安静下来后，进入"普遍感觉"状态后，将注意力放在身体的某一部位，从头部到肩部、背部、到手部的手掌一直到肘部、腹部、臀部、大腿、小腿、脚踝、脚部，并把这些感觉都写下来。

（5）镇静定力练习。练习时要让你的思想一直不断地提示："注意，我决心树立起我的意志力，我正全身心地投入到树立意志力的行为之中。"（该练习可以提高理智与镇静的能力，缓解紧张、焦虑与急躁行为。）

一是练习自然站直。自然呼吸，保持最为镇定的心情，笔直地站好，并以缓慢的速度默数 100 下。除了呼吸和眨眼之外，不要有其他的动作。不要眨眼，不要让身体摇晃。站稳，但要保持自然。保持这一姿势默数 100 下后，放松，并休息一段时间，休息的时间为刚好也为用于数 100 下的时间。重复上面的动作，然后再休息一会儿，共 6 次。

二是练习正襟危坐。直起上身，姿态保持自然。同样保持心情高度平静、放松，并默数 100 下。

三是练习竖直站立，用意志力控制肌肉。向前伸出右手，保持右手自然放松。伸至最大的幅度后，同时伸出食指指向前方。缓慢而平稳地从左至右移动整个手臂，就如用右手食指在画一个直径有几米长的圆一样。重复这一动作 6 次。注意不要画得太快，也不要突然地移动手臂，并要注意控制手臂的抖动或不平稳。之后，以同样的方式向相反方向做 6 次。保持左手放松，让左手同样从左向右，使左手食指指尖沿着想象的一定直径的圆周线移动，练习 6 次。之后，向相反方向重复同样的步骤 6 次。（在这一练习的整个过程中，必须专心致志地注意每一个动作。要求练习者把意志的力量注入所有的动作中。当躯体处于休息状态的时候，努力养成保持身体平静的习惯。无论是坐着还是站着，都要努力去消除一切手部、手指、腿、脚、眼、嘴唇等不必要的动作。注意在练习中应给予极大的意志力，但同时要保持思想的平静。）

讨论：以小组为单位分享活动中的感受。

## 第四单元　我能做到——注意力训练

目的：通过意志力，将注意力集中在某个物品或活动。

时间：约 60 分钟。

准备：纸、笔、红木块、手指练习视频。

操作：

（1）呼吸加冥想放松练习。

（2）红木块练习。用刀将一个正方体红木块横切一刀，一分为二，想一想，这时有几个红面？几个木面？几个木块？横切两刀时，有几个红面、几个木面、几个木块……

（3）手指练习。观看手指视频，学习手指动作，按指令练习。（一枪 4 鸟、摸鼻子摸耳朵、出手指及转手臂等。）

## 第五单元　我可以——专注力训练

目的：通过心理学方法训练专注力。

时间：60 分钟。

准备：10 个纸杯、秒表、硬币数枚。

操作：

1. 抗干扰训练

（1）在十个纸杯上分别写上数字 1~10，然后打乱顺序，以品字形结构

将纸杯在一个椅子上搭起来（让成员围绕椅子而坐以便都可以看清）最下面四个，第二层三个，第三层两个，最上层一个。（5分钟）

（2）以计时方式，给成员十秒的时间记忆纸杯的顺序。（10秒）

（3）时间停止，一个指导者命令大家停止，并要求成员只许视觉记忆，不允许记录；另一个指导者同时迅速收起纸杯。

（4）让成员写下指导者所问的问题的答案，问题如下（3分钟）。

"梅花香自苦寒来"的上一句是什么？

$355 + 276 = ?$

$1056 + 357 = ?$

2 的 8 次方 $= ?$

中国第一大淡水湖是哪个湖？

唐宋八大家是哪八位？

接下来，让成员写出刚才纸杯的摆放顺序。（10秒）

分享：指导者查看结果，分别让记忆最完整的同学和记忆最不完整的同学分享感想，大家体会到抗干扰力在意志力中发挥的重要作用。（20分钟）。

2. HSP 脑呼吸训练

（1）放松：坐在椅子上或者地上，放松双肩，慢慢转动脖子；缓缓深呼吸，重复三四次。做好专注的准备。

（2）想象：想象是人类特有的大脑机能，大脑是不区分想象和现实的。

视觉想象：闭上眼睛想象"红苹果"，像亲眼见到一样鲜明吗？

听觉想象：闭上眼睛想象一下，鞭炮声像在耳旁回响一样清晰吗？

嗅觉想象：闭上眼睛想象一下"刚刚出炉的面包"气味，是不是像在自己面前散发的气味一样诱人呢？

味觉想象：闭上眼睛想象一下"杨梅"和"柠檬汁"，是不是能感受到酸酸的味道呢？

触觉想象：闭上眼睛想象一下"玩具熊"那柔软顺滑的毛绒，是不是像亲手抚摸的感觉一样呢？

3. 贴硬币训练

（1）准备好一枚硬币，做深呼吸加冥想放松练习。

（2）感觉一下，自己的大脑是不是正在舒适自由地呼吸。用手轻轻揉搓几下额头，然后把硬币放在额头中间，用手指按住。稍后，把手松开，硬币是不是一直贴在额头上呢？

（3）分享感受，重要的不是硬币粘在额头上的原理，而是硬币贴在额头上时全身心高度集中的感受。

通过这些项目，练习者可以确认自己大脑集中力达到何等程度的可能性，从而产生开发大脑的坚定意志。

## 第六单元　坚持就是胜利——耐力训练

目的：提高学生的困难承受力，锻炼学生的坚持力和毅力，提高学生的耐挫折性。

时间：约 60 分钟。

准备：骰子（六面上分别写着各种考验条件，如蹲马步、俯卧撑、不许眨眼、平举右手直立、掰手腕等，坚持时间最长的一方为胜）。

操作：

1. 采用小组竞赛形式，每个小组取好队名，设计小队的标识和口号。

2. 每次由老师抛掷骰子后，每个小组派一名学生作为选手，其余学生扮"天使"；每当选手感觉坚持不住的时候，"天使"们要想办法给予鼓励或帮助。比如，喊加油、帮忙扇风、擦汗之类的。

讨论：得到朋友的支持和鼓励，有什么不一样的感受？

3. 胜利的一方可以继续接受其余同学的挑战，并重新掷骰子决定挑战任务和形式。反复游戏。直到绝大部分同学都有机会参与游戏。

讨论：

当你感觉自己实在坚持不下去的时候，是什么感受？是什么让你继续坚持完成任务？最后的胜利是特别擅长完成学习任务的，还是特别有毅力和坚持力的？

4. 邀请胜利的同学分享自己的策略和体会。帮助学生将游戏与现实学习联系起来，鼓励学生分享现实的情境中遇到的困难，以及自己克服困难的过程。

## 第七单元　我是自己的上帝——户外求生　（课外作业）

目的：让大家在户外求生的过程中检验自己的意志力。

时间：1 天。

操作：不能带钱，只能带身份证或学生证，手机只能作为联络的工具，在万不得已的情况下方可使用。要求大家外出找工作，挣出一顿午饭的钱（如果有剩余更好）。不能求助熟人介绍、不能靠借钱或让朋友请客等方式得到午饭。在此过程中，如果觉得无法坚持可以放弃。

作业：将自己活动的过程及感受写下来用以分享。

## 第八单元　坚持就是胜利——长跑耐力训练　（课外作业）

目的：让大家在跑步过程中检验自己的意志力。

时间：2 周。

操作：

1. 制订定时定点定量长跑计划表格（根据自己实际情况，第一周 30 分钟起步，运动量每天下午 5 ~ 6 点，操场或体育馆，风雨无阻）。

2. 第二周，50 分钟 ~ 1 小时，每天都可增强 5 ~ 10 分钟运动量。

3. 每天完成任务后，给予正强化奖励

作业：将自己活动的过程及感受写下来用以分享。

## 第九单元　坚持梦想，勇于前行

目的：对各种活动的收获和感受进行总结。

准备：音响设备及音乐。

时间：60 分钟。

操作：

1. 观看电影《阿甘正传》，阿甘跑步的片段（10 - 15 分钟）。

2. 请同学分享体会（20 分钟）。

阿甘的成功是否是一个个偶然因素的累积？

阿甘身上还有那些品质，你认为其中最重要的是什么？

3. 推荐课外欣赏 8 部由真实事件改编的著名"绝境求生"电影，继续领悟顽强的意志是人生最宝贵的财富：《天劫余生》（*Alive*）；《极地重生》（*As Far As My Feet Will Carry Me*）；《冰峰 168 小时》（*Touching the Void*）；《127 小时》（*127 Hours*）；《深海浩劫》（*Deepwater Horizon*）；《阿波罗 13 号》（*Apollo 13*）；《地心营救》（*The 33*）；《火星救援》（*The Martian*）。

4. 在音乐背景中，每个人表述自己这次活动的收获和感受；未来提升自己意志力的打算、改进与完善。

5. 共同演唱意志力之歌《永不放弃》，在坚强有力的歌曲中结束训练课程。

## 二、 自我肯定与接纳行为训练与辅导

### （一）自我肯定与接纳及其意义

一个心理健康的人必然是一个自我肯定与自我接纳的人。自我肯定，是指个体对自己的外在形象、精神面貌、性格特征、行为表现和自我价值等方面的认可与欣赏。自我接纳是指一个人对自己的一切内外在特征的无条件关注与了解、面对与接受。个体的自我肯定与接纳可以提高其自尊水平，发展自信行为。台湾有研究也表明，自我肯定水平与人际关系、人际冲突的引发有着密切的关系，自我肯定始终是获得他人肯定与社会肯定的前提和基础。在人际交往中，能够自我肯定与接纳的人才具有充分的自信心和自信行为，才能积极地表达和展示自己、勇于坚持自我，能够维护自己的合理权益，进而最终能够建立和拥有真诚开放、健康良好的人际关系，而自我否定容易导致自卑、自我压抑与人际退缩。美国心理学家 Ruff 也曾指出："自我接纳是主观幸福感的因素之一。"一个不能自我不接纳的人，其内心会产生很大的矛盾和冲突。马斯洛在需要层次理论中提到，要想在一个不完善的、充满矛盾与冲突的自我层面建立一个令自己满意的、趋于完善的自我，必须要经过三个环节，即自我认识—自我接纳—自我改变。个体只有肯定性的自我认识才能具有愉快合理的自我接纳，才能促进自我积极有效的发展与完善。

临床行为治疗师 Lazarus（1973）与 Alberti（1974）提出，自我肯定行为包括四种内涵：一是说不的能力。当别人提出的要求不合理时，个体会拒绝，

他不会不好意思或者产生罪恶感。二是请求的能力。个体能够寻求他人的帮助，并且不会担心或介意被他人拒绝。三是维持和终止交谈的能力。四是表达正性和负性情绪的能力。在被别人伤害时敢于表达内心的痛苦或愤怒，得到别人的帮助时能够表达内心的感激①。

此外，台湾学者夏萍回经过研究，把自我肯定行为分成了六种模式：（1）基本（Basic）：能够清楚地表达自身的需求、信念、意见及自身感受，且较少关注别人对自己的看法；（2）谅解（Empathetic）：在交往情境中能够考虑别人的情绪与要求，能够了解他人所表现的行为；（3）矛盾（Discrepancy）：当未来与自己所期望的产生差异时，能够追究原因并重新制定行动方案；（4）直言（Negative Feeling Assertion）：能够直接向他人提出问题；（5）影响（Consequence）：告诉他人如果不改变行为，会给自己造成的危害；（6）询问（Responsive）：能够调节与他人交谈时的语速和音量，同时能够从对话中知道对方的观点和感受等②。

总之，心理专家认为，自我肯定与接纳是个体必备的心理健康品质。自我肯定与接纳的个体往往性情温和但不羞怯；坚持己见但不固执；尊重他人也能尊重自我。而一个不能自我肯定与接纳的人往往容易自我否认与贬低、自我排斥与厌恶；遇事容易优柔寡断和放弃、表现出低自我效能感和低期望感、甚至悲观绝望；遇人容易自卑、害羞、胆怯和回避，乃至出现各种退缩行为；进而影响到自己的社会适应能力，阻碍学习、生活、交往和工作等各项社会功能的正常进行和发展③。

### （二）大学生的自我肯定与接纳状况

大学生的自我肯定与接纳水平也同样影响着他们的自尊和自我提升水平。如实验研究表明，大学生对自我的评价有显著的自我提升的倾向。其中，通过对自己在最好的朋友的身上投射产生的间接自我提升倾向比直接自我提升的倾向更强烈。大学生的外显自尊与自我提升水平显著正相关，内隐自尊与

① Alberti R E, Emmos M L. Your Perfect Right: A Guide to Assertive Behavior [M]. San Luis Obispo: Impact, 1970, 51.

② 夏萍回：《自我肯定训练》，《医学继续教育》，1996 年，第 588 - 592 页。

③ 林崇德，杨治良，黄希庭主编：《心理学大辞典》，上海：上海教育出版社，2003 年，第 234 页。

间接自我提升水平显著正相关。外显自尊与内隐自尊存在不同方向的显著性别差异①。另有相关性分析亦表明，大学生的自尊水平和自我肯定水平呈显著正相关，在自尊量表上得分高的个体，在自我肯定量表上的得分也高②。陈园园等（2018）的实验研究发现，在压力状态下，自我肯定个体的自我同一性状态更好；个性特质肯定对个体自我同一性状态影响最大。即自我肯定的学生更能缓解压力带来的消极情绪，拥有更多的心理资源认识自我及相关事件，从而达到自我同一性更高状态，提升其心理健康水平③。

然而心理测量及调查表明，大学生的心理问题最常表现在自我肯定性方面④。部分大学生因为自我肯定与自我接纳水平较低引发了各种情绪行为问题，严重影响着他们的自尊与自我提升，进而危害着自己的学习、生活和人际交往。这类大学生的"理想自我"与"现实自我"处于激烈的矛盾冲突中，理想自我过高，而对现实自我的评价又过低，心理上常处在一种自我的防御状态，非常敏感脆弱。一个人只有接纳自我，才能够丢掉许多自我防卫机制和虚伪的掩饰，发现自己的真实形象，更好地认识和展现自我⑤。而对于不能自我接纳的大学生来说，小小的失败都可能积累起来形成挫折感，挫折感积累又转化为自卑进而更加否定"现实自我"，陷入恶性循环。严重自我否定的同学甚至会从对自己的不满发展到自轻、自贱、自恨、自怨、自嘲，越来越消沉，以致对自己彻底丧失信心，导致孤独抑郁，出现病态的心理和行为。据《大学生心理健康调查研究》显示，有45.65%的大学生认为自己自卑、缺乏自信心。很多大学生存在着自我接纳水平较低的问题，这直接影响着他们的成长和成才，给其个体、学校和家庭都带来了很大困扰⑥。因此，正确地认识并接纳自我对大学生来说非常重要。

———————————

① 白雨：《大学生自我肯定与自尊对自我提升的影响》，南京师范大学硕士学位论文，2017 年。

② 张丹萍：《自我肯定团体辅导对大学生自尊影响的研究》，鲁东大学硕士学位论文，2015 年。

③ 陈园园，石伟：《自我肯定对大学生自我同一性状态的影响》，中国健康心理学杂志，2018 年第 9 期。

④ 李虹，梅锦荣：《测量大学生的心理问题：GHO—20 的结构及其信度和效度》，《心理发展与教育》，2002；洪冬美：《大学生自我肯定状况的分析及对策》，《南华大学学报》，2005 年第 12 期。

⑤ 李闻戈：《对大学生自我接纳的现状及特点的研究》，《宁夏大学学报（人文社会科学版）》，2002 年第 1 期。

⑥ 郑海英：《大学生自我接纳团体心理辅导方案设计》，《现代交际》，2017 年第 3 期。

### （三）团体心理辅导能提高大学生自我肯定与接纳水平

心理学理论及实证研究发现，心理辅导与训练能够有效提高大学生的自我肯定与接纳水平。自我肯定和接纳训练能够帮助个体完善个性、建立合理的自信与自尊水平、预防和消除个体自我否定和排斥所引发的不良情绪和行为困扰，提高其社会适应能力。临床实践表明，自我肯定与接纳训练对于因自信心不足所致的焦虑、恐惧、胆怯、交往行为及情绪障碍等有着非常显著的效果①。

而多项实证研究也表明，团体心理辅导与训练可以有效帮助大学生提高自我肯定与接纳水平。一是林彦如（2003）的实证研究显示，实验组成员在接受自我肯定训练后其自我肯定和自尊有显著的提升。② 二是黄小忠等（2006）的研究同样发现，团体心理辅导通过营造一种开放、真诚、民主、共情的氛围，能够帮助成员逐渐能暴露自我，可以显著改变成员的自我否定评价感及人际恐惧情绪及行为。③ 三是郑海英（2017）通过实证研究也发现，大学生自我接纳团体心理辅导方案，对于提高大学生自我接纳水平效果显著。④ 参与自我肯定团体辅导的被试，在自尊量表和自我肯定量表上的得分在团体辅导结束后得到显著提高。张丹萍（2015）的实证研究也表明，自我肯定团体辅导能增强个体自信心，减轻个体的情绪压力，促进个体产生更多的积极行为，提高个体的自信心，增强对自身的认识。⑤ 不过研究也发现，自我肯定与接纳的辅导与训练需要较多的团体辅导时间才会有更明显的效果，因为团体成员之间长时间的、持续的相互支持更能促进效果的长期保持和提升。

### （四）大学生自我肯定与接纳团体辅导与训练——方案设计与操作

#### 1. 团体名称

我就是我，人间不一样的烟火——认识与悦纳自我成长小组。

---

① 王辉：《行为改变技术》，南京：南京大学出版社，2006：308.
② 林彦如：《自我肯定训练对国防医学院学生自我肯定、自尊、人际沟通满意度之影响》[D]. 台北：国防医学院护理研究所，2003.
③ 黄小忠等：《大学生自我肯定团体心理辅导效果》，《中国行为医学科学》，2006年第5期。
④ 郑海英：《大学生自我接纳团体心理辅导方案设计》，《现代交际》，2017年第3期。
⑤ 张丹萍：《自我肯定团体辅导对大学生自尊影响的研究》，鲁东大学硕士学位论文，2015年。

## 2. 团体性质

封闭式、结构式、发展性。

## 3. 团体目标

（1）促进成员的自我觉察与自我探索，全面正确地认识、评价和肯定自己。

（2）发现和接受自己的优缺点，愉快平和地接纳自我、有效地完善自我。

（3）从积极的优势视角挖掘自己及他人的正向特质，提升成员的自我价值感、自我认同感、自我信任感。

（4）与他人分享自己的优点与长处，培养积极自我评价的习惯思维与行为。

（5）在人际交往中能够勇于表达拒绝和请求；能够合理地表达自己的情绪。

（6）结束团体活动后，能将在活动过程中的感受与经验运用到个人的生活、学习和交往实际，解决现实中的情绪和行为问题。

## 4. 团体成员

20名大学生（校内公开招募、自主报名、心理测试及面谈筛选）。

## 5. 辅导与训练场地

学校心理健康中心之团体辅导室。

## 6. 辅导与训练时间

7单元，每周1次，每次90分钟左右。

## 7. 设计依据

自我肯定与自我接纳是大学生健康发展的重要心理品质和人格特点。而部分大学生的自我肯定与自我接纳水平较低，从而导致缺乏自尊、严重自卑、孤僻退缩等各种不良的情绪和行为问题，严重影响着学习、生活和人际交往的正常进行与发展。研究表明，团体心理辅导与训练可以帮助大学生提升自我肯定与自我接纳水平，帮助他们正确认识评价和肯定自我，愉悦地接纳自我，有效地发展自我，并建立健康良好的人际关系。

### 8. 活动方案

按照团体辅导理论，整个团体活动分为三个阶段：导入阶段、实施阶段和结束阶段。导入阶段是形成团体，通过破冰等行为活动让团体成员彼此认识，建立团体规范，创立和谐、温暖、安全、理解的团体氛围，以促使成员都能在团体中尽情地倾诉与交流。实施阶段就是通过一系列较深层次的探索活动促进成员更深入地分享讨论，引导成员全面的自我认识、自我探索进而获得自我接纳、自我肯定，注重成员的正向行为认知的建立。结束阶段是协助成员对自己的团体经验作归纳总结，巩固活动效果，能够将在团体中所收获的经验方法应用到日常生活学习中，使个体不断地获得改变和成长。

### 9. 具体设计与操作

#### 第一单元　相逢篇——有缘千里来相会

目的：通过活动促进成员间的相互认识与了解，促进成员之间的相互信任与接纳，形成轻松愉快的团体氛围；了解明确团体的目标、规定和要求。

时间：90 分钟。

准备：11 把椅子。

操作：

活动 1. 大风吹（热身活动，获得对成员的初次认识，建立轻松活泼的团体氛围）。

大家围坐成一圈，指导者说明活动要求。然后根据口令换位置。指导者喊口令：大风吹啊吹！成员问，吹什么？吹到……（说一个某些成员所具有的共同特征，如戴眼镜的、穿红色衣服的等）。有该特征的同学站起来，迅速地换一个位置。指导者参与抢到一个空位子坐下，没有坐到座位的成员成为"指导者"站在中间继续大风吹的活动。

活动 2. 姓名滚雪球（具体操作详见本章第一节）。

活动 3. 签订团体契约。

指导老师和团体成员共同制订团体规范和要求：保密、真诚、尊重、中立、遵守纪律等规范，保证团体活动安全有序进行。

## 第二单元  认识篇——我是谁

目的：通过活动引导成员多维度地全面正确地认识和评价自我。

时间：90 分钟。

准备：纸、笔。

操作：

活动 1. 热身活动——桃花朵朵开（放松和活跃气氛，增强成员融入集体的积极主动性）。

大家手拉手站成一圈，顺时针或逆时针边唱《数星星》歌边走动，主持者口令："桃花朵朵开"成员们一起问"开几朵"，主持者说开几朵即为几人一组。如变五人一组或七人一组或三人一组等。（大家根据口令要求的人数组成小组后，剩余的不足一组的人（即无家可归者）为"孤儿"，要求他们分享内心的感受）。

活动 2. 第一印象大揭秘（促进成员的了解和信任，帮助成员探索和认识自己）。

成员两人一组，彼此畅谈认识以来我眼中的你。

活动 3. "自画像"。

（1）请在纸上画出心中的自己。可以画任意一种事物来代表自己。通过"自画像"，使成员进一步认识自己，展示一个"内心的我"。（2）在自画像的纸上写出 20 个"我是谁"，要求内容须反映出自己物质（生理）自我、社会自我，以及精神（心理）自我的特点和风格。

活动 4. 猜猜"我是谁"。

把每个人的自画像向内 3 次对折后，打乱顺序放在一起。然后，每个同学抽取一张，大家轮流对所抽到的"自画像"进行阅读和分析，试着猜出他（她）是谁。得到确认之后，大家对该成员的自画像进行点评和补充，你认为他（她）的物质（生理）自我、社会自我，以及精神（心理）还具有哪些特点和风格；突出优缺点。该活动可以帮助每个成员更全面认识自我的各个方面，能够客观地评价和接纳自我；同时也可以通过交流使成员读懂你、我、他，促进彼此进一步了解和认识。

## 第三单元　欣赏篇——我们眼中的你

目的：通过活动引导成员多维度地全面正确地认识和评价自我。

时间：90 分钟。

准备：纸、笔、一幅图。

操作：

活动 1. 热身活动——口是心非。

成员边说一个动作边演示，但是要求说出的动作和自己做出的行为不一致，下一位成员要做出上一位成员口中所说行为，依次类推。目的是使成员注意力集中到团体中、来，激发参与活动的热情。

活动 2. 优势轰炸——欣赏与赞美。

成员分为两组，各围成一个圆圈，每个成员轮流站在团体中央，其他人从各方面说出对他的可赞美与可赞赏之处。

在赞美别人时，须真心、真诚、真实，尽量挖掘他人不易觉察的优点。不能毫无根据地吹捧，这样会伤害别人。

引导与分享：大家的赞美属实吗？大家称赞的优点你都认可与接纳了吗？你此时此刻的体会和感受是什么？

注：学会接受称赞是个体学会接纳自我的重要表现。面对称赞，不能自我肯定的人常常会不自然、反感甚至排斥，所以此活动要引导成员学会接纳赞美，并对照和反思自己，成为肯定自我及接纳自我的一部分。

活动 3. 制作优势卡片。

要求成员记录：别人认为我拥有的优势及我认为自己拥有的优势，分别写出至少 3 项。

活动 4. 看图想象。

准备一些人物图片，给成员展示图片，让对方说说看到和想到了什么？引导成员认识到，即便是对同一事物，人们的看法会有很大的不同。所以在生活中，不同的人对我们的认识和看法是不同的。我们不可能让周围的每一个人都喜欢和欣赏自己。事实上，最了解自己的人只有我们自己。我们要想完善自己，首先要自己充分认识自己。同时，正确看待来自外界的不同评价。

注：引导学员学习和了解自我认识的"乔韩窗口理论"（Joharri Window）。

## 第四单元　觉察篇——学会善待自己

目的：通过活动引导成员反思和觉察生活中经常丑化自己的方面，是否只看到和放大了自己的缺点，甚至把优点也看作了缺点；学会从优势视角认识和评价自我，愉快地肯定和接纳自我，并且能够扬长避短。

时间：90分钟。

准备：纸、笔、视频。

操作：

活动1. 热身活动——信任圈。

成员手牵手围成一个圈；任意一个团员自由后摔，其他成员给予支持，并确保安全，培养成员互相信任；让学生在活动中感受到彼此的信任和个人在团体中的责任感和参与力。

活动2. 视频欣赏与讨论——镜像人生反思短片《自己和他人眼中，我为何如此不同》、治愈系创意短片《你，远比自己想象的美丽》。

结合第三单元活动的收获和总结，引导成员觉察反思：自己和他人眼中，我为何如此不同？认识到你远比自己想象的要美丽得多。平时，自己如何放大了哪些自己的缺点？这些缺点在什么条件下其实可以成为优点？

活动3. 积极赋义。

（1）结合活动2，在纸上写下自己认为不好的性格特征，然后对这些不好的性格特征进行积极赋义，如多疑——积极赋义就是自我保护意识强；畏首畏尾——积极赋义就是小心谨慎……

（2）团体分享，并讨论某些性格特征什么情况下具有积极作用，什么情况下具有消极作用，如何避免其消极作用。

## 第五单元　人际篇——学会拒绝和请求别人

目的：通过活动引导成员反思和觉察生活中经常丑化自己的方面，是否只看到和放大了自己的缺点，甚至把优点也看作了缺点；学会从优势视角认识和评价自我，愉快地肯定和接纳自我。

时间：90 分钟。

准备：若干张报纸。

操作：

活动 1. 热身活动——同舟共济。

分为两组进行。将报纸铺在地上，每组成员必须想方设法全部站在报纸上，完成任务后，指导者将报纸面积减半，继续活动，这样一直下去。直到有一组成员失败放弃后，另一组成员算作成功并得到奖励。

活动 2. 相互按摩（成员在轻松的气氛中让自己的身体处于放松状态）。

成员围成一个圈，每个人的双手搭在自己前面一个成员的肩膀，为其捏肩膀、拍后背。然后向后转，双手搭在前一个人的肩膀，捏肩膀、拍后背；成员之间可以就按摩的力度与细致部位提出适合自己的要求。该活动目的是通过身体的接触拉近心理的距离，使人放松，感受到请求别人帮助和接受别人帮助的过程。

活动 3. 肯定的请求与拒绝练习（引导成员能合理维护自尊：面对不合理的请求时学会说"不"；能够自信地向别人提出请求）。

成员两人一组，一人提出肯定的请求，一人坚定地拒绝；然后互换角色。

注意要求：坚定的语调、专注的眼神、合适的手势与恰当的姿势等。

要求成员要目光注视对方，语气坚决肯定，大声地请求或者说"不"，并表达自己的情绪感受及说明自己的理由或意见；能够坚定坦率地表达自己的需要与看法 、能委婉有效地拒绝他人不合理的需求、能直接真实、合理有效地表达自己的意见与情感。

## 第六单元　成长篇——我学会了肯定和悦纳自己

目的：通过活动继续引导成员深入地认识和评价自我，增强对自我的肯定和接纳。

时间：90 分钟。

准备：纸、笔、橡皮、练习表。

操作：

活动 1. 成长三部曲（活跃团体气氛，体验成长的过程）。

小鸡的成长状态为：蹲着——"小鸡"；半蹲——"母鸡"；站立——"凤凰"。

成员们最开始都是"小鸡"，然后找同为"小鸡"的成员用"剪刀石头布"的形式决定输赢，赢了的便成长为"母鸡"；"母鸡"找与自己一样的"母鸡"猜拳，赢了的便成长为为"凤凰"；输了的"母鸡"又变回"小鸡"，重新找另外的"小鸡"猜拳；"凤凰"之间的猜拳方式类似，赢了的可以回到自己的位置上，输了的又变回"母鸡"，重新找另外的"母鸡"猜拳，以此类推，直到主持人宣布比赛结束。

活动 2. 画树。

要求成员在纸上画一棵带有果实的树，但不能画松树。要求根据个人想象画树，不能临摹。画完后团体交流分享，主持则给予解释。

活动 3. 天生我才。

要求成员填充"天生我才"练习表：

（1）我最欣赏自己的外表是_____

（2）我最欣赏自己对朋友的态度是_____

（3）我最欣赏自己对求学的态度是_____

（4）我最欣赏的一次学业成绩是_____

（5）我最欣赏自己的性格是_____

（6）我最欣赏自己对家人的态度是_____

（7）我最欣赏自己对做事的态度是_____

注：当成员不能填充时，其他成员给予帮助建议。

## 第七单元　未来篇——相信自己，支持自己

目的：通过活动检验团体训练的效果，在轻松和谐的氛围中结束活动。

时间：90 分钟。

准备：纸、笔、心形卡片。

操作：

活动 1. 心有千千结（融合团体气氛，检验团体的融合度及成员的参与

性；并引导成员认识到问题解决需要努力）。

成员手拉手，看清楚自己的左手和右手分别拉的是谁。确认后松手，在圈内自由走动。指导者叫停，成员定格，位置不动，伸手拉之前左右手拉的成员，从而形成很多结或扣。成员不能松手，但可以钻、跨、绕，要求成员设法解决难题，恢复到起始状态。

活动2. 我爱我自己。

你爱你自己吗？请在1分钟内大声说出你爱上自己的10个理由（检验成员自我肯定与自我接纳的程度）。

活动3. 把心留住。

团体成员围圈而坐，轮流对每一位成员进行反馈参加团体之后的变化。反馈结束后，在心形卡片上写下对他人的祝福、建议与心愿。最后，团体成员围圈拥抱，通过身体的接触带来温暖和力量，体验在一起的感受，获得支持与信心。

活动4. 爱的抱抱。

团体成员围圈拥抱，通过身体的接触带来温暖和力量，体验在一起成长的感受，获得未来的支持与信心。

活动5. 结束团体活动。

团体成员一起跟唱莫文蔚的《爱自己》，在音乐中互相鼓励，结束团体活动。

## 三、 时间管理行为训练与辅导

### （一）时间管理及其意义

时间是人世间中最宝贵的资源，也是最无情、最公平的事物。时间无处不在，它倾向于所有的人，给每个人以相同的机会。虽人人都可以免费获取，但人又都不能随心所欲地对待它。时间是我们人生中最为短暂的限量版奢侈品，所以我们要物尽其用，用心管理、高效利用。近年来"时间管理"已成为管理学、组织行为学和心理学等研究领域中的一个热点问题。时间管理是指通过事先规划和运用一定的技巧、方法与工具实现对时间的灵活及有效运用、提高时间的利用率和有效性、对时间进行合理计划与控制、有效安排与运用，从而快速高效实现个人或组织既定目标的的管理过程。时间管理的目的和意义就在于，让我们能够充分灵活地使用有限的时间，从而能够积极高效地生活、学习、工作和交往。心理学研究表明，人们对时间的不同认知、态度和行为是一种基本的人格特征。所以时间管理不仅直接影响一个成熟个体的工作、学习、生活的效率，而且也是个体人格是否健全的重要标志（何伟强等，2004）。

随着社会竞争的日趋激烈和种种压力的不断增大，时间管理对大学生的学习生活及身心发展也越来越重要。时间管理能力在大学生个体成才过程中具有无可替代的重要作用，只有具备了较强的时间管理能力，他们才能更好地提升自身综合能力，适应社会发展，在激烈的竞争中获得成功。研究已表明，时间管理与大学生的学习成绩、主观幸福感、成就动机、自我价值观及焦虑和适应性密切有关。因此，大学生的时间管理对于提升自我管理水平和促进心理健康具有重要作用，对其学习和生活都有重大意义，影响着其个体综合素质的提高与发展。所以心理学家指出，我们应该注重加强青年大学生时间管理能力的培养。

## （二）时间管理倾向及其价值

Briton、Macan 等对时间管理和时间管理行为的探讨开创了心理学家对时间管理的研究。Briton 和 Glynn（1989）从信息加工的角度把时间管理看作是心理管理的一个方面，把人的时间管理过程和计算机操作系统类比，提出了使知识产出最大化的时间管理理论模型。Briton 和 Tesser（1991）编制了时间管理量表（Time Management Questionnaire，TMQ，由长期计划、时间态度和短期计划等三因素构成。Macan（1990）认为时间管理包括：设立目标与优先级、学会拒绝、列任务清单、组织、计划、委派及拖延等方面，并据此编制了时间管理行为量表（Time Management Behavior Scale，TMB）。我国心理学家黄希庭、张志杰（2001）在总结国外学者研究基础上认为，时间管理是个体在时间价值和意义认识的基础上，在活动和时间关系的监控和评价中所表现出来的心理和行为特征。由此，在分析国外有关时间管理的心理学研究的基础上，从个体支配和利用时间的人格特质的角度提出了"时间管理倾向"（ATMD）的概念。时间管理倾向是在个体对时间价值以及意义认识的基础上，在运用时间方式上所表现出来的心理和行为特征，具有多维度、多层次的心理结构，包括时间价值感、时间监控观和时间效能感三个维度。可以说，时间管理倾向是衡量个体时间管理能力与行为的重要指标。①

我国已有的多个心理学实验与调查研究表明，时间管理倾向与大学生的成就动机、学习满意度、自我效能感、不良情绪、学业成绩、自信心、个人价值感等多个心理特征存在着密切的关系。一是钟慧（2003）通过实验研究发现：大学生的时间管理倾向对其成就动机具有预测作用，时间价值感可能是通过时间监控观和时间效能感来影响成就动机；大学生的时间管理倾向各维度与其追求成功动机存在显著正相关，与避免失败动机存在显著负相关，大学生高时间管理倾向者其成就动机水平明显高于低时间管理倾向者；由此表明大学生时间管理倾向可能是影响其成就动机的一个重要因素。二是张丽娟等人（2006）调查发现：大学生的成就目标定向中成绩趋近、掌握趋近和掌握回避与时间价值感呈非常显著的正相关，成就目标中成绩和掌握两个趋近目标与时间效能感呈显著的正相关，成绩回避目标与时间效能感呈显著负相关；成就目标中的掌握趋近目标与时间管理倾向的时间监控感呈显著正相关。三是邓凌等人（2005）的研究结果显示：大学生的时间管理倾向与抑郁存在显著的负相关，与主观时间压力（匆忙、紧迫感）呈显著负相关，主观时间压力与抑郁呈显著正相关。所以时间管理倾向作为一种人格特征，在大学生主观时间压力与抑郁关系中发挥着重要的调节作用。四是陈本友等人（2005）的调查表明：大学生的时间管理倾向与其焦虑存在显著的负相关，即越善于管理时间的大学生，其焦虑程度就越低；且高时间管理倾向者的焦虑得分显著低于低时间管理倾向者。五是何伟强等人（2004）的测试结果显示：大学生的时间价值感水平相对较低，处于中等偏下水平；大学生的时间管理倾向及其各个维度在性别、年级上均无显著性差异；大学生的心理压力总体上处于适中水平；大学生时间管理倾向与心理压力之间不存在显著相关，但大学生的时间管理行为效能对其心理压力具有显著的预测作用。六是古玉等人（2004）的测试结果显示：时间管理倾向三个方面均与大学生的学业自信显著相关，但仅时间效能感对学业自信有一定的预测作用；体育运动、爱

---

① 陈挺，李好永：《时间管理倾向综述研究》，《红河学院学报》，2009 年第 10 期。

情关系、社会交互作用、交谈等方面的自信均与时间监控观与时间效能感显著相关，仅时间效能感对各方面自信有一定的预测作用；外表自信仅与时间监控观相关，且时间监控对外表自信有一定的预测作用。七是张志杰等人（2001）的调查研究结果表明：时间监控观对学业成绩具有一定的预测作用；时间价值感和时间效能感是通过时间监控观来影响学业成绩；时间管理倾向各维度与总体、一般和特殊自我价值感之间存在显著的正相关；随着自我价值感抽象程度的降低，时间管理倾向对自我价值感的影响也就越大；时间管理倾向各维度与积极情绪之间存在显著正相关，与消极情绪之间存在显著负相关，时间管理的好坏可能是影响主观幸福感的一个重要因素。八是李晶（2012）的调查研究显示：时间管理倾向与大学生的拖延和焦虑呈显著的负相关；时间效能感对于焦虑有显著的负向预测作用；拖延在时间效能感与焦虑之间起部分中介作用。九是安梦斐（2015）的实验研究发现：时间管理倾向总分、时间价值感、时间监控观、时间效能感与大学生的追求成功动机呈显著的正相关；时间管理倾向总分、时间价值感、时间监控观与避免失败动机呈显著的正相关；时间效能感与状态焦虑呈显著的负相关，时间管理倾向总分及时间监控观和时间效能感与特质焦虑呈显著的负相关，其中，时间效能感与特质焦虑的相关性最为显著；追求成功的动机与特质焦虑呈显著的负相关，避免失败的动机与特质焦虑呈显著的正相关；时间价值感能够显著预测追求成功动机，时间价值感、时间监控观和时间效能感均能显著预测避免失败动机；避免失败动机能够显著预测特质焦虑；时间效能感能够显著预测状态焦虑和特质焦虑；避免失败动机在时间效能感与特质焦虑之间起中介作用。十是王景（2015）的研究显示：网络成瘾，包括微博成瘾与时间管理倾向也存在显著相关。时间管理能力差的大学生往往自我控制力差，更容易产生网络游戏等成瘾行为。

由此可见，时间管理是大学生自我管理的基础，是对时间高效利用的体现，也是内在管理素质的核心。而越来越多的社会调查却表明，部分大学生的时间管理能力与行为欠佳。他们不能很好地处理学习与课外活动、娱乐等时间的关系；不善于统筹安排好每天、每周的任务；在安排计划、分配时间、设置目标、检验结果等方面更偏向于主观享受而忽略发展需要；对于时间的价值观念、控制能力及作用方面个体差异较大。

综上所述，培养和提高大学生的时间管理能力极其重要，能否合理有效地利用时间不仅决定他们大学时代的成败，更将影响到其一生的发展。

### （三）团体心理辅导可以有效提高大学生的时间管理能力

团体心理辅导是一种群体学习和互动过程，是在团体情境下通过团体内的人际交互作用，可以促进个体在团体中通过观察、学习和体验认识、探讨和接纳自我；能够认识他人、调整和改善与他人的关系；并能够激发学习新的态度与行为方式。实践证明，团体辅导的确是一种有效的心理治疗，也是一种有效的教育活动，更是一种能够节约大量时间和精力的高效辅导方式。在团体心理辅导中，团体成员不仅可以获得多样化资源，而且其行为还能够得到及时反馈，同时团体承诺的作用会增强行为改变的动机。与其他训练方法比较，团体心理辅导有利于成员学会更加有效的时间管理技能，养成良好行为习惯，提高自己时间管理水平。

一系列心理学实验研究表明，团体心理辅导确实能够在一定程度上有效提高大学生的时间管理能力和行为水平。一是丁红燕（2007）采用实验法和调查法全面研究了时间管理团体辅导对提高大学生时间管理倾向、学习满意度和学业自我效能感的作用。研究结果表明，大学生时间管理团体辅导对于提高大学生的时间管理能力和技巧能够发挥积极的作用，不失为针对大学生群体的一种有效的学习指导模式。二是李甜（2012）通过团体辅导实践、结合定性与定量的方法评估，研究了团体辅导形式对提高大学生时间管理能力的影响效果和作用。研究发现，经过团体辅导干预后，大学生在时间监控观这一维度上的确有显著性变化。三是周雪雪（2014）亦采用《青少年时间管理倾向量表》对照研究了团体辅导对提高大学生时间管理倾向水平的效果，发现实验组和对照组的后测与前测的差值比较在时间管理倾向的总分和时间价值感、时间监控观、时间效能感上均存在显著差异。研究表明，团体辅导对大学二年级学生时间管理倾向水平的提高具有明显效果。四是安梦斐（2015）的研究亦表明，时间管理培训可以有效提高大学生的时间管理倾向水平，并可以有效降低大学生的焦虑水平。五是王景（2015）的对照研究也表明，基于时间管理和自我控制理论的团体心理辅导对降低大学生的微博成瘾水平具有显著的效果。

综上所述，团体心理辅导可以有效改善大学生时间管理倾向、提高其时间管理能力和行为水平。

### （四）大学生意志力团体辅导——方案设计及操作

#### 1. 团体名称

我的时间我做主——大学生时间管理成长小组。

#### 2. 团体性质

封闭式、结构式、发展性。

#### 3. 团体目标

（1）认识时间管理及其对个体健康发展与人生成功的重要意义；

（2）了解自己的时间管理水平，觉察自己时间管理方面存在的问题；

（3）培养和提升大学生时间管理人格的内容及方法；

（4）管理好自己的时间，成为自己时间的主人，主控自己的人生。培养正确和谐的生活、学习、交往等行为习惯，克服懒散、拖延、沉迷网络游戏等问题行为；

（5）学会自己设计具体明确的发展目标与日常计划；

（6）加强自控力、坚持力、耐挫力。

#### 4. 团体成员

12 名大学生（校内招募、自主报名、面谈筛选）。

#### 5. 辅导与训练场地

学校心理健康中心之团体辅导室。

#### 6. 辅导与训练时间

7 单元，每周一次，每次 90 分钟左右。

#### 7. 设计依据

时间管理能力与行为直接影响着大学生的学习、生活及交往的效率，影响着大学生的健康成长与发展。大学生存在着不同程度的时间管理问题，在时间管理倾向方面亟须增强和提高。

## 8. 活动方案及操作

### 第一单元　破冰之旅——我们是互帮互助的好伙伴

目的：让成员尽快相识并融入团体，了解团体目标和团体规则。

时间：约 90 分钟。

准备：纸与笔、绳索。

操作：

活动 1. 大风吹（具体操作详见本章第二节）。

活动 2. 姓名滚雪球（具体操作详见本章第一节）。

二变四，四变八的相识过程

活动 3. 相似圈。

由任意成员说出一个特征，寻找相似者，以此类推。

活动 4. 我型你秀。

每个成员设计一个自己独特的动作，按节拍表演，其他人模仿，给予评分。

订立契约——小组成员共同商定契约，拉手共同宣读契约。

1. 全程参加 9 次活动，不迟到，不早退；

2. 要在团体中，开放、真诚地讲述自己的经历，分享自己的体会；

3. 用言语而非行动表达情绪感受；

4. 以尊重和接纳的心态，聆听其他团体成员的分享和体会；

5. 愿意为团队伙伴积极提供反馈与情感支持，不使用语言攻击；

6. 为其他成员的隐私保守秘密。

活动 5. 穿越"火线"。

小组成员在规定时间内合作穿越"火网"障碍（注意保护成员安全）。

### 第二单元　探索之旅——我们短暂的人生

目的

激发团员树立正确的时间价值观；引导他们认识自己在时间管理方面的问题，加强团队成员互信；营造气氛，调动成员探索积极性。

时间：约 90 分钟。

准备：纸与笔、长纸条。

操作：

活动 1. 心有千千结。

成员围成一圈，记住左右同伴，自由行走，被叫停后，拉住原同伴，恢复圆圈状。

活动 2. 生命线。

准备一张长纸条分 10 等份，按指导语逐步撕掉，发现时间的重要性。

活动 3. 观看视频。

播放视频《时间 A4 纸》，讨论明确感知时间的短暂有限性。

活动 4. 计算时间。

我们的一生有多少天？多少小时？多少分钟？我活了多少天，还剩多少天？

活动 5. 问题讨论。

假如今天是生命的最后一天，你会做什么？

## 第三单元　反思之旅——我的时间都去哪了

目的：激发引导团体成员认识自己在时间管理方面的问题；营造气氛，调动成员探索积极性。

时间：约 90 分钟。

准备：纸与笔、长纸条。

操作：

活动 1. 感受 1 分钟，并讨论 1 分钟的价值（我可以做什么）。

活动 2. 水晶球。

展望我在大学四年及未来的人生变化与生活状态（大学期间的按学期写，工作之后及未来的可以按照每 5 年写）。

注：本活动的目的是引导团体成员规划目标。

（没有明确的人生目标，是无法做好时间管理的。因为时间管理本来就是要克服阻碍的，没有目标很容易让人迷茫，难以克服自己拖沓的习惯。通过水晶球活动，我们可以反思自己的兴趣与追求，发现自己喜欢并擅长做的事情，确立人生的学习、生活、工作、家庭目标。兴趣和目标能够给予我们全身心努力的力量，更能充分有效地利用时间，做到事半功倍。在我们进行时间管理之前，要先写出自己的人生目标清单，它可以是考研的目标、环游世界、开甜品坊、工作升职、买房买车等）。

活动 3. 回顾我的昨天。

回想昨天的时间轨迹、反思总结我的时间都去哪了？如何克服干扰？其他团员给予建议。

活动 4：课外作业。

时间馅饼——记录"我的一周"，以增强对于时间的敏感性，要求绘制表格，细致划分时间至每一天的每一个小时，详细记录时间内的活动内容、收获及感受，下次团体活动分享。

注：本活动的目的是提升自己的时间价值感、时间监控观和时间效能感。

## 第四单元　互助之旅——我们一起努力

目的：引导团员深入察觉自己时间管理的阻碍因素，激发队友积极探讨如何高效管理时间，引导成员分享自我感受。

时间：90 分钟。

准备：纸、笔。

操作：

活动 1. 信任圈。

成员手牵手围成一个圈；任意一个团员自由歪倒，其他成员给予支持并确保安全，培养成员相互信任；交流描述自己性格特征的三个形容词。

活动 2. 人生宝鉴。

分享有关时间的资料，交流启示和感受。

［材料］一个人活了 72 岁，他的一生是这样度过的：睡觉 20 年，吃饭 6 年，生病 3 年，工作 14 年，读书 3 年，体育锻炼、看戏、看电视、看电影 8 年，饶舌 4 年，打电话 1 年，等人 3 年，旅行 5 年，打扮 5 年。

活动 3. 时间馅饼。

分享上周作业感受，分析和反思时间分配与消费的合理性：哪里该多花点时间、哪里须少花点时间。找到了干扰因素，并反思原因和教训；其他成员继续给予建议。

注：与成员分享总结（美国管理学家彼得·德鲁克认为，有效的时间管理主要是记录自己的时间，以认清时间耗在什么地方；管理自己的时间，设法减少非生产性工作的时间；集中自己的时间，由零星而集中，成为连续性的时间段。）

活动 4. 走出圈外。

分享时间充足时自己最喜欢的事情及想做但是没有去做的事情；畅谈近期个人目标及安排；其他成员给予建议。

## 第五单元　探索之旅——我们共同践行

目的：引导团员讨论并学习进一步增强时间管理的科学策略，并用于实践。

时间：90 分钟。

准备：纸、笔。

操作：

活动 1. 同舟共济。

分为两组进行。将报纸铺在地上，每组成员必须想方设法地全部站在报纸上，完成任务后，指导者将报纸面积减半，继续活动，这样一直下去。直到有一组成员失败放弃后，另一组成员算作成功并得到奖励。

活动 2. 头脑风暴。

时间管理的技术方法大放送。每个成员分享建议思考管理时间的好方法好对策，组织者总结归纳。

（1）时间四象限法

著名管理学家科维提出了一个时间管理的方法，把工作按照重要和紧急两个不同的程度进行了划分，基本上可以分为四个"象限"（如图 8-1 所示）：既重要且紧急 A（如明天的新课程预习、即将上交的任务作业、身体不适看医生等）、重要不紧急 B（如建立和维护人际关系、锻炼身体、练习英语听力和口语、与家人联络等）、既不重要也不紧急 C（如清理无聊的信件、与室友闲聊等）、紧急不重要 D（如朋友请吃饭、未接来电、新电影首映等）。当我们每天需要去完成许多事情时，在工作之前，先把这些事情按轻重缓急排好优先级别，这样就能大大提高你一天的工作效率，减少失误。

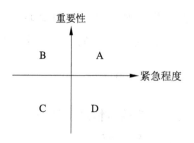

**图 8-1　时间四象限法**

第一，对于那些重要且紧急的事情，我们就要必须立即行动、及时处理，并且我们可以思考如何将事情精简效率。第二，对于那些重要但不紧急的事情，我们应该把主要精力和时间放在这些事情上面，要好好规划这些事情和时间；因为这些事情是我们每天都需要做的，尽管短期内看不到它带来的变化。比如，每天坚持有效率的学习英语，一年后能力自然会得到显著提升。第三，对于那些不重要但紧急的事情，要学会适当放弃，有些事看似紧急，但不去做也无妨。第四，对于不重要也不紧急的事情，就直接放弃不做。

（2）番茄工作法

番茄工作法是由意大利人弗朗西斯科·西里洛于 1992 年创立的一种简单易行的时间管理方法。他的创意来源于自身的大学经历，他曾经在大学里学习效率低下，注意力不集中，为此他无比苦恼。当时一个红色的定时闹钟给了他启发。

番茄工作法的使用步骤：一是选择一个待完成的任务，将番茄时间设为 25 分钟，专注工作，中途不允许做任何与该任务无关的事。二是当番茄时钟响起，此时尽管没有完成任务，也要短暂休息 5 分钟，每 4 个番茄时段可以休息 15~20 分钟。番茄工作法可以极大地提高学习和工作效率，还会让个体充满成就感。它可以帮助个体减轻时间焦虑、提升集中力和注意力、减少中断、增强决策意识、唤醒激励和持久激励、巩固达成目标的决心、完善预估流程、精确地保质保量、改进工作学习流程、强化决断力等。

（3）时间管理 App 介绍

时间管理的理论技术发展得很快，第一代是建立备忘录；第二代就需要事先的计划和准备；第三代会根据你对任务的理解排列优先顺序。到了第四代，就是信息化程序，即 App 管理。

目前，有关时间管理的 App 丰富多样，总有一款适合你，以下是网友评分比较高的几种，推荐给大家。

① ［小日常］

推荐理由：这是一款可以记录坚持天数的打卡 App，UI 界面清新可爱（见图 8-2）。其中，一个优点是可以在下拉界面上创建小组件，不用打开 App 就可以完成每天的打卡。另外，如果漏打卡也能及时补上，记录的数据可以更准确。

图 8-2　小日常 App

② ［iHour］

推荐理由：这款 App 主要是用来记录坚持的小时数（见图 8-3）。它有正计时和倒计时的功能，同样也可以在下拉界面创建小组件，这样就不用来回地切换 App，使用起来非常方便。

图 8-3　iHour App

③ ［Pendo］笔记

推荐理由：Pendo 是一款综合性非常强的 App（见图 8-4）。它有两个功能，实用、方便，即待办和日程。日程的添加方式很简单，可以通过语音添加，日程还能自动绑定手机自带日历起到提醒功能，升级后识别功能也越来越智能。

**图 8-4 Pendo 笔记 App**

（4）最新时间管理理念——GTD

GTD 是 Getting Things Done（完成每一件事）的缩写。来自于 David Allen 的一本畅销书 *Getting Things Done* 即《尽管去做：无压工作的艺术》。

GTD 的基本方法：GTD 的具体做法可以分成收集、整理、组织、回顾与行动五个步骤：

① 收集：就是将能够想到的所有的未尽事宜统统罗列出来，放入 Inbox 中，这个 Inbox 既可以是用来放置各种实物的实际的文件夹或者篮子，也可以是需要有用来记录各种事项的纸张或掌上电脑。收集的关键在于把一切赶出大脑，记录下所有的工作。

② 整理：将 Stuff 放入 Inbox 之后，就需要定期或不定期地进行整理，清空 Inbox。将这些事件按是否可以付诸行动进行区分整理，对于不能付诸行动的内容，可以进一步分为参考资料、日后可能需要处理及垃圾分类；而对可行动的内容再考虑是否可在两分钟内完成，如果可以则立即行动完成它，如果不行对下一步行动进行组织。

③ 组织：组织主要分成对参考资料的组织与对下一步行动的组织。对参考资料的组织主要是一个文档管理系统，而对下一步行动的组织则一般可分为：下一步行动清单、等待清单和未来/某天清单。下一步清单则是具体的下一步工作，而且如果一个项目涉及多步骤的工作，那么需要将其细化成具体的工作。等待清单主要是记录那些委派他人去做的工作。未来/某天清单则是记录延迟处理且没有具体的完成日期的未来计划、电子等。

GTD 对下一步清单的处理与一般的 to do list 最大的不同在于，它做了进一步的细化。比如，按照地点（电脑旁、宿舍、教室、超市等）分别记录、只有在这些地方才可以执行的行动，而当用户到这些地点后也就能够一目了然地知道应该做哪些工作。

④ 回顾：回顾也是 GTD 中的一个重要步骤，一般需要每周进行回顾与检查，通过回顾及检查你的所有清单并进行更新，可以确保 GTD 系统的运作，而且在回顾的同时，可能还需要进行未来一周的计划工作。

⑤ 执行：现在可以按照每份清单开始行动了，在具体行动中可能会需要根据所处的环境、时间的多少、精力情况以及重要性来选择清单以及清单上的事项来行动。

活动 3. 布置回家作业：运用四象限法管理时间；熟悉时间管理 App。

## 第六单元　规划之旅——我的未来不是梦

目的：引导团员学习如何进行未来职业规划；通过改善自己的时间管理方法，为自己的未来做出职业规划。

时间：90 分钟。

准备：彩笔、纸。

操作：

活动 1. **热身游戏——松鼠与大树**。

（1）团体成员通过一二三报数随机分为 3 人一组。其中，2 人扮演"大树"，面对面伸出双手蹲在地上搭成一个圆圈，1 人扮演"松鼠"，并站在圆圈中间。当然也可以大树站着，松鼠蹲着，由辅导教师担任临时的自由人，即可以随时成为大树或者松鼠。

（2）活动开始，由辅导老师发出三种口令：一是"猎人来了"。此时大树不动，扮演"松鼠"的人都必须离开原来的大树，重新选择其他大树，在二次组合中落单的人需要即兴表演节目。二是"着火了"。此时松鼠不动，扮演"大数"的人就必须离开先的同伴重新组合成大树，并圈住松鼠，落单的人同样需要即兴表演节目。三是"地震"。此时扮演大树和松鼠的人必须全部打乱并重新组合，扮演大树的人可以做松鼠，松鼠也可以做大树，最后落单的人即兴表演节目。

（3）节目表演结束后，大家交流心得。

活动 2. 学习职业规划的方法。

主要给团体成员介绍学习并使用职业规划的 2 种方法：

一是五 "what" 法。即 "WHAT ARE YOU？" "WHAT DO YOU WANT？" "WHAT CAN YOU DO？" "WHAT CAN SUPPORT YOU？" "WHAT CAN YOU BE IN THE END？" 让同学们对照和觉察自己，回答五个 WHAT 并在自己的纸上做好记录。

二是 SWOT 自我分析法，让成员对照表 8-1 进一步了解自我。

表8-1 SWOT 自我分析表

| 内部能力<br>外部因素 | 优势（strength）<br>◆ 学过什么<br>◆ 曾经做过什么<br>◆ 最成功的是什么 | 劣势（weakness）<br>◆ 性格的弱点<br>◆ 经验的欠缺<br>◆ 最失败的事情 |
|---|---|---|
| 机会（opportunity）<br>◆ 创造机会<br>◆ 寻找机会<br>◆ 等待机会 | S—O<br><br>发挥优势，抓住机遇 | W—O<br><br>创造机会，弥补劣势 |
| 风险（threat）<br>◆ 眼前风险<br>◆ 潜在风险<br>◆ 未来风险 | S—T<br><br>规避风险，等待机会 | W—T<br><br>正视劣势，另辟蹊径 |

活动 3. 制订自己的未来职业规划。

一是指导成员在活动 2 的基础上认识自己的未来职业类型和职业中长期目标，然后按照大学四年、八个学期的时间顺序，来规划大学知识的学习和职业能力素质提升，包括根据职业生涯目标重新审视专业、根据职业标准设计知识结构、根据课程安排学习计划、近期与中长期的时间安排，以及沟通、表达、组织管理能力等等，要求学生绘成时间表格。

活动 4. 分享展示，其他团员给予建议。

要求每个成员把活动 2、3 的记录和描述情况展示给其他成员彼此交流经验并给予建议。

## 第七单元　胜利之旅——明天会更好

目的：整理总结分享成员的收获和感受，建立时间管理的信心，坚持不懈地做好时间的主人。

时间：90分钟。

准备：彩笔、纸。

操作：

活动1. 主题绘画——我的时间我的做主。

指导成员用心画出我在一天内的时间安排和活动内容，时间越细致具体、内容越充实越好，以增强时间知觉和管理能力。如能够划分出具体的时间范围，并且有可操作性的学习、交往、运动等活动安排。画好后，让同学们分享展示自己的时间管理图，彼此给予评价或者提出建议。

活动2. 小鸡变凤凰——笑迎未来，畅谈改变、交流收获感受、互送祝福。

（1）团辅老师告诉成员要进行一个游戏，这个游戏和人类进化史相似。进化的全过程就是，"蛋–鸡–凤凰–人"。所有成员起初都是一颗"蛋"，最后都必须用尽量短的时间由"蛋"进化为"人"。

（2）具体过程：全体成员先蹲下来扮演一颗颗"蛋"，而后相互找同伴进行"剪刀石头布"，扮演"蛋"的人走路时必须保持蹲的姿势。胜利者进化为"鸡"，"鸡"可以站起来一些，但不能完全直立而必须弯着腿和腰，走路的时候要跳着走。"鸡"再找"鸡"进行"剪刀石头布"，赢者进化为"凤凰"，输者又退回变为"蛋"。"凤凰"可以站的更高一些，但还是不能完全直立，"凤凰"的腰是弯的，可以走路。"凤凰"与"凤凰"再进行"剪刀石头布"，赢者进化为"人"，输者退回变为"鸡"。"人"可以直立行走，"人"与"人"继续进行"剪刀石头布"，赢者继续为"人"，输者退回变为"凤凰"。"人"与"人"继续进行"剪刀石头布"，胜利者成为最后的赢家。

（3）当约2/3的成员都进化成人或者曾经进化成人时，游戏结束。

必须强调的是：只有同级的角色才可以进行"剪刀石头布"，即"蛋"只能与"蛋"、"鸡"只能与"鸡"、"凤凰"只能与"凤凰"、"人"只能与"人"猜拳。

（4）引导成员思考：真正的赢家是能够主宰自己命运的人，而只有管理好自己的时间、塑造好自己的行为，最终才能实现华丽蜕变，才能自主自觉成为命运的主人，成为赢家。

活动 3. 团体活动反馈——评估方案、团体氛围和投入程度，结束愉快的时间管理小组之旅。

组织成员觉察、讨论、分享在团辅活动中的参与情况、收获与成长，并对本团体辅导小组的设置安排提出建议。反馈可以采用自评与互评结合的方法进行。最后在互相感谢和祝福中结束小组之旅。

## 🔍 实验实训

### 《青少年时间管理倾向》量表①

各位同学：本问卷中的每一个句子，叙述的是对时间的看法以及对时间的利用情况。请仔细阅读问卷中的每一个句子，然后在答案纸上按照自己的情况来回答。答案无对错之分，请不要有顾虑。回答时请注意以下方面。

一、请务必根据自己的实际情况回答每一道题；

二、对每个问题都要回答，不要有遗漏，也不必费时去想，看懂后就回答；

三、不要在问卷上做任何标记，所有的答案均写在答卷纸上。

1. 我认为"一寸光阴一寸金"这句话是正确的。

2. 我通常把每天的活动安排成一个日程表。

3. "时间就是效益"这句话是正确的。

4. 我每天都给自己指定一个学习目标。

5. 无论做什么事情，我首先要考虑的是时间因素。

6. 我以为将来比现在和过去更重要。

7. 我总是把最重要的工作安排在活动效率最高的时间里去做。

8. 无论做什么事情我总是既有短期安排又有长期计划。

9. 目前我尚年轻，浪费一些时间无所谓。

10. 在每周开始之前，我都制定了目标。

11. 对每个人来说，时间就是一切。

12. 在每个学期我都要制定自己的学习计划。

---

① 黄希庭，张志杰：《青少年时间管理倾向量表的编制》，《心理学报》，2001 年第 4 期。

13. 我认为我在学习和课外活动上的时间分配是合理的。

14. 我总是把大量的时间花在做重要的工作上。

15. 在新年开始的时候，我通常都要制订这一年中自己的奋斗目标。

16. 我相信时间就是生命。

17. 我课后复习功课的时间是由老师布置的作业量来决定的。

18. 我认为时间是可以有效地加以管理的。

19. 我通常把重要的任务安排在计划表的重要位置上。

20. 我能够有效地利用自己的时间。

21. 我经常根据实际情况对计划进行调整。

22. 如果有几件事要同时做，我经常要衡量它们的重要性来安排时间。

23. 我能够很好地利用课堂上的学习时间。

24. 我对自己设定的目标充满信心。

25. 我对每个星期要做的事情都有一个计划安排。

26. 我经常对自己利用时间的情况进行总结。

27. 在处理好几件事情的时候，我认为最好是每件事情都做一些。

28. 利用好时间对我具有重要的意义。

29. 我对自己浪费掉的时间深感懊悔。

30. 我确定的目标通常都难以实现。

31. 世上最宝贵的是时间。

32. 我的时间大部分都掌握在自己手中。

33. 我通常根据学习任务的重要性来安排学习的先后次序。

34. 只要是重要的工作，我一定要挤时间去做。

35. 我相信我的计划安排通常是合理的。

36. 我认为我对事情重要性的顺序安排是合理的。

37. 要做的事情很多，我却能处理好这些事。

38. 我常常与同学交流合理利用时间的经验。

39. 我认为时间就是力量。

40. 我通常都能按时完成老师布置的作业。

41. 我常常对自己的工作在什么时候完成没有一个期限。

42. 我每天什么时候学习、什么时候玩都有一个清楚的想法。

43. 为了提高时间利用效率，我经常学习有关如何有效利用时间的知识。

44. 我总是根据目标的完成情况来检验自己的计划

评分标准

如果该题所描述的内容与你的情况完全不符合，计 1 分；如果大部分不符合计 2 分；如果部分符合部分不符合，计 3 分；如果大部分符合，计 4 分；如果完全符合，计 5 分。

时间价值感（10 个项目）

个人取向：1、5、6、9、16、38；（9 反向计分）

社会取向：3、11、31、39；

时间监控观（24 个项目）

设置目标：4、10、15、17、40；（17 反向计分）

计划：2、8、12、25、41；（41 反向计分）

优先级：7、19、22、27、33；（27 反向计分）

反馈性：21、26、38、43、44；

时间分配：14、34、37、42；

时间效能感（10 个项目）

时间管理效能：18、20、23、32、29；

时间管理行为效能：13、24、30、35、36；（30 反向计分）

# 时间管理能力自测

下面是针对时间管理测试，请根据自己的实际情况进行选择：a. 总是这样　b. 有时这样　c. 从不这样。

1. 我在每学期开始时为自己制订一学期的学习和生活计划。

2. 我在课余时间不感到无所事事。

3. 我把自己的东西放得井井有条。

4. 我做事情时能坚持到底。

5. 我在做事情时不容易受其他事情的干扰。

6. 我能有条理地完成自己该做的事情。

7. 我能分清什么是当前最该做的事情。

8. 我能够做到及时反思自己利用时间的情况。

9. 我每天都能按照自己的计划进行学习和娱乐。

10. 我每次做事之前都提醒自己，要在尽量短时间内保证质量完成。

11. 我每时每刻都知道自己应该做什么事情。

12. 我每天都能按时起床。

13. 我认为自己做事情的效率很高。

14. 我在任何时候都不曾感觉自己无事可做。

15. 当完成一件事情有困难时，我不会为自己找借口说："明天再做吧。"

16. 我从不同时做几件事情，因为那样哪件事也做不好。

17. 我从未因为顾虑其他事情而无法集中精力来做目前该做的事。

18. 我从未在每天放学回家时感觉精疲力竭却好像一天的学习没完成一样。

19. 我不认为没有时间做自己喜欢的事情。

20. 我每隔一定时间便检查自己时间计划完成的情况。

计分方法及解释

选"a"记2分，选"b"记1分，选"c"记0分。

0～15分：说明你管理自己时间的能力还有待很大的提高，需要从计划性、坚持性、合理性、反思性等多个方面来提高自己的时间管理方法和能力。

16～30分：说明你具备较好的时间管理能力，但是在有的方面还有待提高，请分析自己平时的表现和本次小测验得分情况，看自己在哪些方面还需努力。

31～40分：说明你具备很好的时间管理能力和方法，只要坚持下去一定会收到很好的效果。

## 意志力自测量表

以下是针对个人意志力情况的测试，请你针对自己的实际情况进行五种程度的选择：A. 总是；B. 有时是；C. 经常是；D. 很少是；E. 不是。

1. 我很喜欢长跑、远途旅行、爬山等体育运动，但并不是因为我的身体条件适合这些项目，而是因为它们能使我更有毅力。

2. 我对自己订的计划常常因为主观原因不能如期完成。

3. 如果没有特殊原因，我能每天按时起床，不能睡懒觉

4. 制订的计划应有一定的灵活性，如果完成计划有困难，随时可以改变或撤销它。

5. 在学习和娱乐发生冲突的时候，哪怕这种娱乐很有吸引力，我也会马上决定学习。

6. 学习和工作中遇到困难的时候，最好的办法是立即向师长、同学求援。

7. 在长跑中遇到生理反应，觉得跑不动时，我常常咬紧牙关坚持到底。

8. 我常因读一本引人入胜的小说而不能按时睡觉。

9. 我在做一件应该做的事之前，常常能想到做与不做的好坏结果，而有目的地去做。

10. 如果对一件事不感兴趣，那么不管它是什么事，我的积极性都不高。

11. 当我同时面临一件该做的事和一件不该做却吸引着我的时候，我常常经过激烈斗争，使前者占上风。

12. 有时我躺在床上，下决心第二天要干一件重要事情（例如，突击一下学外语），但到第二天，这种劲头又消失了。

13. 我能长时间做一件重要但枯燥无味的事情。

14. 生活中遇到复杂情况时，我常常优柔寡断，举棋不定。

15. 做一件事之前，我首先想的是它的重要性，其次才想它是否使我感兴趣。

16. 我遇到困难时，常常希望别人帮我拿主意。

17. 我决定做一件事时，说干就干，决不拖延或让它落空。

18. 在和别人争吵时，虽然明知不对，我却忍不住说一些过头话，甚至骂他几句。

19. 我希望做一个坚强的有毅力的人，因为我深信"有志者事竟成"。

20. 我相信机遇，好多事实说明，机遇的作用有时大大超过人的努力。

计分办法：单号题1、3、5、7……每题后面的五种答案ABCDE，依次是5-4-3-2-1分；双号题2、4、6、8……每题后面的五种回答ABCDE，依次是1-2-3-4-5分；将20道题的得分相加。

分数解释：81～100分，意志很坚强；61～80分，意志较坚强；41～60分，意志力一般；21～40分，意志较薄弱；0～20分，意志很薄弱。

如果属于后三类，那就要锻炼良好的意志品质。例如：坚持、执着、负责任、恒心、毅力、专注于目标、忍耐、积极、顽强、不服输、不怕失败等这些成功的重要品质。

## 自我肯定行为量表

与别人建立好的人际关系，首先要能自我肯定。个体要做到自我肯定的行为，能够自尊与自重为最先要件，接下来才能做到尊重别人，进而有效地处理人际关系。

① 从来没有　② 很少　③ 偶尔　④ 大多是　⑤ 经常是

| | |
|---|---|
| 1. 当一个人对你非常不公平时，你是否让他知道？ | ① ② ③ ④ ⑤ |
| 2. 你是否容易作决定？ | ① ② ③ ④ ⑤ |
| 3. 当别人占了你的位置时，你是否告诉他？ | ① ② ③ ④ ⑤ |
| 4. 你是否经常对你的判断有信心？ | ① ② ③ ④ ⑤ |
| 5. 你是否能控制你的脾气？ | ① ② ③ ④ ⑤ |
| 6. 在讨论或辩论中你是否觉得很容易发表意见？ | ① ② ③ ④ ⑤ |
| 7. 通常你是否表达你的感受？ | ① ② ③ ④ ⑤ |
| 8. 当你工作时如果有人注意你，你是否不受影响？ | ① ② ③ ④ ⑤ |
| 9. 当和别人说话时，你是否能轻易地注视对方的眼睛？ | ① ② ③ ④ ⑤ |
| 10. 你是否易于开口赞美别人？ | ① ② ③ ④ ⑤ |
| 11. 你是否因很难对推销员说"不"，而买些自己实在不需要或并不想要的东西？ | ① ② ③ ④ ⑤ |
| 12. 当你有充分的理由退货给店方时，你是否迟疑不决？ | ① ② ③ ④ ⑤ |
| 13. 在社交场合，你是否觉得没有困难去保持交谈？ | ① ② ③ ④ ⑤ |

| | | |
|---|---|---|
| 14. 你是否觉得别人在言行中很少表示不欢迎你? | ① ② ③ ④ ⑤ |
| 15. 如果有位朋友提出一种无理要求,你能拒绝吗? | ① ② ③ ④ ⑤ |
| 16. 如果有人恭维你,你知道说些什么吗? | ① ② ③ ④ ⑤ |
| 17. 当和异性谈话时,你是否不感到紧张? | ① ② ③ ④ ⑤ |
| 18. 当你生气时,是否不会严厉责骂对方? | ① ② ③ ④ ⑤ |

自我肯定量表计分与解释

1. 高度自我肯定:分数相加,得分在 77 分以上者,表示非常自我肯定,经常能适当、适时地表露自己的意见与感受。

2. 中偏高度自我肯定:分数相加,得分在 52~76 分之间者,表示大多数时候能表露自己的意见与感受但偶尔做不到。

3. 中偏低自我肯定:分数相加,得分在 27~51 分之间者,表示偶尔能自我肯定,但大多数时候不能表达自己的意见与感受。

4. 低度自我肯定:分数相加,得分在 26 分以下,表示不能自我肯定,经常不能表露自己的意见与感受。

# 大学生自我接纳程度测试

本测试是了解您的自我接纳程度。自我接纳是一种自我价值的肯定,自我接纳的高低没有绝对的好坏之分,只会更加的促进改善您接下来的生活状态。请根据近三个月以来你的真实情况进行选择,答案没有对错之分。请注意您的第一反应,不要在各题上做过多思考。本问卷采用匿名的笔式,所有数据只用于统计分析,谢谢配合。

第一部分:基本信息

1. 您的年级:

A. 大一          B. 大二          C. 大三          D. 大四

E. 其他

2. 您的性别:

A. 男          B. 女

3. 您的专业:

A. 文科          B. 理科          C. 工科          D. 医科

E. 艺术          F. 体育

4. 您的家庭住址：

A. 农村          B. 城市          C. 郊区

第二部分：调查量表

1. 我内心的愿望从不敢说出来

A. 非常相同     B. 基本相同     C. 基本相反     D. 非常相反

2. 我几乎全是优点和　处

A. 非常相同     B. 基本相同     C. 基本相反     D. 非常相反

3. 我认为异性肯定会喜欢我的

A. 非常相同     B. 基本相同     C. 基本相反     D. 非常相反

4. 我总是因害怕做不好而　不敢做事

A. 非常相同     B. 基本相同     C. 基本相反     D. 非常相反

5. 我对自己的身材相貌感到很满意

A. 非常相同     B. 基本相同     C. 基本相反     D. 非常相反

6. 总的来说，我对自己很满意

A. 非常相同     B. 基本相同     C. 基本相反     D. 非常相反

7. 做任何事情只有得到别人的肯定我才放心

A. 非常相同     B. 基本相同     C. 基本相反     D. 非常相反

8. 我总是担心会受到别人的批评或指责

A. 非常相同     B. 基本相同     C. 基本相反     D. 非常相反

9. 学新东西时我总比别人学得快

A. 非常相同     B. 基本相同     C. 基本相反     D. 非常相反

10. 我对自己的口才感到很满意

A. 非常相同     B. 基本相同     C. 基本相反     D. 非常相反

11. 做任何事情之前，我总是预想到自己会失败

A. 非常相同     B. 基本相同     C. 基本相反     D. 非常相反

12. 我能做好自己所有的事情

A. 非常相同     B. 基本相同     C. 基本相反     D. 非常相反

13. 我认为别人都不喜欢我

A. 非常相同　　　　B. 基本相同　　　　C. 基本相反　　　　D. 非常相反

14. 我总担心自己会惹别人不高兴

A. 非常相同　　　　B. 基本相同　　　　C. 基本相反　　　　D. 非常相反

15. 我很喜欢自己的性格特点

A. 非常相同　　　　B. 基本相同　　　　C. 基本相反　　　　D. 非常相反

16. 我总是担心别人会看不起我

A. 非常相同　　　　B. 基本相同　　　　C. 基本相反　　　　D. 非常相反

评分方法：A=1分、B=2分、C=3分、D=4分。其中1、4、7、11、13、14、16为反向评分。总分越高，自我接纳程度越高。

### 体验感悟

参考实验实训中的量表测试，觉察与反思自己的意志力状况、自我肯定与接纳水平，以及时间管理能力及水平，并找出相应的原因，试用心理视点中的方法自我调节，必要时求助咨询辅导。

# 参考文献

［1］米塞斯. 人的行为［M］. 夏道平译. 台北：远流出版事业股份有限公司，1991.

［2］麦克康纳尔. 人类行为心理学［M］. 李维译. 福州：福建科学技术出版社，1989.

［3］匠英一. 每天懂一点行为心理学［M］. 郭勇译. 南京：江苏文艺出版社，2011.

［4］冯绍群. 行为心理学［M］. 北京：学苑出版社，2003.

［5］莫里克·罗森伯格，丹尼尔·西尔弗特. 最靠谱的行为观察术：人际交往中的识人相处之道［M］. 段鑫星，吴国莎，常丹译. 北京：人民邮电出版社，2013.

［6］林崇德，杨治良，黄希庭主编. 心理学大辞典［M］. 上海：上海教育出版社，2003.

［7］黄希庭. 简明心理学辞典［M］. 合肥：安徽人民出版社，2004.

［8］陈述. 行为心理论［M］. 长沙：湖南师范大学出版社，2010.

［9］王辉. 行为改变技术［M］. 南京：南京大学出版社，2006.

［10］弗洛伊德. 日常生活的心理分析［M］. 张登浩、高兴翔译. 北京：北京出版社，2010.

［11］石孟磊. 开车心理学［M］. 重庆：重庆出版社，2013.

［12］牧之. 让你看穿身边人的微表情心理学［M］. 上海：立信会计出版社，2015.

［13］拉尔夫·皮丁顿. 笑的心理学［M］. 潘智彪译. 广州：中山大学出版社，1988.

［14］读透你的心理 一看站姿便知［J］. 科学大观园，2014（7）.

[15] 小凡. 从生活细节看你的性格 [J]. 心理世界, 2018 (5).

[16] 从站姿看性格与心理 [J]. 公务员保健, 2004 (2).

[17] 杨德森. 中国人的心理解读 [M]. 合肥：安徽科技大学出版社, 2004.

[18] 庞春华. 行为心理学（2）[M]. 广州：广东旅游出版社, 2014.

[19] 黎昕. 生活中的行为心理学 [M]. 北京：中国商业出版社, 2014.

[20] 牧之. 行为心理学 [M]. 北京：台海出版社, 2017.

[21] 马楠. 一本书读懂心理学 [M]. 北京：北京理工大学出版社, 2016.

[22] 赵春珍. 中外礼仪故事案例赏析 [M]. 北京：首都经贸大学出版社, 2008.

[23] 冯伟. 21 天习惯养成法 [M]. 香港：中国文化出版社, 2011.

[24] 黄河浪. 养成良好习惯 [M]. 北京：中国社会出版社, 2010.

[25] 杰克·沃伦. 习惯：习惯的力量 [M]. 王中和译. 北京：朝华出版社, 2005.

[26] 史蒂芬·柯维. 高效人士的七个习惯 [M]. 北京：中国青年出版社, 2010.

[26] 查尔斯·杜希格. 习惯的力量 [M]. 吴奕俊, 陈丽丽, 曹烨译. 北京：中信出版社, 2013.

[27] 林格. 教育就是培养习惯 [M]. 北京：清华大学出版社, 2007.

[28] 约翰·洛克. 绅士的教育 [M]. 方晋译. 西安：西安出版社, 2011.

[29] 闫玉双. 反思教育习惯 [M]. 北京：同心出版社, 2005.

[30] 马银春. 行为决定作为 [M]. 北京：中国物资出版社, 2005.

[31] 李木子. 简单做人, 成熟处世 [M]. 北京：中国长安出版社, 2005.

[32] 威廉·克瑙斯. 终结拖延症 [M]. 陶婧, 于海成, 卢伊丽, 译. 北京：机械工业出版社, 2011.

[33] Brent. 人人都能戒掉拖延症 [M]. 北京：北京大学出版社, 2017.

[34] 皮尔斯·斯蒂尔. 拖延心理学 [M]. 陶婧, 周玥, 曹媛媛译. 杭州：浙江人民出版社, 2012.

[35] 杨雄, 陈伦珠. 别让拖延害了你 [M]. 北京：中国妇女出版社, 2017.

[36] 朱灏，尹可丽，宋媛春，等. 大学生无聊情绪、主观幸福感、认知失败体验与网络游戏成瘾的关系 [J]. 大理大学学报，2019（3）.

[37] 陈侠，黄希庭，白纲. 关于网络成瘾的心理学研究 [J]. 心理科学进展，2003（3）.

[38] 王立皓，童辉杰. 大学生网络成瘾与社会支持、交往焦虑、自我和谐的关系研究 [J]. 健康心理学杂志，2003（3）.

[39] 朱克京，吴汉荣. 大学生网络成瘾的心理社会因素 [J]. 中国心理卫生杂志，2004（11）.

[40] 高文斌，陈祉妍. 网络成瘾病理心理机制及综合心理干预研究 [J]. 心理科学进展，2006（4）.

[41] 王辉. 行为改变技术 [M]. 南京：南京大学出版社，2006.

[42] 乐国安. 咨询心理学 [M]. 天津：南开大学出版社，2002.

[43] 王丁丁. 大学生完美主义对学业拖延的影响：成就动机与自我控制的多重中介作用 [D]. 南充：西华师范大学，2018.

[44] 李菁. 大学生完美主义、自我控制与拖延的关系 [D]. 桂林：广西师范大学，2015.

[45] 李琼，黄希庭. 自我控制：内涵及其机制与展望 [J]. 西南大学学报（社会科学版），2012，38（2）：41 - 52.

[46] 于斌，乐国安，刘惠军. 自我控制的力量模型 [J]. 心理科学进展，2013，21（7）：1272 - 1282.

[47] 郭德俊. 动机心理学：理论与实践 [M]. 北京：人民教育出版社，2005.

[48] 张易山. 改变你的不良习惯 [M]. 北京：中国华侨出版社，2011.

[49] 马银春. 行为决定作为 [M]. 北京：中国物资出版社，2005.

[50] 周广宇. 行为决定作为 [M]. 北京：地震出版社，2009.

[51] 林格. 教育，就是培养习惯 [M]. 北京：清华大学出版社，2007.

[52] 王晋臣. 大学生行为研究 [M]. 海口：南海出版社，1997.

[53] 陈定国，等. 大学生行为学 [M]. 杭州：浙江人民出版社，2004.

[54] 邵帅. 新生代大学生的心理行为特点及教育管理对策研究 [M]. 北京：北京工业大学出版社，2019.

［55］罗晓路，夏翠翠. 大学生常见心理行为问题案例集［G］. 北京：北京
师范大学出版社，2018.

［56］陈秀清. 大学生网络依赖行为与心理健康研究［M］. 长春：吉林大学
出版社，2018.

［57］胡建国. 高校大学生社会心理与行为研究［M］. 北京：世界图书出版
公司，2018.

［58］王琴. 社会转型期大学生越轨行为研究［M］. 南京：东南大学出版
社，2015.

［59］许国彬. 大学生心理测查与行为指导［M］. 北京：科学出版社，2014.

［60］弗兰克·C. 哈德克. 意志的力量［M］. 朱天晶译. 北京：现代出版
社，2014.

［61］罗伊·鲍迈斯特，约翰·蒂尔尼. 意志力——关于专注、自控与效率
的心理学［M］. 丁丹译. 北京：中信出版社，2012.

［62］俞涛. 大学生行为指导与训练［M］. 上海：上海大学出版社，2006.

［63］腾建勇. 大学生行为指导与训练［M］. 上海：上海大学出版社，2008.

［64］何沙，段大蓉. 大学生行为研究与指导［M］. 成都：四川人民出版
社，2001.

［65］董中天，洪英正. 民众心理学［M］. 台北：桂冠图书股份有限公
司，2003.

［66］王辉. 行为改变技术［M］. 南京：南京大学出版社，2006.

［67］黄静. 大学生自我认识与接纳团体心理辅导方案的设计［J］. 时代教
育，2010（9）.

［68］郑海英. 大学生自我接纳团体心理辅导方案设计［J］. 现代交际，
2017（3）.

［69］樊富珉. 团体心理咨询［M］. 北京：高等教育出版社，2005.

［70］白羽. 改变心力——团体心理训练与潜能开发［M］. 杭州：浙江文艺
出版社，2006.

［71］李晶. 学生时间管理倾向、拖延与焦虑的相关研究［D］. 石家庄：河
北师范大学，2012.

［72］王景. 大学生微博成瘾与时间管理倾向、自我控制的相关及干预研究

［D］. 开封：河南大学，2015.

［73］丁红燕. 大学生时间管理倾向的干预研究［D］. 武汉：华中师范大学，2007.

［74］李甜. 团体辅导对大学生时间管理倾向的干预研究［D］. 武汉：华中师范大学，2012.

［75］安梦斐. 护理专业大学生的时间管理倾向及其与成就动机、焦虑的关系及干预［D］. 开封：河南大学，2015.

［76］邓嘉超，等. 心理行为训练对提高大学生意志品质水平的实验研究［J］. 江西教育学院学报，2014（2）.

［77］钱宁·哈德克. 自控力是训练出来的［M］. 陈玮译. 北京：中国华侨出版社，2018.

［78］林彦如. 自我肯定训练对国防医学院学生自我肯定、自尊、人际沟通满意度之影响［D］. 台北：国防医学院护理研究所，2003.